U0554083

纺织服装高等教育"十二五"部委级规划教材

◎ 李新娥 刘跃军 主编

纺织服装商品学（2版）

FANGZHI FUZHUANG SHANGPINXUE

东华大学出版社

内容提要

本书共七章,分别介绍了纺织纤维、纱线的分类及其生产技术、织物的分类及其生产技术、染整工程,以及纺织品的品种、质量和分等、服装设计与生产和纺织品服装贸易等基础知识。书中插入了大量图片、表格,以辅助相关知识的理解,每章开始有教学目标,并附有本章小结、思考题、练习题、参考文献和网络资源。

本书主要作为国际贸易、市场营销、工商管理等专业的教学用书,也可供纺织服装界的经营管理人士和广大消费者阅读参考。

图书在版编目(CIP)数据

纺织服装商品学 / 李新娥,刘跃军主编. —2版. —上海:东华大学出版社,2014.4
ISBN 978-7-5669-0470-6

Ⅰ. ①纺… Ⅱ. ①李… ②刘… Ⅲ. ①纺织品—商品学 ②服装—商品学 Ⅳ. ①F768.1 ②F768.3

中国版本图书馆 CIP 数据核字(2014)第 055721 号

责任编辑　张　静
封面设计　魏依东

出　　　版：东华大学出版社(上海市延安西路1882号,200051)
本 社 网 址：http://www.dhupress.net
天猫旗舰店：http://dhdx.tmall.com
营 销 中 心：021-62193056　62373056　62379558
印　　　刷：无锡市江溪书刊印刷厂
开　　　本：787mm×1 092mm　1/16　印张15.25
字　　　数：381千字
版　　　次：2014年4月第2版
印　　　次：2014年4月第1次印刷
书　　　号：ISBN 978-7-5669-0470-6/TS・473
定　　　价：36.00元

前　言

我国的纺织工业主要由棉纺织、毛纺织、麻纺织、丝纺织、机织、针织、化纤、染整、服装、纺织机械和纺织器材等行业组成。

纺织工业是我国的传统支柱产业。多年来，我国纺织工业在满足国内外消费需求、扩大就业、资金积累、出口创汇、繁荣市场等方面发挥了重要作用。同时，我国纺织业在国际市场上有着强大的比较优势，也是加入WTO后有竞争优势的行业之一，我国的纺织品在世界市场占有重要的地位。

如何发展纺织品国际贸易并拓展国内外市场是纺织外贸人员和营销人员的工作核心。因此，要搞好纺织品营销和外贸工作不仅要了解国内外政策法规和市场行情，还要掌握一定的纺织专业知识，这样才能在贸易活动中赢得先机，立于不败之地。本书主要针对国际贸易、市场营销、工商管理等专业的学生编写，也可供纺织服装界的经营管理人士和广大消费者阅读参考。

参加本书编写的人员有多年的纺织企业工作经验和教学经验，故本书不但有一定的理论阐述，还包含丰富的实践内容。希望本书能够帮助读者提高纺织专业知识水平。

本书由中原工学院李新娥、刘跃军任主编。参加本书编写的人员有：中原工学院李新娥（前言、第一章、第二章、第三章第一节、第三章第二节、第三章第五节、第五章），中原工学院章伟（第三章第四节），中山市大涌织造厂有限公司刘庆（第三章第三节），中原工学院张晓莉（第四章），华南农业大学艺术学院吴俊（第六章），中原工学院刘跃军（第七章）。

本书在编写过程中参考了国内外相关的书籍、资料和网络信息，在此向有关作者表示衷心的感谢。鉴于编写人员水平有限，书中不足之处敬请读者批评指正。

编　者

目 录

第一章　纺织纤维　1
　第一节　天然纤维　2
　第二节　化学纤维　5
　第三节　新型纺织纤维　9
　第四节　高性能和高功能纤维　17
　第五节　纺织纤维的鉴别　24

第二章　纱线及其生产技术　28
　第一节　纱线的分类　28
　第二节　纱线的生产技术　35
　第三节　纱线的质量和分等　45

第三章　织物及其生产技术　50
　第一节　织物的分类　50
　第二节　机织物及其生产技术　50
　第三节　针织物及其生产技术　60
　第四节　非织造布及其生产技术　75
　第五节　三维织物　89

第四章　染整工程　96
　第一节　纺织品的前处理　96
　第二节　纺织品染色　103
　第三节　印花　114
　第四节　织物整理　121

第五章　纺织品的品种、质量和分等　129
　第一节　纺织品的品种　129
　第二节　服用纺织品　139
　第三节　装饰用纺织品　139
　第四节　产业用纺织品　141
　第五节　纺织品的质量和分等　143

Contents

第六章	服装设计与生产	148
	第一节　服装成品名称	148
	第二节　服装规格	150
	第三节　服装设计	156
	第四节　服装生产	162
	第五节　服装的保养	185
第七章	国际纺织品服装贸易	192
	第一节　国际纺织品服装贸易基本业务流程	192
	第二节　纺织品服装贸易磋商与订立合同	197
	第三节　纺织品服装贸易合同条款	208
	第四节　纺织品服装市场发展趋势	224
	参考文献	233
	网络资源	235

第一章　纺织纤维

【教学目标】
1. 了解天然纤维和化学纤维的分类；
2. 掌握棉、麻、丝、毛的基本性能；
3. 掌握粘胶、涤纶、锦纶、腈纶、丙纶等常用化学纤维的基本性能；
4. 了解一些新型的纺织纤维和高功能、高性能纤维；
5. 了解鉴别纺织纤维的方法，并掌握手感目测法和燃烧法。

纺织纤维是一些直径很细，有一定的长度、强度和可挠曲性的材料。纺织纤维可以从自然界中获得，也可以采用大工业化生产。从自然界中获得的纤维称作天然纤维，采用大工业化生产的纤维称作化学纤维。纺织纤维种类繁多，每种纤维都有其独特的性能，在实际生活和生产中有效利用各种纤维的特点，可制造出能满足各种生活和生产需求的纺织品。

纺织纤维的分类如下所示：

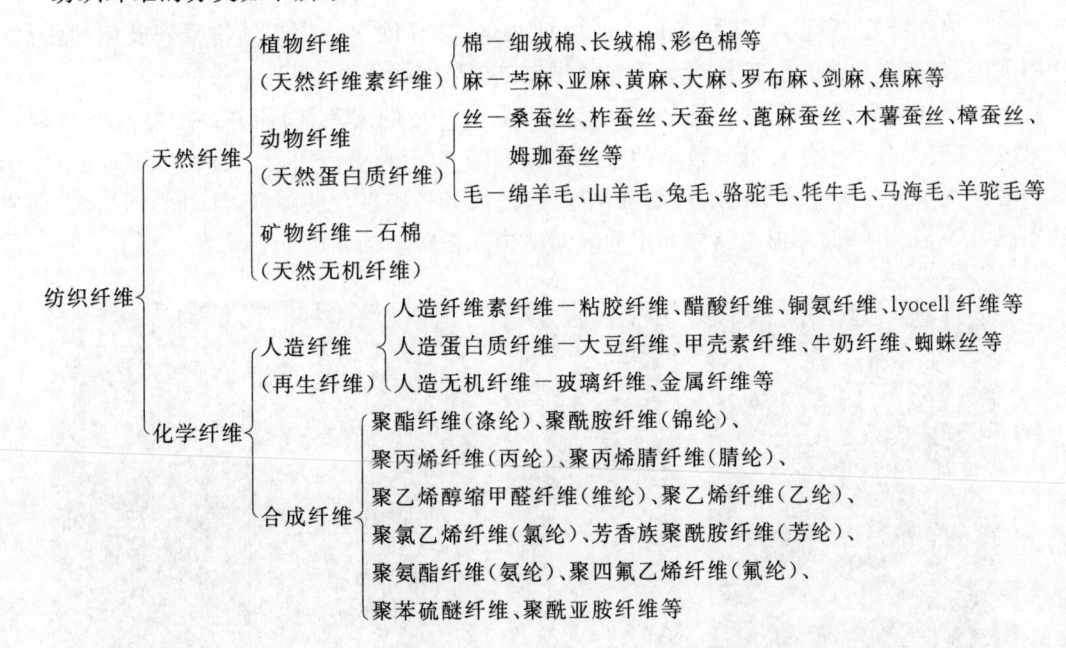

```
            ┌ 天然纤维 ┬ 植物纤维        ┬ 棉－细绒棉、长绒棉、彩色棉等
            │         │ （天然纤维素纤维）└ 麻－苎麻、亚麻、黄麻、大麻、罗布麻、剑麻、焦麻等
            │         ├ 动物纤维        ┬ 丝－桑蚕丝、柞蚕丝、天蚕丝、蓖麻蚕丝、木薯蚕丝、樟蚕丝、
            │         │ （天然蛋白质纤维）│    姆珈蚕丝等
            │         │                 └ 毛－绵羊毛、山羊毛、兔毛、骆驼毛、牦牛毛、马海毛、羊驼毛等
纺织纤维 ───┤         └ 矿物纤维－石棉
            │           （天然无机纤维）
            │         ┌ 人造纤维素纤维－粘胶纤维、醋酸纤维、铜氨纤维、lyocell 纤维等
            │  人造纤维┤ 人造蛋白质纤维－大豆纤维、甲壳素纤维、牛奶纤维、蜘蛛丝等
            │ （再生纤维）└ 人造无机纤维－玻璃纤维、金属纤维等
            └ 化学纤维┤
                      │          ┌ 聚酯纤维(涤纶)、聚酰胺纤维(锦纶)、
                      │          │ 聚丙烯纤维(丙纶)、聚丙烯腈纤维(腈纶)、
                      └ 合成纤维 ┤ 聚乙烯醇缩甲醛纤维(维纶)、聚乙烯纤维(乙纶)、
                                 │ 聚氯乙烯纤维(氯纶)、芳香族聚酰胺纤维(芳纶)、
                                 │ 聚氨酯纤维(氨纶)、聚四氟乙烯纤维(氟纶)、
                                 └ 聚苯硫醚纤维、聚酰亚胺纤维等
```

第一节　天然纤维

天然纤维是最早使用的纺织原料,包括植物纤维、动物纤维和矿物纤维三大类。下面介绍一些常用的天然纤维。

一、棉纤维

棉纤维是应用较早且最广泛的天然植物纤维,其化学成分如表 1-1 所示。

表 1-1　棉纤维的化学成分

成分	纤维素	果胶物质	蜡状物质	灰分	有机酸与多糖类	含氮物质	其他
含量(%)	94	0.9	0.6	1.2	1.1	1.3	0.9

棉纤维的主要性能:

1. 长度:粗绒棉 15～23mm,细绒棉 23～33mm,长绒棉 33～64mm;
2. 线密度:粗绒棉 0.25～0.4tex,细绒棉 0.15～0.2tex,长绒棉 0.12～0.14tex;
3. 强力:粗绒棉 4.41～6.86cN,细绒棉 2.94～4.41cN,长绒棉 3.92～4.9cN;

棉纤维的拉伸强力一般为 3.4～5.9cN,其强力随纤维吸湿率的增加而增加。吸湿后,棉纤维的弹性模量减小,伸长率增加,易发霉。

4. 棉纤维在日光及大气中长期暴露,由于紫外线及氧的作用,其强力及伸长率均有不同程度的下降。棉纤维经日晒 940h 后,其强力损失 50%。

5. 棉纤维在超过 100℃ 的条件下长时间烘烤,其纤维素的化学结构受到破坏,强力急剧下降,最终发生炭化。但棉为无熔点纤维,其制品的耐瞬时高温性能较好。

6. 棉纤维耐碱、不耐酸。棉纤维在常温下具有一定的耐碱性,但在高温且有空气存在时,纤维素大分子中的苷键对较稀的碱液也很敏感,以至聚合度下降。棉纤维遇酸后,由于酸对纤维素大分子中苷键的水解起催化作用,使大分子的聚合度降低,纤维受到损伤,造成手感变硬,强力降低。棉花及棉纤维的纵向结构和横向结构如图 1-1 所示。

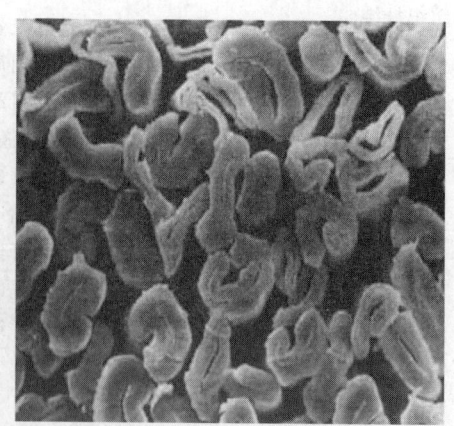

图 1-1　棉花及棉纤维的纵向结构和横向结构

二、麻纤维

麻纤维的种类很多,有苎麻、亚麻、黄麻、洋麻、大麻、剑麻等。各种麻纤维的化学成分如表1-2所示。

表1-2 几种麻纤维的化学成分　　　　　　　　　　　单位:%

成分	纤维素	半纤维素	木质素	果胶	水溶物	蜡质	灰分	其他
苎麻	65～75	14～16	0.8～1.5	4～5	4～8	0.5～1.0	2～5	—
亚麻	70～80	12～15	2.5～5	1.4～5.7	—	1.2～1.8	0.8～1.3	0.3～0.6
黄麻	64～67	16～19	11～15	1.1～1.3	—	0.3～0.7	0.6～1.7	—
洋麻	70～76	—	13～20	7～8	—	—	2	—
大麻	85.4	—	10.4	—	3.8	1.3	0.9	—
剑麻	73.1	13.3	11.0	0.9	1.3	0.3	—	—

麻纤维的主要性能:

1. 苎麻为我国特产(湖南、湖北),其产量占世界总产量的80%。苎麻纤维的长度随品种、生长条件不同而有很大差异,最长的纤维长度可达54mm,最短的纤维长度则不到6mm,长度变异较大。苎麻纤维的线密度与苎麻的可纺性密切相关,纤维越细,可纺支数越高,纱线质量越好。优良品种的苎麻纤维,其平均线密度在0.5tex以下。平均线密度在0.67tex以上时,只能加工低档产品。

亚麻单纤维,其纵向中段粗两端细,横截面呈多角形,一根单纤维为一个单细胞,平均长度为10～26mm,线密度为0.125～0.556tex,一般在0.167～0.333tex范围内。

2. 苎麻因其纤维素分子排列的定向性高,故强力高而伸长率小,苎麻单纤维的强力平均为19.6～29.4cN,而伸长率仅为2%～3%。苎麻的湿强比干强高20%～30%,抗扭刚度大。此外,苎麻纤维的抗腐蚀能力强。苎麻的不足之处是纤维粗硬,抱合力低,耐磨性差。

3. 麻纤维与棉纤维一样,属天然纤维素纤维,其光热作用和化学性质与棉纤维相似。

亚麻植株及麻纤维的纵向结构和横向结构如图1-2所示。

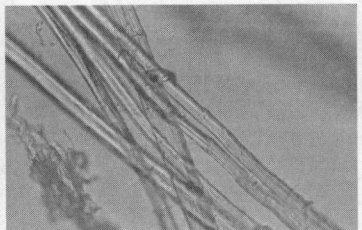

图1-2 亚麻植株及麻纤维的纵向结构和横向结构

三、丝纤维

丝纤维是高级的动物蛋白质纤维。天然丝分家蚕丝和野蚕丝,家蚕丝即桑蚕丝;野蚕丝的种类较多,有柞蚕丝、木薯蚕丝、蓖麻蚕丝、天蚕丝、樟蚕丝等。野蚕丝除柞蚕丝可作缫丝原料外,其他均作绢纺原料。丝纤维的化学成分如表1-3所示。

表1-3 蚕丝的化学成分　　　　　　　　　　　单位:%

成分	丝素	丝胶	蜡质、脂肪	灰分
桑蚕丝	70～75	25～30	0.7～1.5	0.5～0.8
柞蚕丝	80～85	12～16	0.5～1.3	2.5～3.2

丝纤维的主要性能:

1. 茧丝的长度约700～1300m,茧丝的线密度约2.2～3.8dtex(2～3.4 D)。使用时,生丝需多根茧丝合并而成,常用的生丝规格为14.4/16.7dtex(13/15D)、22.2/24.4dtex(20/22D)、31.1/33.3dtex(28/30D)等。

2. 生丝的强力和伸长率随茧层部位、并合茧粒数、不同线密度以及缫丝速度、缫丝强力而变化,生丝的强度一般为30～37cN/tex,伸长率为17%～22%。丝纤维吸湿后强力下降,伸长增大;在潮湿的状态下易发霉。

3. 在日光照射下,由于受紫外线的作用,丝纤维大分子中酪氨酸的—OH基被氧化而分解,致使分子链断裂,所以丝纤维是一般纺织纤维中耐光性最差的纤维。但其耐热性较好,在80～130℃的温度作用下,生丝的强力不但没有损失,反而略有增加。由于丝纤维的导热系数较小,保暖性较好。丝纤维干燥后易产生静电。

4. 丝纤维耐酸、不耐碱。丝纤维在低温下对酸有一定的抵抗性;而碱液易溶化丝胶,并侵入丝素,从而对丝纤维造成损伤,所以耐碱性差。

蚕、茧、丝及丝纤维的横向结构如图1-3所示。

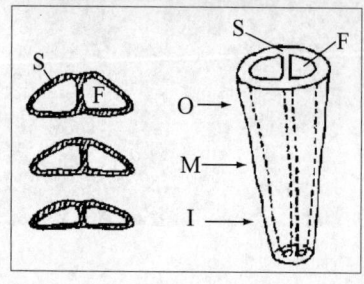

图1-3 蚕、茧、丝及丝纤维的横向结构

四、毛纤维

天然动物毛的种类很多,有绵羊毛、山羊毛、骆驼毛、兔毛和其他动物毛。纺织用毛类纤维,用量最大的是绵羊毛,即通常所说的毛纤维。

羊毛由许多细胞聚集构成。它可以分为三个组成部分:包覆在毛干外部的鳞片层、组成羊毛实体主要部分的皮质层、在毛干中心由不透明毛髓组成的髓质层。髓质层只存在于较粗的毛纤维中,细羊毛无髓质层。鳞片层的主要作用是保护羊毛不受外界条件的影响而发生性质变化。皮质层在鳞片层的里面,是羊毛的主要组成部分,也是决定羊毛物理化学性质的基本物质。羊毛的化学成分如表1-4所示。

表1-4 羊毛的化学成分　　　　　　　　　　　单位:%

成分	角蛋白	羊脂、羊汗	砂土	植物性杂质	水
细羊毛	25～50	25～50	5～40	0.2～2	8～12
粗羊毛	60～80	5～15	5～10	0～2	8～12

毛纤维的主要性能:

1. 羊毛的自然形态呈周期性卷曲,毛纤维的长度可分为自然长度和伸直长度,通常用自然长度表示毛丛长度,毛丛长度一般为6～12cm。羊毛的线密度随着羊的品种、年龄、性别、毛的生长部位和饲养条件的不同而有相当大的差别,一般在0.6tex以下。

2. 羊毛在湿热及化学试剂的作用下,经机械外力反复挤压,有缩绒性。

3. 光对羊毛有很强的氧化作用。光照使鳞片受损而易于膨化和溶解;使胱氨酸键水解,导致羊毛的化学成分和结构、物理机械性能以及染色性能等发生变化。

4. 在羊毛分子结构中含有大量的碱性侧基和酸性侧基,因此毛纤维具有既呈碱性又呈酸性的双重性质。毛纤维与丝纤维一样是蛋白质纤维,其化学性质与丝纤维相似。

绵羊、纯羊毛标志、毛纤维的结构如图1-4所示。

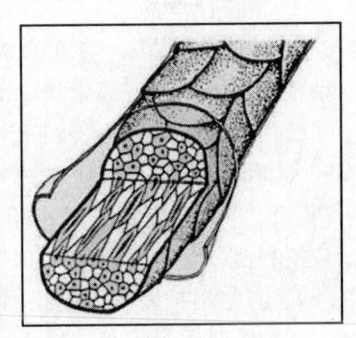

图1-4 绵羊、纯羊毛标志、毛纤维的结构图

第二节 化学纤维

化学纤维有长丝和短纤维之分。根据纤维长度和线密度不同,化学短纤维可分为棉

型、毛型和中长型。化学短纤维的长度和线密度的常用规格如表1-5所示。

表1-5 棉型、毛型、中长型化学短纤维的长度和线密度

短纤维指标	毛型		棉型	中长型
	用于粗梳毛纺	用于精梳毛纺		
长度(mm)	64～76	76～114	33～38	51～76
线密度(tex)	0.33～0.55	0.33～0.55	0.13～0.18	0.22～0.33

一、粘胶纤维

粘胶纤维于1905年在美国实现工业化,为人造纤维中最主要的纤维,分长丝和短纤维,长丝称人造丝,短纤维有棉型和毛型之分,即人造棉和人造毛。粘胶短纤维和粘胶长丝如图1-5所示。

图1-5 粘胶短纤维和粘胶长丝

粘胶纤维的主要性能:

1. 粘胶长丝的常用规格有 133.3dtex(120D)/30F、83.3dtex(75D)/18F、133.3dtex(120D)/48F、83.3dtex(75D)/30F、66.6dtex(60D)/24F 等,单纤维根数多,丝身柔软。棉型粘胶短纤维的长度通常是38mm,线密度通常是1.67dtex。

2. 粘胶纤维的强力、伸长率受湿度的影响很大。这是因为粘胶纤维的聚合度低,无定形区大,取向度低,水分子易进入无定形区,使分子间力进一步减小,从而造成分子链的滑移、断裂。一般,普通型粘胶纤维的湿强比干强降低50%以上,湿伸长率比干伸长率增加25%左右;强力型粘胶纤维的湿强比干强降低36%左右,湿伸长率比干伸长率增加2～3倍。因此,使用粘胶纤维的织物时,应尽量避免受潮。粘胶纤维的标准回潮率为13%。

3. 粘胶纤维虽同棉一样为纤维素纤维,但因为粘胶纤维的分子量比棉纤维低得多,所以耐热性比棉纤维差。粘胶纤维的双折射比天然纤维素纤维低,分子取向度比棉和麻低,耐日光性比棉差,但其耐热性较好。

4. 粘胶纤维有一定的耐碱性,耐酸性较差。

人造纤维除粘胶纤维外,还有醋酸纤维和铜氨纤维。醋酸纤维的强度比粘胶纤维低,耐磨性和耐热性均差,但醋酸纤维弹性好,手感柔软,光泽柔和近似蚕丝。铜氨纤维的强度与粘胶纤维近似,但湿强比粘胶纤维大,单纤维线密度小,细的为1.1dtex。铜氨丝单纤维

根数多,手感柔软,光泽柔和。

二、涤纶

合成纤维具有优良的物理机械性能和化学性能,如强力高、密度轻、弹性好、吸水性低、耐磨、耐酸碱、不霉蛀等,这些性能是天然纤维所不能比拟的。

涤纶是合成纤维中的一大品种,虽然发明时间比锦纶晚,于 1953 年才开始工业化生产,但 1972 年后其产量却跃居首位。涤纶长丝和有色涤纶短纤维如图 1-6 所示。

图 1-6 涤纶长丝和有色涤纶短纤维

涤纶的主要性能:

1. 高强低伸型涤纶,强度为 53～62cN/tex,断裂伸长率在 20% 以下。普通型涤纶,强度一般为 38～53cN/tex。涤纶纤维在湿态下强度不变,耐冲击强度比粘胶纤维高 20 倍。
2. 弹性好,将涤纶拉伸 5%～6% 时,其变形几乎可以完全回复,抗皱性极佳。
3. 耐热性好,涤纶的熔点为 255～265℃,230℃ 时开始软化,其耐热性及热稳定性均很好。涤纶在 150℃ 的热空气中加热 168h,强度损失只有 15%～30%。
4. 耐光性强,涤纶织物经 100 天光照后其残留强力达 95%。
5. 耐磨性好,仅次于锦纶。
6. 吸湿性低,染色较困难。

三、锦纶

锦纶又称尼龙(nylon),是由美国和英国的科学家同时在纽约和伦敦研制而成。锦纶 66 和锦纶 6 分别于 1938 年和 1941 年实现工业化生产。

锦纶 66 和锦纶 6 的内部分子结构不同,锦纶 66 的耐热性和尺寸稳定性均优于锦纶 6,其他性能大致相同。

锦纶的主要性能:

1. 锦纶的密度较小,为 $1.14g/cm^3$,除丙纶、乙纶外,是目前已有的各种纤维中较轻的一种。
2. 强度高,一般普通型锦纶的强度为 35～53cN/tex,高强型锦纶则可达 66～84cN/tex,比天然纤维的强度高一倍以上,在合成纤维中也是较高的,湿强为干强的 80%～90%。
3. 弹性好,锦纶的断裂伸长率一般为 16%～25%,回弹性好。

4. 耐磨性特优，锦纶的耐磨性高于天然纤维和其他化学纤维，为棉纤维的 10 倍。
5. 化学性能较稳定，稀酸对其无影响，耐碱性也很好。
6. 耐热性及热稳定性不及涤纶。
7. 锦纶不耐日晒。

四、丙纶

丙纶是近年来增长较快的品种，在每年消耗 50～100 万吨的产业用纺织品中，丙纶和涤纶各占 40%；在土建用纺织品中，丙纶占 76%；在医用纺织品中，丙纶占 64%；在农用纺织品中，丙纶占 86%。在世界范围内对丙纶应用的市场分析中，发现丙纶在服装用、装饰用、产业用三大领域的比例为 2∶42∶56，可见丙纶的主要应用为后两大领域。

在我国，丙纶产品主要是膨体变形丝、烟用丝束、非织造布和工业用丝等。目前，我国自行研制成功的高强丙纶，用于窄幅带类、绳类等，在过滤布和土工布领域内将会有很大的应用。

丙纶的主要性能：

1. 密度小，仅 $0.91g/cm^3$，是所有天然纤维及合成纤维中最轻的纤维，其制品能浮于水面。
2. 强度高，普通型丝为 40～53cN/tex，高强型丝可达 54～70cN/tex。受湿后，纤维强度不变。
3. 耐腐蚀性好，对无机酸、碱有显著的稳定性。
4. 耐磨性好，与锦纶接近。
5. 吸水性小，经湿润或干湿反复多次，尺寸稳定性好。
6. 耐光性差。
7. 熔点低，易老化。

五、腈纶

腈纶于 1950 年实现工业化生产，我国是从 20 世纪 60 年代开始生产的。腈纶纤维在地毯中的用量较大，阻燃腈纶可替代石棉用作水泥制品的增强材料。

腈纶的主要性能：

1. 腈纶的性质近似羊毛，故有合成羊毛之称。
2. 腈纶的吸湿性较低，适于用阳离子染料染色。
3. 腈纶的耐日光性与耐气候性特别好。
4. 腈纶燃烧时没有明显的熔融粘流态，火星溅落在腈纶上不会熔成小孔，但燃烧时产生大量氰化物，毒性大。
5. 腈纶在 200～300℃时发生热裂解，利用这一性能，可制作高模量碳纤维。
6. 腈纶耐酸不耐碱。

六、维纶

维纶于 1950 年在日本实现工业化，我国则从 1964 年开始生产。它是合成纤维中吸湿性最好的纤维,其性能接近棉。

维纶的主要性能:

1. 由于聚乙烯醇大分子的每个链节上都有一个亲水的—OH基,因此制成的纤维是水溶性的。

2. 高强维纶的强度可达 7.92cN/tex,断裂伸长率为 12%～25%,弹性回复性较差,耐磨性较好。

3. 维纶的吸湿性好,在合成纤维中居首位。

4. 维纶耐碱不耐酸。

第三节　新型纺织纤维

随着科学技术的不断发展,新型纺织原料层出不穷,这给纺织工业的发展带来了勃勃生机,纺织产品的附加值也得到了提高。新型纺织原料按以下几大类介绍。

一、新型天然纤维

(一)新型植物纤维

1. 彩色棉花。彩色棉花早已有之,但由于天然彩色棉花的纤维比较粗短,可纺性能差,不适合机械加工,且有的天然棉花的颜色太浅,因此在现代纺织工业中,彩色棉花资源一直未得到人们的开发利用。直到20世纪70年代,随着国际社会对环境问题的日益重视及人们崇尚自然的兴起,科学技术(包括生物技术)也得到了飞速发展,人类才有能力去改造和利用这些植物。因此,借助于生物技术的发展,世界各国纷纷开展了彩色棉花的研究,并已取得初步的成果。

美国是较早开展彩色棉花研究的国家,培育出了深棕色、墨绿色、红色等彩色棉花,纤维的长度和强度可以满足纺织加工的要求。20世纪90年代后,我国也开展了彩色棉花的研究,各省的农科院积极开展研究活动,培育出了浅棕色、淡绿色等品种。

因为天然彩色棉花具有天然的色彩,不需要进行印染加工,由它制成的色纱和织物没有任何污染,是真正的绿色织物。彩色棉花如图1-7所示。

图1-7　彩色棉花

2. 兔毛棉。兔毛光泽好,手感好,但由于光滑,抱合差,纺成的纱线易掉毛。把兔毛基因转移到棉花上,可使棉花具有兔毛的特性。

3. 罗布麻。罗布麻是一种野生的植物,其叶子是治高血压的中药,现已被加工成降压药和降压茶;该植物还可以作盐地绿化的重要植物。罗布麻纤维是良好的高级纸原料。罗布麻产品有一定的医疗保健性能,对降低血压有显著效果。

罗布麻从原料到精干麻提取的难度较大,从麻杆到精干麻的制成率只有3%左右。罗布麻原麻中的胶质含量较多,单纤维长度较长,需利用化学方法对其进行脱胶,以除去胶质,提高纤维的可纺性。

罗布麻的化学组成与苎麻、亚麻有一定的区别,罗布麻的果胶、木质素和水溶物的含量都比苎麻和亚麻高,但纤维素含量略低于苎麻和亚麻。

罗布麻纤维的内部结构与棉、苎麻基本相同,其内部分子结构紧密,纤维大分子在结晶区中排列较整齐,结晶度高,取向度也高。

罗布麻具有吸湿性好、透气、透湿、强力高等麻纤维所具有的特点,其纤维比苎麻细,还具有丝一般的光泽和良好的手感。罗布麻兼具棉的柔软、丝的光泽、麻的滑爽。

4. 菠萝叶纤维。菠萝叶纤维是从成熟度较好的菠萝叶中提取的,太嫩的叶子不利于提取纤维,太老的叶子中的纤维粗、短、脆,抱合力差。

菠萝叶纤维的提取方法主要有浸泡、机械处理、化学处理、手工刮取等方法。提取后的菠萝叶纤维仍具有18%左右的胶质,纤维较硬、较粗,不能直接纺纱。因此,对菠萝叶纤维还需进行脱胶处理,并将其切成所需要的长度,以提高纤维的纺织性能。菠萝叶纤维的强度高,断裂伸长率低,适合与其他纤维混纺。菠萝叶纤维具有很好的吸湿性和染色性。

5. 香蕉茎纤维。从不同品种的香蕉树中提取的香蕉茎纤维,其结构和性能有很大差异。香蕉茎纤维用手工或机械方法剥取后还需经洗涤、晾晒等加工。

香蕉茎纤维的强力高、伸长低,单纤维长度较短,只有2.0~3.8mm,单细胞的纤维素含量为58%~76%。香蕉茎纤维的吸湿性能较好。

(二)新型动物纤维

1. 山羊毛。山羊的毛发一般分为内、外两层,内层为柔软、纤细、滑糯、短而卷曲的绒毛,称为山羊绒;外层是粗、硬、长而无卷曲的粗毛,即山羊毛。山羊绒的纤维较细,线密度不匀率低;它的结构与绵羊的细羊毛相似,也是由鳞片层和皮质层两部分组成,鳞片边缘光滑,覆盖密度较稀,呈环状覆盖;纤维整体呈现细、轻、软、滑、强、暖等特点,是优良的纺织原料。而山羊毛则比山羊绒粗得多,平均直径可达48~100μm,线密度离散较大;虽长度较长,但长度整齐度较差。山羊毛的截面结构和粗羊毛一样,也是由鳞片层、皮质层、髓质层三部分组成,其鳞片基本上呈龟裂状和瓦片状,鳞片尺寸较小,形状不一,且鳞片较薄,常紧贴于毛干。因此,山羊毛的表面比较光滑,表面摩擦系数较小,纤维间难以抱合。山羊毛的皮质层也多呈皮芯结构,其正皮质细胞主要集中在毛干的中心,而偏皮质细胞分布在周围,所以山羊毛无卷曲。山羊毛的髓质层很发达,可占整个纤维直径的50%。但山羊品种不同,髓质层的径向所占比例也不同,有髓毛的含量也差异较大。山羊毛的这些结构和性能特点,在纺纱性能上体现为山羊毛纤维间抱合力差,纤维易损伤,使山羊毛可纺性很差,难以纺制成纱。因此,山羊毛一直未得到有效的开发利用。

利用化学方法对山羊毛进行变性处理,提高山羊毛的卷曲性能,增加纤维的柔软性,增大纤维的伸长变形能力,提高顺、逆摩擦系数和鳞片摩擦系数,从而改善山羊毛的可纺性。目前,山羊毛的化学变性处理方法主要有氯化—氧化法、氯化—还原法、氯化—酶法、氧化法、还原法、氨—碱法等。

经化学处理的山羊毛其卷曲程度的提高并不明显,混纺时比例应在40%以下。利用毛纤维的热定形性,可采用物理机械方法提高山羊毛的卷曲性能,使纤维卷曲程度有明显提高。经过热定形的山羊毛的混纺比例可达50%以上,甚至高达96%。成品的手感风格、覆盖性能、弹性等都有所改善。

化学变性处理和物理处理在很大程度上提高了山羊毛的利用价值,使这一丰富的自然资源得到了有效利用。同时也为其他动物粗毛纤维的开发利用提供了有益的借鉴。

2.变性羊毛。长期以来,羊毛只能作春秋、冬季服装的原料,一直未能真正在夏令贴身服装领域找到用武之地。要使羊毛也能成为夏令贴身穿着的理想服装,必须解决羊毛的轻薄化、防缩、机可洗、消除刺扎感等问题。

(1)除鳞防缩羊毛。绵羊毛由鳞片层、皮质层和髓质层三部分组成。由于表层鳞片的存在,使羊毛具有特殊的定向摩擦效应,即纤维摩擦时,逆鳞片方向的摩擦系数大于顺鳞片方向的摩擦系数,这是造成羊毛加工、洗涤时缩绒的主要原因。

消除羊毛的缩绒性可以从改变羊毛的定向摩擦效应和改变羊毛的伸缩性两方面入手,因此可以采用许多种处理方法。但剥除和破坏羊毛鳞片是最直接也是最根本的一种方法。这种方法通常采用氧化剂或碱,如次氯酸钠、氯气、氯胺、氢氧化钠、氢氧化钾、高锰酸钾等,使羊毛鳞片变质或损伤,羊毛因此失去缩绒性,但羊毛的内部结构及纤维机械性质没有太大改变。羊毛的表面变性处理也称羊毛的丝光处理,使纤维变细,且表面变得光滑,富有光泽,强力提高,染色容易,染色牢度好。

羊毛的表面变性处理极大地提高了羊毛的应用价值和产品档次。变性羊毛除了具有羊绒制品柔软、滑糯的手感风格外,还有丝般的光泽,染色性好,抗起球效果好,耐水洗,服用舒适无刺痒感,纱线强力高,其产品比羊绒制品更耐穿。

(2)超卷曲羊毛。对于纺纱和产品风格而言,纤维卷曲是一项重要的性质。目前国内外相继开发了以机械加工为主的卷曲和超卷曲加工方法。通过对羊毛纤维外观卷曲形态的变化,改进羊毛及其产品的有关性能,使羊毛可纺性提高,可纺支数增大,成品品质更好。

增加羊毛卷曲的方法有机械方法和化学方法。化学方法如采用液氨溶液,使之渗入具有双侧结构的毛纤维内部,引起纤维超收缩而产生卷曲。机械方法主要有两种,一种是采用填塞箱使纤维产生卷曲,再经过定形作用使羊毛的卷曲状态稳定下来;另一种是先将毛条经过一种罗拉牵伸装置进行拉伸,然后让它在自由状态下松弛,松弛后再利用蒸汽定形使加工产生的卷曲稳定下来,这种处理只适用于像美利奴羊毛那样具有双侧结构的细羊毛,否则不能产生满意的效果。

二、新型人造纤维

近年来一些新型蛋白质纤维不断地被成功开发,但由于生产工艺、价格成本、市场开拓等因素,其发展受到了一定的限制。随着科技的发展,这些新纤维会得到广泛的应用。

（一）大豆纤维

大豆纤维属于再生植物蛋白纤维类，是采用化学、生物的方法从榨掉油脂（大豆中含20％油脂）的大豆豆渣（含35％蛋白）中提取球状蛋白质，通过添加功能性助剂，与高聚物接枝、共聚、共混，制成一定浓度的蛋白质纺丝溶液，改变蛋白质空间结构，经湿法纺丝而成。生产过程对环境、空气、人体、土壤、水质等无污染，纤维主要由大豆蛋白质组成，易生物降解。

大豆纤维的特点：单丝线密度低，密度小，强伸度较高，耐酸耐碱性较好，手感柔软，具有羊绒般的手感、蚕丝般的柔和光泽、棉纤维的吸湿和导湿性及穿着舒适性、羊毛的保暖性。在纺丝过程中，加入杀菌消炎类药物或紫外线吸收剂等，可获得功能性、保健性大豆蛋白质纤维。但是大豆纤维耐热性较差，纤维呈米黄色。大豆纤维如图1-8所示。

图1-8 大豆纤维 　　　　　　　　　　图1-9 牛奶纤维

（二）牛奶纤维

牛奶蛋白纤维是将液状牛奶去水、脱脂，加上揉合剂形成牛奶浆，再经湿纺工艺及科技处理而成。牛奶纤维如图1-9所示。

牛奶蛋白纤维的特点：由于其主要原料是牛奶蛋白质，故含有17种氨基酸。牛奶丝面料有质地轻盈、柔软、穿着透气及导湿、爽身的特性。以牛奶丝制成的服装，贴身穿着有润肤养肤、滋滑皮肤的功效，是制作儿童服饰和女士内衣的理想面料。牛奶纤维与染料的亲和性使其颜色格外亮丽生动，在合适的洗涤条件下，即使布料经多次洗涤后颜色仍能鲜艳如新。牛奶蛋白纤维的主要产品有牛奶蛋白短纤、牛奶蛋白纤维长丝。

（三）甲壳素纤维

甲壳素广泛存在于昆虫类、水生甲壳类的外壳和海藻的细胞壁中，如蟹、虾、鱿鱼骨、蛋壳、蟑螂、真菌等。它的化学名称为聚乙酰胺基葡萄糖。

纯甲壳素是一种无味无毒的白色或灰白色半透明固体，在水、稀酸、稀碱以及一般的有机溶剂中难以溶解，如经浓碱处理脱去其中的乙酰基，就变成可溶性甲壳素，称为甲壳胺或壳聚糖，亦简称聚胺基葡萄糖。

将甲壳素或壳聚糖粉末在适当的溶剂中溶解，配制成一定浓度、一定粘度、有良好稳定性的溶液，经过滤去污后，加压喷丝入凝固浴槽中，变成固体丝状纤维，经拉伸、洗涤、烘干、卷绕即成为甲壳素纤维。

甲壳素纤维抑菌、除臭,常用作医用材料。甲壳素纤维如图1-10所示。

图1-10 甲壳素纤维

（四）负离子纤维

粘胶负离子功能纤维产品:是精选自然界宝石级电气石,经过高新技术方法和特殊的表面处理工艺,将其制备成具有产生负离子功效的化纤超细添加剂,再经特殊工艺加入粘胶中,使负离子微粉镶嵌到纤维之中。

负离子纤维的特性:在常温下能产生波长为 $4\sim14\mu m$、发射率为 0.90 以上的红外辐射,在接触大气和水蒸气的情况下,自然释放负离子,被誉为"天然负离子发生器"。

负离子纤维能中和空气中的尘埃、细菌、病菌等物,使之下降,以达到净化空气的目的。负离子纤维可以有效清除室内装修过程中装潢材料挥发的苯、甲醛、酮、氟等有害物质,并可消除体臭、香烟等异味。每天吸入适量负离子可预防或改善心脑血管疾病的产生或症状,负离子纤维对健康大有裨益,可起到抗衰老、延长寿命的作用。

（五）聚乳酸纤维

美国卡吉尔道(Cargill Dow)公司与日本钟纺纤维公司共同推出了一种新型的环保型纤维——由玉米制成的聚乳酸纤维(PLA纤维)。

PLA 纤维是以淀粉制得的乳酸为原料且具有生物降解性的纤维。该纤维完全不使用石油等化工原料,其废弃物在土壤和海水中的微生物作用下,可分解成二氧化碳和水,不会污染地球环境。由于该纤维的初始原料为淀粉,其再生循环周期短,大约为一至二年,由此产生的二氧化碳可由植物光合作用减少其在大气中的含量。燃烧 PLA 纤维,几乎不产生一氧化氮,其燃烧热是聚乙烯和聚丙烯的三分之一左右。

聚乳酸纤维的特性:不但有高结晶性,还具有和聚酯、聚苯乙烯树脂同样的透明性;因其具有高结晶性和高取向性,故具有高耐热性和高强度。

（六）蜘蛛丝

美国、加拿大的科学家成功地合作开发出人类有史以来比钢坚硬四五倍的"生物钢"(Bio-Steel)——"人造基因蜘蛛丝"。

蜘蛛丝的研发主要有三种方法:

1.通过将蜘蛛身上抽取的蜘蛛丝基因植入山羊体内,使山羊奶含有蜘蛛蛋白,然后经过特殊的"纺丝程序",把山羊奶中的蜘蛛丝蛋白纺成"人造基因蜘蛛丝"。这种被冠名为

"生物钢"的人造蜘蛛丝有蚕丝的质感,光泽好,弹性极强,它的强度比钢铁高却柔软无比,集坚韧与结实于一身,可被广泛地用来制造手术用缝合线、柔软的防弹衣等。

2. 将蜘蛛牵引丝部分的基因注入只有半粒芝麻大的蚕卵中,使培育出来的家蚕分泌出含有牵引丝蛋白的蜘蛛丝。上海生化研究所利用此法,经数年攻关,解决了转基因蚕基因导入、活性基因鉴定及传代育种等一系列技术难题,此研究被列为国家"863"计划重点项目。

3. 将蜘蛛丝基因转移到细菌、酵母或植物上,通过细菌发酵的方法来获得蜘蛛丝蛋白质,再把这种蛋白质从微孔中挤出,就可得到极细的丝线。这种细菌的繁殖工厂一旦成功建立,将对纺织服装业产生革命性变革。然而,这种方法迄今没有成功,主要原因是制成的蛋白质水溶性很小,只能溶于甲酸,并需加入六氟异丙醇为稀释剂,不能用水作溶剂进一步加工。

三、差别化纤维

差别化纤维通常是指在原来纤维组成的基础上进行物理或化学改性处理而使其性能得到一定改善的纤维。纤维改性的原则是在保持纤维原有优良性能的前提下,提高或赋予纤维新的性能。

(一)纤维改性的方法

1. 物理改性。物理改性是通过改变纤维高分子材料的物理结构使纤维性质发生变化的方法,主要有:

(1)改进聚合与纺丝条件。通过改变高聚物的聚合度及其分布、结晶度及其分布、取向度等来达到改性目的。

(2)改变截面。改良工艺条件,采用特殊喷丝孔形状,获得细特异形纤维。

(3)表面物理改性。采用高能射线(γ射线、β射线)和低温等离子体进行纤维表面刻蚀、涂膜以及物理改性接枝共聚、电镀等。

(4)复合。指将两种或两种以上的聚合物或性能不同的同种聚合物通过一个喷丝孔纺成一根纤维的技术。通过复合,在纤维同一截面上可以获得双组分的并列型、皮芯型、海岛型纤维和多组分纤维。复合纺丝法可以使纤维同时具有所含组分聚合物的特点,且通过截面内不同组分的适当配置,使各组分聚合物的优良性能得到充分利用,制成具有高卷曲、易染色、难燃、抗静电、高吸湿等特殊功能的纤维。

(5)混合。利用聚合物的可混溶性和溶解性,将两种或几种聚合物混合后喷纺成丝;在聚合物中加入各种添加剂,如消光剂、抗老化剂、阻燃剂、抗静电剂、染色颜料等,将添加剂在聚合时或临成形前与纺丝原液充分混合,然后喷纺成丝。由此可获得有色、抗静电、阻燃、抗紫外线等改性纤维。

2. 化学改性。化学改性是通过改变纤维高分子的化学结构来达到改性目的的方法,包括共聚、接枝、交联等。

(1)共聚。共聚是最重要的化学改性方法,采用两种或两种以上单体在一定条件下进行聚合。共聚得到的高聚物大分子上含有两种或两种以上的单体,由于新单体的引入,改变了原高聚物纤维的性质。例如,丙烯腈与氯乙烯或偏氯乙烯共聚可以提高聚丙烯腈纤维的阻燃性能,对苯二甲酸乙二酯与间苯二甲酸磺酸钠或对苯二甲酸磺酸钠共聚则可以改善聚酯纤维的染色性能。新单体的引入也会引起其他物理性能如玻璃化温度、熔点、熔体粘度等的变化。

(2)接枝。接枝是通过一种化学或物理方法,使纤维的大分子链能接上所需要的基团。接枝可以在聚合体内进行,也可以在成形纤维表面进行。表面化学性接枝采用特殊化学溶液处理纤维或织物,然后经活化过程就可以产生接枝变性。表面物理性接枝通常将纤维或织物与化学品同时经过电子流或其他高能辐射线的活化作用,就能产生接枝反应,从而使纤维变性,如等离子体法、γ射线法等。

(3)交联。交联是指控制一定条件使纤维大分子链间用化学链联接起来(交联化)。当聚合物交联时所有的单个聚合物分子链通常在几个点上彼此联接,从而形成一个分子量无限大的三维网状结构。这种交联结构会影响纤维高聚物的玻璃化温度,使玻璃化温度有所提高。同时,通过交联作用可以使纤维的耐热性、抗皱性、褶裥保持性、尺寸稳定性、弹性和初始模量得到改善,而且对纤维拉伸强度和伸长也有一定影响。

3. 工艺变性。工艺变性是通过提高工艺技术水平、改变纤维生产工艺和过程来达到改性的目的。例如:

(1)采用新的聚合方法或对聚合物进行特殊控制。

(2)根据新的成形原理采用新的成形方法。

(3)改进纺丝成形和后加工工艺。

(4)后续工艺过程的联合。

纤维改性方法的划分并不是绝对的,在实际使用中往往既含有物理因素,又含有化学或其他因素。通过改性,使纤维许多方面的性质得以改善,提高了化纤产品的经济价值和使用价值。

(二)差别化纤维的分类

结合纤维改性方法的特征,将差别化纤维分为以下几类。

1. 异形纤维。纺制异形纤维最简单的方法是使用非圆形截面的喷丝孔,还有粘着法、挤压法、复合法等。

按照纺丝时喷丝孔和纤维截面形状的不同,异形纤维可分为以下几类。

(1)三角(三叶、T)形。

(2)多角(五星、五叶、六角、支)形。

(3)扁平带状(狗骨形、豆形)。

(4)中空(圆中空、三角中空、梅花中空)形。

这些纤维的特点是具有优良的光学性能,无金属般眩目的极光,光泽柔和如真丝。由于截面的特殊形状,增加了纤维间的抱合力、蓬松度、透气性;减少了纤维的蜡状感,使手感更加舒适;提高了染色性能,颜色更加鲜艳。

2. 复合纤维。复合纤维是由两种或两种以上的聚合物或性能不同的同种聚合物,按一定的方式复合而成的。复合纤维按照内部组分间的几何特征可分为以下几类:并列型、皮芯型、多层型、放射型、多芯型(海岛型)等。

并列型纤维最主要的特征是能够产生类似羊毛的理想的三维卷曲。由此可以生产出具有永久性的自卷曲性质的合成纤维,如三维卷曲腈纶复合纤维、聚酰胺/聚酯并列型复合纤维等。

皮芯型纤维在导电性、热粘接性、自卷曲性等方面较优异,可用于导电材料、过滤材料、填充材料、非织造布等。

多层型、放射型、海岛型是制取超细纤维或极细纤维的主要生产方法。

3. 超细纤维。一般地说,单丝线密度低于天然纤维的化学纤维都可以叫做超细纤维或微细纤维。微细纤维的分类大体如下:

(1)细旦丝。单丝线密度为 0.55~1.4dtex 的丝属于细旦丝。

(2)超细旦丝。单丝线密度为 0.33~0.55dtex 的丝属于超细旦丝。

(3)极细旦丝。单丝线密度为 0.11~0.33dtex 的丝属于极细旦丝。

(4)超极细旦丝。单丝线密度在 0.11dtex 以下的丝属于超极细旦丝。

超细纤维的主要特征是单纤维线密度低,直径小,纤维的比表面积大。超细纤维手感柔软、细腻、柔韧性好,光泽柔和,清洁能力高,吸水、吸油性强,但上油量、上浆量、着色量也相应增加。染色时纤维吸收染料多,染色不易均匀,光色牢度较差。

4. 易染纤维。除聚酰胺纤维和共聚丙烯腈纤维较易染色外,大多数合成纤维的染色都很困难。

易染纤维是指可用不同类型的染料染色且染色条件温和、色谱齐全、色泽均匀、色牢度好。易染合成纤维主要有以下几种:

(1)常温常压无载体可染聚酯纤维。普通聚酯纤维结晶度、取向度高,缺少能与直接染料、酸性染料、碱性染料等结合的官能团,虽然具有能与分散染料形成氢键的酯基,但染色很困难,一般要在高温、高压或载体存在条件下进行。常温常压无载体可染聚酯纤维采用共聚或嵌段共聚、共混等方法,使聚酯纤维在不用载体、染色温度低于 100℃的条件下可用分散染料染色。

(2)阳离子染料可染聚酯纤维。阳离子染料色谱齐全、色泽鲜艳、价格低廉、染色工艺简单。阳离子染料可染聚酯纤维是聚酯纤维的一个重要改性品种,采用共聚、接枝共聚、添加剂等方法赋予聚酯纤维阳离子染料可染性,扩大了聚酯纤维的花色品种及使用范围。

(3)酸性染料可染聚酯纤维。酸性染料色谱齐全。酸性染料可染聚酯纤维和羊毛混纺织物可用酸性染料进行同浴染色,大大简化了生产工艺。酸性染料可染聚酯纤维的制取方法一般是通过共聚、接枝共聚、共混以及后处理等在纤维中引入含碱性氮(叔胺基)的物质。

(4)易染聚丙烯纤维。解决聚丙烯纤维染色困难的方法主要有两种。一是采用纺前着色的方法,生产有色纤维;二是通过共聚、接枝共聚等方法在聚合物上引入可接受染料的极性基团,提高聚丙烯纤维的染色性。

5. 阻燃纤维。极限氧指数<20%的纤维属于易燃纤维(如棉、麻、粘胶、丙纶、腈纶等);极限氧指数在 20%~26%之间的纤维属于可燃纤维(如涤纶、锦纶、维纶、蚕丝、羊毛、醋酯纤维等);极限氧指数在 26%~34%之间的属于难燃纤维(如氯纶、改性腈纶、芳纶等);极限氧指数>35%的纤维属于不燃纤维(如玻璃纤维、金属纤维、石棉纤维、碳纤维等)。

阻燃是指降低纤维在火焰中的可燃性,减缓火焰的蔓延速度,使纤维在离开火焰后能很快地自熄,不再引燃。要达到阻燃的目的,必须切断由可燃物、热、氧气构成的燃烧环境,如提高纤维的热稳定性,改变纤维的热分解产物,隔离或稀释氧气,吸收或降低燃烧热等。阻燃纤维的主要品种有阻燃粘胶纤维、阻燃聚丙烯腈纤维、阻燃聚酯纤维、阻燃聚丙烯纤维、阻燃聚乙烯醇纤维。

6. 高吸湿性纤维。为了提高合成纤维的吸湿性,可以在分子结构中引入亲水性基团或与亲水性成分共混纺丝,使纤维表面接枝共聚而赋予纤维亲水性,改变纤维的结构让纤维表面及内部多孔化。

7. 抗静电纤维。大部分合成纤维的吸湿性差,纤维上易积聚静电荷,造成纺织加工困难。改进合成纤维抗静电性的途径主要有两条,一是采用共聚、共混、复合纺丝、接枝共聚等方法提高合成纤维的吸湿性;二是制取导电纤维,再以导电纤维和常规纤维进行混纤、混纺、交织。

8. 高收缩纤维。通常把沸水收缩率在20%左右的纤维称为收缩纤维,把沸水收缩率在35%~45%的纤维称为高收缩纤维。高收缩纤维有高收缩型聚丙烯腈纤维和高收缩型聚酯纤维。高收缩型聚丙烯腈纤维的制取方法有三种:一是在高于腈纶玻璃化转变点的温度下经多次热拉伸,使纤维中的大分子链舒展,并沿纤维轴方向取向,然后骤冷,使大分子链的形态和张力被暂时固定下来,当成纱后在松弛状态下湿热处理时,大分子链因热运动而卷缩,引起纤维在长度方向的显著收缩;二是增加第二单体丙烯酸甲酯的含量,能大幅度地提高腈纶的收缩性;三是采用热塑性的第二单体与丙烯腈共聚,也可以明显地提高纤维的收缩性。高收缩型聚酯纤维的制取方法有两种:一是采用特殊的纺丝和拉伸工艺,如POY丝经低温拉伸、低温定形等工艺,可制得沸水收缩率为15%~50%的高收缩型涤纶;二是采用化学变性的方法,所制取的高收缩型涤纶的沸水收缩率较小。

9. PBT纤维。PBT纤维是新型的聚酯纤维,它是由对苯二甲酸二甲酯或对苯二甲酸与丁二醇酯化后缩聚而成的对苯二甲酸丁二酯纤维。PBT纤维弹性好、上染率高、色牢度好,还具有普通聚酯纤维的优良性能。与普通聚酯纤维相比,PBT纤维的强度较低,断裂伸长率较大,初始模量明显低于普通聚酯纤维,但有突出的弹性和优良的染色性,手感也比普通聚酯纤维柔软。

改性纤维中还有抗起球纤维、有色纤维、吸湿排汗纤维等等。

第四节 高性能和高功能纤维

一、高性能纤维

一般来说,高性能纤维具有比普通合成纤维高得多的强度和模量,有优异的耐高温性能和难燃性,有突出的化学稳定性。

高性能纤维的一个特点是它们的开发动机几乎都是用于产业用纺织品,特别是国防尖端工业领域用纺织品。在工业发达国家,很多新一代产业用纺织品都应用了高性能纤维。可以说高性能纤维的开发和应用是产业用纺织品领域的一场技术革命。用高性能纤维制作的产业用纺织品达到了一个前所未有的水平。

高性能纤维包括有机和无机高性能纤维两大类。有机高性能纤维包括对位芳香族聚酰胺纤维、间位芳香族聚酰胺纤维、芳香族杂环聚合物（如 PBI 纤维）、聚四氟乙烯纤维、聚酰亚胺纤维、聚苯硫醚（PPS）纤维、超高相对分子质量聚乙烯纤维、超高相对分子质量 PVA 纤维、超高相对分子质量 PAN 纤维等。无机高性能纤维有碳纤维、硼纤维、硅—碳纤维、铝纤维、玻璃纤维、玄武岩纤维等。下面介绍一些典型的高性能纤维。

（一）碳纤维

1. 碳纤维的分类

(1) 根据制造碳纤维的原料可分为：纤维素纤维系、聚丙烯腈系（PAN 基）、沥青系三种。

(2) 按特性分类，可分为普通碳纤维和高强度高弹性碳纤维。普通碳纤维，其抗拉强度在 1.17GPa 以下及弹性模量在 98GPa 以下；高强度高弹性碳纤维，其抗拉强度在 1.47GPa 以上而弹性模量在 166.6GPa 以上。

(3) 根据热处理温度可分为滞焰纤维、碳纤维和石墨性碳纤维。滞焰纤维（又称耐焰纤维或预氧化丝）的加热处理温度为 200~300℃，碳纤维的加热处理温度为 500~1500℃，石墨性碳纤维的加热处理温度为 2000℃以上。

2. 碳纤维的特性

(1) 密度小，一般为 $1.7~2.0g/cm^3$。

(2) 弹性模量高，比模量也高，抗拉强度大。

(3) 复丝的不匀率低，单纤极细。

(4) 导电性优，耐热性极好。

(5) 尺寸稳定性好。

(6) 不易发生蠕变，具有高的静疲劳强度。

(7) 热膨胀系数小，热冲击性强，热传导率大。

(8) 耐化学药品腐蚀性好。

(9) 石墨制品具有自润滑性。

碳纤维虽有不少优异性能，但也存在一些缺点。一是碳纤维的轴向剪切模量相当低，给后加工带来一定困难；另一是碳纤维的抗氧化性较差，断裂伸长小，耐冲击性差。

3. 碳纤维及其复合材料的应用

由于碳纤维具有质轻、高强度、高弹性模量、耐化学药品、尺寸稳定性良好等优异特性，故为各个领域的制品所采用。

(1) 航空航天方面：人造卫星、火箭、太空船、喷射引擎、民航机、战斗机、直升机的机身、机尾、舵、升降梯等。

(2) 交通运输方面：汽车骨架、螺旋桨芯轴、车轮、车胎、缓冲器、弹簧片、引擎零件、船舶增强材料等。

(3) 运动休闲器材方面：高尔夫球杆、钓鱼杆、网球拍、羽毛球拍、独木舟、游艇、帆船、滑雪板、水中快艇、自行车等。

(4) 其他方面：化学设备、运输管、泵、槽、压力容器、剑杆织机的剑带等。

碳纤维自 20 世纪 60 年代开发以来，是世界上生产厂家最多，也是品种最多的高性能纤维。由于它既是高强高模纤维,又是最不怕火的纤维材料,所以它既是高性能纤维,也是高功能纤维。在聚丙烯腈基、沥青基和粘胶基三类碳纤维中,以聚丙烯腈基碳纤维产量最大,占绝对优势。

目前,碳纤维在复合材料、纺织器材、摩擦材料和文体用品及国防军工业上都有应用,每年至少需碳纤维材料200吨以上,有待开发。

(二)对位芳香族聚酰胺纤维

对位芳香族聚酰胺纤维也称芳纶,美国杜邦公司自1972年开始工业化生产以来,至今一直是世界上产量大、用途广的一种高性能纤维。其主要生产厂家有美国杜邦公司,商品名为凯夫拉尔(Kevlar);荷兰阿克苏公司,商品名为土伦恩(Twaron);日本帝人公司,商品名为蒂克诺兰(Technora);德国、俄罗斯及我国也有少许生产能力。我国将其称为芳纶。

1. 对位芳香族聚酰胺纤维的分类

美国杜邦公司将凯夫拉尔(Kevlar)分为三种类型:

(1)凯夫拉尔(Kevlar):主要用作橡胶增强材料。

(2)凯夫拉尔29(Kevlar 29):最终用途为防弹装备。

(3)凯夫拉尔49(Kevlar 49):专门用于复合材料。

我国将芳纶分为:

(1)芳纶Ⅰ型或芳纶14:化学名称是聚对苯甲酰胺纤维。

(2)芳纶Ⅱ型或芳纶1414:化学名称是聚对苯二甲酰对苯二胺纤维。

2. 对位芳香族聚酰胺纤维的特性

(1)强度高。凯夫拉尔纤维与其他纤维的性能比较如表1-6所示。

表1-6 凯夫拉尔纤维与其他纤维性能比较

性　质	Kevlar29	Kevlar 49	E型玻璃纤维	钢纤维
密度(g/cm³)	1.44	1.44~1.45	2.54	7.85
抗拉强度(GPa)	2.85	2.85	2.20	2.40
弹性模量(GPa)	60	130	70	200
断裂伸长率(%)	3.8	2.4	4	1.7

从表1-6可看出,凯夫拉尔纤维的比强度(强度/密度)比E型玻璃纤维大1.3倍,比钢丝大5倍;比模量比E型玻璃纤维大2.3倍,比钢丝大2.5倍。

(2)耐高温。凯夫拉尔纤维的耐热性好,分解温度为560℃,在高温下仍保持其强度和模量,湿热下尺寸稳定。

(3)化学稳定性好。凯夫拉尔纤维能抵抗一般化学药品的侵蚀,不溶解于普通的有机溶剂,仅溶解于少数强酸,如浓硫酸、氯磺酸等。

(4)对紫外线敏感。如将凯夫拉尔纤维直接暴露在日光下,则强度有损失。

(5)与树脂和橡胶的粘合性好,可以制作复合材料。

(6)具有透过微波的特性,可用作雷达罩。

(7)压缩模量低,耐疲劳性差。

3. 芳纶及其复合材料的应用

由于芳纶具有非常高的强度、模量及耐热性,所以它在产业用纤维中占有相当重要的

地位,应用较为广泛,其主要应用领域可归纳为:

(1)防弹织物:芳纶的断裂伸长率低,适合于吸收由于子弹冲击而产生的高能量。通常大部分子弹射击的动能被消耗在防弹织物的变形上,仅一小部分动能转变为子弹的变形。用芳纶替代传统的钢板防弹衣,使防弹衣从"以刚克刚"进入了"以柔克刚"的新领域。

(2)太空方面:波音757和波音767飞机、航天飞机、火箭引擎外壳、防弹钢盔等都用凯夫拉尔49为增强材料,使每架波音757飞机的重量可减轻454kg左右。太空安全装置、防弹设备以及降落伞等都使用凯夫拉尔纤维。

(3)汽车方面:汽车上的刹车环、离合器、货车车身底盘、汽车外壳、轮胎帘子线等。

(4)船舶方面:赛艇蒙皮、复合装甲。

(5)建筑方面:在高层大型建筑中用作水泥增强骨架,芳纶编织成钢筋状并制成预应力混凝土加强筋,使建筑物本身重量大大减轻,在抗剪切等方面起重要作用。上海东方明珠电视塔的建造,就使用了芳纶增强混凝土材料。

(6)其他方面:文体用品、通讯、绳索和军事用品等。

(三)玻璃纤维

玻璃纤维已有很长的历史。20世纪30年代,美国发明了用铂坩埚连续拉制玻璃纤维和用蒸汽喷吹玻璃棉的工艺后,玻璃纤维生产才形成了现代化工业。

当前,虽然发展了各种新型纤维增强材料,制成了许多性能优异的复合材料,但并不因此降低玻璃纤维增强材料的价值。由于玻璃纤维在结构、性能、工艺和价格等方面的特点,它将继续在复合材料的制造中发挥重要作用。

1. 玻璃纤维分类

(1)根据纤维的化学成分分:有碱纤维和低碱纤维。

(2)根据纤维的外观形状分:连续长纤维、短纤维、空芯纤维、卷曲纤维。

(3)根据玻璃纤维的特性分:①高强度高模量纤维:高强度玻璃纤维有镁铝硅酸盐系统、硼硅酸盐系统;②耐碱纤维;③耐高温纤维,主要有石英纤维、高硅氧玻璃纤维、铝硅酸盐玻璃纤维等。

玻璃纤维的主要化学成分是二氧化硅、三氧化二硼以及钠、钾、钙、铝的氧化物。其中以二氧化硅为主要成分的玻璃纤维称为硅酸盐玻璃纤维;以三氧化二硼为主要成分的玻璃纤维称为硼酸盐玻璃纤维。其他成分的引入主要是为改进纤维的性能或纤维的生产工艺。

2. 玻璃纤维特性及其应用

(1)外观和密度。玻璃纤维外观为光滑圆柱体,横截面几乎是完整的圆形,直径为$5\sim20\mu m$。玻璃纤维的密度为$2.4\sim2.76g/cm^3$,有碱玻璃纤维较无碱玻璃纤维的密度低。

(2)拉伸强度高、伸长率低。玻璃纤维的直径越细,其成纱的强度就越高。直径为$5\mu m$以下的玻璃纤维,其拉伸强度是$10\mu m$以上的2.4倍。玻璃纤维的断裂伸长率为2%~4%,比其他纤维小得多,制作轮胎帘子线有很好的尺寸稳定性。

(3)脆性。玻璃纤维受力时,其拉伸应力—应变特性基本上是一条直线,没有塑性变形阶段,属于具有脆性特征的弹性材料。它的扭转强度、剪切强度较其他纤维低,造成加工困难。其脆性与它的直径的四次方成正比,把玻璃纤维的直径降低到$3.8\mu m$以下,比普通工业用的$9.1\mu m$的玻璃纤维软36倍,比涤纶软。因此,美国把直径为$3.8\mu m$的玻璃纤维的织物用于经受挠曲的用途,如宇航服、防护服、篷布、沙发套、地毯等。

(4)耐高温。玻璃纤维不燃烧,具有很好的耐热性,单丝在200~250℃温度下,其强度不会降低,但有收缩现象。通常,无碱玻璃纤维的软化点为840℃,中碱玻璃纤维为770℃,石英和高硅氧玻璃纤维的耐热性可达2000℃以上,因此玻璃纤维适合在高温下使用。这使得玻璃纤维在电绝缘、高温过滤和汽车轮胎等方面显示了优越性。

(5)电绝缘性好。玻璃纤维具有很高的绝缘电阻,介电性能好,而且由于它的吸湿性比其他纤维小,又能耐高温,已在电机工业中得到广泛应用。但在织造中经摩擦易产生静电,引起纤维分裂、起毛,甚至断裂。

(6)玻璃纤维具有良好的光学性能,除用作传送光束材料外,还可与聚合物制作透明的玻璃纤维复合材料。透明复合材料(俗称玻璃钢)在当代民用建筑业和蔬菜生产上都有应用。

(四)其他高性能纤维

1.间位芳香族聚酰胺纤维。间位芳香族聚酰胺纤维是高性能纤维中开发较早的一种,自1967年由杜邦公司工业化生产以来,目前是世界上产量大、应用面广的耐高温纤维。现在全球间位芳香族聚酰胺纤维的主要生产厂家有美国杜邦公司,商品名为诺美尼克斯(Nomex);日本帝人公司,商品名为康耐克斯(Conex);日本尤尼吉卡公司,商品名为埃皮尔(Apiel)。我国每年也购进一定量的间位芳香族聚酰胺纤维进行织造,主要用于耐高温材料和过滤材料。

2.聚酰亚胺纤维。聚酰亚胺纤维也属于耐高温纤维,其代表性的商品化产品为法国隆波利公司的克密尔(Kermel)和奥地利兰精公司的P_{84}。克密尔(Kermel)于1971年开始工业化生产,P_{84}纤维于20世纪80年代开发并工业化生产。聚酰亚胺纤维的用途大多与间位芳香族聚酰胺纤维相似。在西欧多用于耐高温防护服和宾馆及家庭用的阻燃窗帘及阻燃床上用品。有些冶金厂和矿山用作热气体尘粉的过滤材料;化工厂、药厂则用来过滤带腐蚀性的化学药品等。

3.高强度高模量聚乙烯纤维。高强度高模量聚乙烯纤维是20世纪80年代新开发的一种高性能纤维,其强度较对位芳香族聚酰胺纤维和碳纤维高,而且有相对密度低、耐紫外光及化学稳定性好等优点,且产业化价格相对便宜。因而,尽管它的开发时间较晚,但其产业化速度及应用领域的扩展并不逊色于芳纶及碳纤维。由于该纤维的熔点只有134℃,所以在一些需要耐高温材料的场合,其应用受到限制。尽管如此,在防弹抗冲击防护用品、文体用品和绳索及复合材料方面,其应用面仍很广阔。

4.聚苯硫醚(PPS)纤维。聚苯硫醚(PPS)纤维的化学结构由硫原子和对位被取代的苯环交替排列组成,PPS纤维具有优异的热稳定性、化学稳定性和纺织加工性能。PPS纤维的熔点为285℃,是工业上过滤烟道气的极佳纤维材料(烟道气的温度为150~200℃),还能用于制作造纸烘干机的毡带、高温的腐蚀性化学试剂的过滤材料、电子工业用特种用纸。

5.聚苯并咪唑(PBI)纤维。聚苯并咪唑(PBI)纤维具有优良的阻燃性、热稳定性、高温下的化学稳定性以及良好的穿着舒适性。用传统的纺织加工方法可以将聚苯并咪唑(PBI)纤维制成机织物、针织物、非织造物或复合材料的骨架材料等。聚苯并咪唑(PBI)纤维吸湿性好,手感柔软,由它制成的防护服(如飞行衣和消防服)其服用性能优良。

6.聚四氟乙烯(PTFE)纤维。聚四氟乙烯(PTFE)纤维在我国被称为氟纶,美国和日本的商品名则为特氟纶(Teflon)。聚四氟乙烯纤维有非常优异的化学稳定性,它能耐氢氟酸、发烟硫酸、浓碱、过氧化氢等强腐蚀性试剂的作用,只有熔融的碱金属和高温高压下的氟才能对它产生轻微的腐蚀作用。聚四氟乙烯纤维具有良好的耐气候性,在室外暴露15年,其机械性能仍不发生明显的变化。聚四氟乙烯纤维使用温度较广(-180℃~260℃),是最难燃的有机纤维之一,在空气中不燃烧,其极限氧指数高达95%。聚四氟乙烯纤维还有良好的电绝缘性和抗辐射性。

7.芳砜纶。芳砜纶纤维的学名为聚苯砜对苯二甲酰胺纤维。由于芳砜纶既有对位又有间位的结构,且大分子链上有砜基存在,所以具有突出的耐热、耐燃性能,在300℃热空气中加热100小时其强度损失小于5%。此外,还有较好的电绝缘性和抗辐射性能。

芳砜纶作为我国具有独立知识产权的原创性项目,被列为我国耐高温产业领域的一项核心技术,以芳砜纶为中心而延伸的系列高性能产品都将受到我国知识产权的保护。

我国生产的芳砜纶纤维其功能和用途类似于间位芳香族聚酰胺纤维和聚酰亚胺纤维,具有优良的耐热性和热稳定性,年产100吨。目前,该产品应用范围越来越广,已应用于耐高温过滤材料、阻燃抗热防护服、航空代偿服、熨烫布等。

8.玄武岩纤维。玄武岩纤维是天然、无污染、不致癌的玻璃质高性能纤维。玄武岩纤维具有突出的耐温性能,使用温度范围为-269~700℃,最高使用温度为860~900℃;具有稳定的化学性能,但不同产地的玄武岩纤维其耐酸碱性有差异。玄武岩纤维中含有MgO、K_2O、TiO_2等成分,因此具有良好的耐水性、防水性和耐腐蚀性。玄武岩纤维也有它自身的缺点,例如密度较大($2.6~3.0kg/cm^3$),纤维较脆。

二、高功能纤维

高功能纤维主要是指具有能传递光、电以及吸附、超滤、透析、离子交换等特殊功能的纤维,还包括在舒适性、保健性、安全性等方面有特殊功能的纤维。

(一)导电纤维

导电纤维是指在标准状态(温度20℃、相对湿度65%)下,质量比电阻为$10^8 Ω·g/cm^2$以下的纤维。而在此条件下,涤纶的质量比电阻为$10^{17} Ω·g/cm^2$,腈纶的质量比电阻为$10^{13} Ω·g/cm^2$。导电纤维消除和防止静电的性能远高于抗静电纤维,其导电原理在于纤维内部含有自由电子,无湿度依赖性,即使在低温度条件下也不会改变导电性能。

导电纤维品种很多,按导电成分在纤维中的分布状态可分为三种:均匀型(导电成分均匀地分布在纤维内)、被覆型(导电成分通过涂、镀等方法被覆于纤维表面)、复合型(导电成分混溶在纺丝液中或通过复合纺丝方法制得导电纤维)。按纤维材料分主要有金属纤维、碳纤维和有机导电纤维。有机导电纤维以普通合成纤维为基体,在纤维中添加炭黑、石墨、金属或金属氧化物等导电性微粒或微细纤维而制得。导电纤维主要应用于防爆型工作服(如炼油、油轮、石化、煤炭等)和防尘工作服(精密机械、仪表、电子、食品、医药等)。

(二)光导纤维

光导纤维也称导光纤维、光学纤维,即能传导光的纤维。光导纤维是用两种不同折射率的透明材料通过特殊复合技术制成的复合纤维。光导纤维可以分为以下几类:按材料组成分为玻璃、石英和塑料光导纤维;按形状和柔性分为可挠性和不可挠性光导纤维;按传递性能分为传光和传像纤维;按传送光的波长分为可见光、红外线、紫外线和激光光导纤维。光导纤维广泛用于工业、国防、交通、通讯、医学、宇航等领域。

(三)离子交换纤维

在实际生产和日常生活中,经常会遇到气体、液体需要净化或微量元素需要回收等问题。离子交换法就是常用的一种方法,它是利用分子中含有活性基团的离子交换剂与其他物质进行离子交换而去除溶液中存在的某些离子。在进行离子交换时最关键的是离子交换剂,离子交换纤维就是一种纤维形态的离子交换剂。离子交换纤维可分为以下几类:

1. 阳离子交换纤维。阳离子交换纤维就是具有阳离子交换性能的纤维。有磺酸型(具有$-SO_3H$活性基团)、磷酸酯型(分子中含有$-PO(OH)_2$)、羧酸型(纤维中含有$-COOH$)、酚醛型(向酚醛纤维与氢氧化钠水溶液中加入单氯代醋酸可得)、离子交换碳纤维(用浓硝酸氧化纤维素或聚丙烯腈纤维,经热处理可得)。

2. 阴离子交换纤维。阴离子交换纤维就是具有阴离子交换性能的纤维。有强碱性阴离子交换纤维和弱碱性阴离子交换纤维。

3. 两性离子交换纤维。兼有阳离子、阴离子交换性能的纤维称为两性离子交换纤维。

离子交换纤维已经在污水净化、海水淡化、无离子水制备、气体净化、从废液中回收贵金属以及防毒器材、过滤元件等领域得到了广泛应用。例如由纤维素纤维变性制得的阳离子交换纤维、聚丙烯阴离子交换纤维和活性碳纤维,可以在废液中回收包括镉、钴、铜、汞、铅、锌、金、银等元素在内的多种贵重金属。多孔聚丙烯腈离子交换纤维、聚四氟乙烯纤维等可以回收钴、铀等放射性元素。

(四)陶瓷纤维

陶瓷纤维是一种重要的耐火材料(指耐火温度为1580℃以上的材料)。它具有强度高、耐热性强、热绝缘性好、电绝缘性好等特点。陶瓷纤维已广泛用于冶金、化工、建材、船舶、航空航天、汽车等行业的耐火、隔热、防火、摩擦制动、密封、高温过滤和劳动保护等领域。陶瓷纤维的产品形式主要有絮、绳、毡、板、机织物和编织物。

(五)防辐射纤维

随着科学技术的发展,各种高能射线(如微波、X射线)被广泛应用。与此同时,这些射线也给人类带来了一定的危害。因此,近些年防辐射纤维及纺织品的开发受到了人们的重视。防辐射纤维主要有以下品种:抗紫外线纤维(如在聚酯纤维中加入陶瓷紫外线遮挡剂)、防X射线纤维(如用聚丙烯和固体X射线屏蔽剂材料复合)、防微波辐射纤维(如用金属纤维和其他纤维混纺、交织)、防中子辐射纤维(如将锂和硼的化合物粉末与聚乙烯树脂共混后,采用熔融皮芯复合纺丝工艺生产)。

(六)生物活性纤维

生物活性纤维是指能保护人体不受微生物侵害或具有某种保健功效的纤维。生物活性纤维品种很多,根据这些纤维的生物活性特点,可分为抗细菌纤维、止血纤维、抗凝血纤维、抗烫伤纤维、抗炎症纤维、抗肿瘤纤维、麻醉纤维等。

(七)弹性纤维

在弹性纤维中,聚氨酯系的弹性纤维占有重要地位,是弹性纤维的主要品种,亦称斯潘德克斯(Spandex)、聚氨基甲酸酯纤维，由氨基甲酸酯嵌段共聚物组成，我国称为氨纶。聚氨酯弹性纤维有聚酯型和聚醚型两种。美国杜邦公司生产的莱卡(Lycra)为聚醚型弹性纤维。氨纶的弹性伸长率为400%～800%，弹性回复率为95%～100%。氨纶现在大多用于包芯纱或包缠纱。

丙烯酸酯系的弹性纤维是以丙烯酸乙酯、丙烯酸丁酯为原料的。聚丙烯酸酯系的弹性纤维称为阿尼德克斯(Anidex)，具有优良的耐老化性、耐日光性、耐磨性、抗化学药剂性及阻燃性，这些性能都优于氨纶。

（八）绿塞尔(Lyocell)纤维

绿塞尔(Lyocell)纤维是一种再生纤维素纤维，它具有纤维素纤维的一些优良性质，如吸湿性好，贴身使用柔软舒适，废弃纤维可完全生物降解。此外，与再生纤维素纤维（如粘胶）相比，绿塞尔(Lyocell)纤维具有较高的干强、湿强和拉伸模量。其湿强仅比干强低15%左右。绿塞尔(Lyocell)纤维中已批量生产的有英国考陶尔兹公司生产的天丝(Tencel)、奥地利兰精公司生产的莫代尔(Modal)。

功能性纤维还有水溶性纤维、变色纤维、发光纤维、香味纤维、珍珠纤维、空调纤维、放射性示踪纤维、超导体纤维、泡沫纤维、可降解纤维等。

第五节 纺织纤维的鉴别

纺织纤维的鉴别方法主要有手感目测法、燃烧法、显微镜鉴别法、溶解法、染色法等。

一、手感目测法

通过对纤维原料外观、色泽、软硬、强力等性能的判断，来鉴别纤维成分。

二、燃烧法

通过对纤维燃烧的速度、气味、火焰大小、灰烬形状等来鉴别纤维成分。常见纤维的燃烧特征如表1-7所示。

表1-7 几种常见纤维的燃烧特征

纤维名称	接近火焰	在火焰中	离开火焰后	残渣形态	气味
棉、麻、粘胶	不熔、不缩	迅速燃烧	继续燃烧	少量灰白色的灰	烧纸味
羊毛、蚕丝	收缩	逐渐燃烧	不易燃烧	松脆黑灰	烧毛发味
涤纶	收缩、熔融	先熔后烧，有熔液滴下	延燃	玻璃状黑褐色硬球	特殊的芳香味
锦纶	收缩、熔融	先熔后烧，有熔液滴下	延燃	玻璃状黑褐色硬球	氨臭味
腈纶	收缩、微熔、发焦	熔融燃烧，有发光小火花	继续燃烧	松脆黑色硬块	辣味
维纶	收缩、熔融	燃烧	继续燃烧	松脆黑色硬块	特殊的甜味
丙纶	缓慢收缩	熔融燃烧	继续燃烧	硬黄褐色球	轻微的沥青味

三、显微镜鉴别法

通过对纤维的纵向形态、横截面形态的观察来鉴别纤维成分。各种纤维的截面形态如

表 1-8 所示。

表 1-8 各种纤维的截面形态

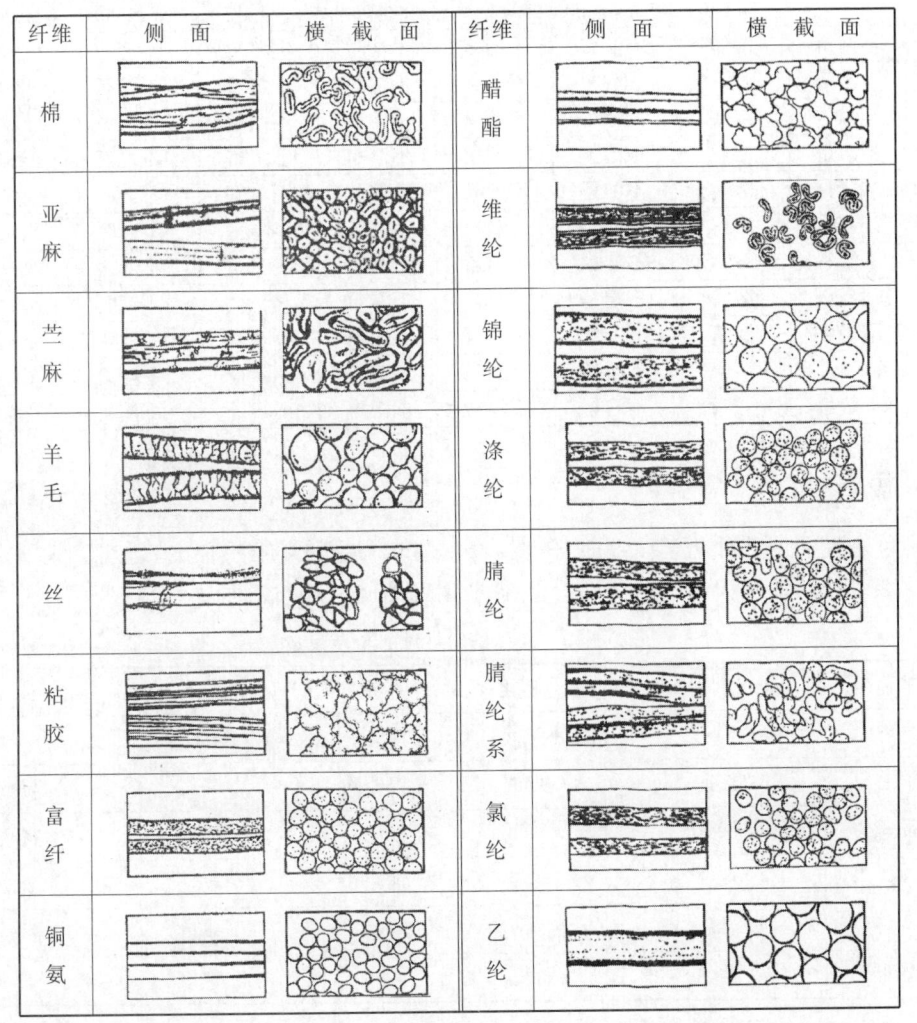

纤维	侧面	横截面	纤维	侧面	横截面
棉			醋酯		
亚麻			维纶		
苎麻			锦纶		
羊毛			涤纶		
丝			腈纶		
粘胶			腈纶系		
富纤			氯纶		
铜氨			乙纶		

四、溶解法

溶解法是利用各种纤维在不同的化学溶剂中的溶解性能来鉴别纤维的方法。这一方法的应用十分广泛。根据手感目测和显微镜观察等初步鉴别后,再用溶解法加以证实,可以确定各种纤维的具体品种。常用纤维的溶解性能如表 1-9 所示。

应用溶解法鉴别纤维时,要注意溶剂的浓度和溶解时的温度,这两个因素对溶解性能有明显的影响,所以必须严格控制。

表 1-9 常用纤维的溶解性能

纤维种类	盐酸(37%), 24℃	硫酸(75%), 24℃	氢氧化钠 (5%,煮沸)	甲酸(85%), 24℃	冰醋酸 (24℃)	间甲酚 (24℃)	二甲基甲酰胺 (24℃)	二甲苯 (24℃)
棉	不溶解	溶解	不溶解	不溶解	不溶解	不溶解	不溶解	不溶解
羊毛	不溶解	不溶解	溶解	不溶解	不溶解	不溶解	不溶解	不溶解
蚕丝	溶解	溶解	溶解	不溶解	不溶解	不溶解	不溶解	不溶解
麻	不溶解	溶解	不溶解	不溶解	不溶解	不溶解	不溶解	不溶解
粘胶	溶解	溶解	不溶解	不溶解	不溶解	不溶解	不溶解	不溶解
醋酯	溶解	溶解	部分溶解	溶解	溶解	溶解	溶解	不溶解
涤纶	不溶解	不溶解	不溶解	不溶解	不溶解	溶解 93℃	不溶解	不溶解
锦纶	溶解	溶解	不溶解	溶解	不溶解	溶解	不溶解	不溶解
腈纶	不溶解	微溶	不溶解	不溶解	不溶解	不溶解	溶解 93℃	不溶解
维纶	溶解	溶解	不溶解	溶解	不溶解	溶解	不溶解	不溶解
丙纶	不溶解	不溶解	不溶解	不溶解	不溶解	不溶解	不溶解	溶解

五、染色法

染色法是利用某种化学试剂对纤维的着色性能来鉴别纤维的种类,适宜于鉴别未染色的散纤维或纯纺纱线织物。几种纺织纤维的着色反应如表 1-10 所示。

表 1-10 几种纺织纤维的着色反应

纤维种类	HI 纤维鉴别着色剂	碘—碘化钾	纤维种类	HI 纤维鉴别着色剂	碘—碘化钾
棉	灰	不染色	涤纶	红玉	不染色
羊毛	红莲	淡黄	锦纶	酱红	黑褐
蚕丝	深紫	淡黄	腈纶	桃红	褐色
麻	青莲	不染色	维纶	玫红	蓝灰
粘胶	绿	黑蓝青	丙纶	鹅黄	不染色
醋酯	桔红	黄褐			

纺织纤维的鉴别方法还有折射法(不同的纤维具有不同的折射率和双折射率)、比重法(各种纤维的体积密度不同)、X 射线衍射法(由于各种纤维晶体的晶格大小不同,X 射线的衍射图具有不同的特征)、红外吸收光谱法(不同的纤维,红外吸收光谱不同)。

纤维鉴别的方法很多,实际鉴别中不能仅用单一方法,需几种方法结合进行,综合分析鉴别结果,最后才能得出可靠的结论。一般鉴别时先确定大类,如利用燃烧法即可确定是纤维素纤维,还是蛋白质纤维或合成纤维;再细分出纤维类别,纤维素纤维和蛋白质纤维都可用手感目测法区分到小类,而合成纤维可用溶解法逐一鉴别。

【本章小结】

1.天然纤维中棉纤维和麻纤维的主要成分是纤维素,棉和麻的化学性能相似。丝纤维和毛纤维的主要成分是蛋白质,丝和毛的化学性能相似。

2.天然纤维的内部结构中有孔隙,所以天然纤维的吸湿性和透气性较好,天然纤维的导热系数较小,具有较好的保暖性。

3.麻纤维的湿强较高。

4.丝纤维的光泽和手感较好,但耐晒性较差。

5.毛纤维弹性较好,耐晒性较好,在湿热和机械摩擦作用下会发生缩绒现象。

6.粘胶纤维吸湿性好,但强度较低,尤其是湿强更低。

7.合成纤维强度较高,吸湿性和透气性较差,容易产生静电。

8.氨纶是高弹性纤维。

9.差别化纤维改善了合成纤维的服用性能。

10.高功能、高性能纤维的物理性能和化学性能较好,在产业用纺织品中发挥着巨大作用。

11.纤维的鉴别不能仅用一种方法,需用几种方法综合分析,才能得到可靠的结论。

【思考题】

1.天然纤维有哪些?化学纤维有哪些?

2.差别化纤维与普通合成纤维有什么不同?

3.高功能、高性能纤维的"高"体现在哪些方面?

4.新型人造纤维有什么特性?

【练习题】

1.棉纤维的化学成分有哪些?简述棉纤维的特性。

2.简述彩色棉花的特性。

3.苎麻纤维的化学成分有哪些?简述苎麻纤维的特性。

4.亚麻纤维的化学成分有哪些?简述亚麻纤维的特性。

5.桑蚕丝纤维的化学成分有哪些?简述桑蚕丝纤维的特性。

6.毛纤维的化学成分有哪些?简述棉纤维的特性。

7.简述粘胶纤维的特性。

8.比较说明涤纶、锦纶、丙纶的特性。

9.密度最小的纤维是哪种?

10.天然纤维中哪种纤维的弹性最好?所有纤维中哪种纤维的弹性最好?

11.自找布样或纤维,利用手感目测法和燃烧法初步判断纤维的种类。

第二章 纱线及其生产技术

【教学目标】
1. 了解纱线的各种分类；
2. 了解棉纺、麻纺、毛纺、绢纺等短纤维的生产技术，了解桑蚕丝、人造长丝及短纤维、合成长丝及短纤维的生产技术；
3. 了解纱线的质量指标及分等要求。

由各种纺织纤维纺制的具有一定线密度和长度的产品称为纱线，主要用于机织、针织、刺绣、制线、制绳等。通常，由短纤维纺制而成的称为纱，由两根或两根以上的纱合并加捻而成的称为线，还有天然长丝和化纤长丝等。近年来，由于新工艺、新产品的不断出现，纱线的品种也层出不穷。

第一节 纱线的分类

由于纱线的种类繁多，分类方法也有很多，可以按照原料成分、加工方法、用途等进行分类，下面介绍几种常见的分类。

一、按纱线原料分

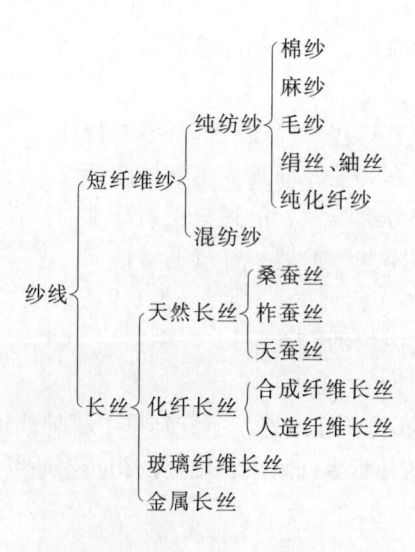

```
            ┌ 短纤维纱 ┬ 纯纺纱 ┬ 棉纱
            │         │        ├ 麻纱
            │         │        ├ 毛纱
            │         │        ├ 绢丝、䌷丝
            │         │        └ 纯化纤纱
            │         └ 混纺纱
纱线 ┤
            │         ┌ 天然长丝 ┬ 桑蚕丝
            │         │          ├ 柞蚕丝
            └ 长丝 ┤            └ 天蚕丝
                      ├ 化纤长丝 ┬ 合成纤维长丝
                      │          └ 人造纤维长丝
                      ├ 玻璃纤维长丝
                      └ 金属长丝
```

二、按纱线的粗细分(主要用于棉纱线)

1. 粗特纱。32tex及以上(18英支及以下)的棉纱,均称粗特纱(或粗支纱),主要用于织造粗厚织物或起绒起圈织物,如粗布、绒布、坚固呢等。

2. 中特纱。33~22tex(18~27英支)的棉纱称为中特纱(或称中支纱),主要用于织造平布、斜纹布、贡缎等织物,棉织品中应用较广。

3. 细特纱。21tex及以下(28英支及以上)的棉纱称为细特纱,主要用于高档针棉织品,如高档府绸、高档汗衫、背心等。

三、按纺纱方法分

1. 普梳纱。指用普通纺纱工艺纺出的纱。

2. 精梳纱。用品质优良的纤维作原料,纺制时比普梳纱增加精梳工序。由于增加了精梳工序,纤维在纱线中的排列比较平直,纱线强度增高,光泽改善,疵点减少。精梳棉纱主要用来制织高档织物,如高档府绸、细布、高档针织品等。精梳毛纱主要用来制织细薄毛织物,如派力司、凡立丁、毛哔叽等。

3. 废纺纱。是指全部用纺纱过程中处理下来的废棉作原料纺成的纱,如副牌纱,用以制造低级棉毡、绒布和包皮布等。

四、按用途分

1. 经纱。是机织时的经向用纱,由于在织造时经纱承受较大的张力和摩擦,所以需要具有较高的强力和适当的捻度。

2. 纬纱。是机织时的纬向用纱,由于织造时没有像经纱那样经受较大的张力和摩擦,因此强力要求比经纱低,但需要有一定的柔软性和捻度稳定性,捻度不宜过大。

3. 针织纱。由于针织成圈编结时,要求柔软光滑,通过针织钩针时流畅,因此它要求洁净、均匀,捻度低于经纱和纬纱。

4. 工艺装饰线。用于工艺品、装饰品的丝线,如绣花线、编结线等。

5. 缝纫线。用于缝纫衣服、皮革箱包等的各种线,要有一定的捻度和强度。

6. 绒线。主要用于手工编结和针织机编织。

五、按纱线的染整及后加工分

1. 本色纱。又称原色纱,供织造本色坯布用。

2. 染色纱。原色纱经过煮炼和染色制得的色纱,供色织用。

3. 色纺纱(包括混色纺)。先将纤维染色,然后纺制而成的纱,供制织呈不规则星点和花纹的织物。

4. 漂白纱。原色纱经过炼漂即为漂白纱,可与染色纱交织成各种色织物。

5. 丝光纱。经过丝光处理的棉纱称丝光纱,有丝光漂白纱和丝光染色纱,供高档色织物用。

6. 烧毛纱。用烧毛机烧掉纱线表面的毛茸而制成的具有光滑表面的纱线,如生产巴厘纱用。

六、按纱线最后成形分

1. 筒子纱。从络纱机下来后绕成筒子卷装形式的纱。
2. 绞纱。经摇纱工序后成绞的纱,便于运输,也便于染色,适用于色织物。

七、按纱线结构分

1. 单纱。由短纤维通过纺纱系统直接纺成的。
2. 股线。由两根或两根以上的单纱并合加捻制成的。
3. 复捻股线。由两根或两根以上的股线并合再加捻而成的。
4. 花式纱线。用两根以上不同粗细、不同原料、不同结构或不同色泽的纱线捻并,或利用特殊的方法进行捻并制成的特殊形状或结构的股线。

花式纱线的种类很多,下面介绍一些常见的花式纱线。

八、花式纱线的分类

(一)花色纱和花式纱

1. 花色纱。花色纱是纤维在纺纱过程中,将不同色彩或不同染色性能的纤维进行混纺,所纺成的纱线具有丰富的色彩效应。用它制织的织物呈现出含蓄的复色效果,纱越粗,效果越明显。通过不同性质材料的有机配合,还可以使纱线的坚牢度、手感等方面的性能得到改善,是室内装饰用纺织品常用的纱线原料。

(1)色纺纱。用彩色纤维进行纺纱,纱线织成织物后不需染色。如用黑白两种纤维纺成的烟灰纱、用多种有色纤维纺成的多彩纱等。

(2)多纤维混纺纱。利用不同染色性能的纤维混合纺纱,再经过不同染料的多次染色,而达到色纺纱的效果。用这种方法纺成的纱,其染色灵活性比色纺纱大。

(3)双组分纱。利用两种不同颜色或不同染色性能的纤维单独制成粗纱,在细纱机上用两根不同颜色的粗纱同时喂入再经牵伸加捻后纺成的纱。这种纱的表面呈现明显的色点效应,与色纺纱不同。俗称 AB 纱。

2. 花式纱。花式纱是指具有结构和形态变化的单股纱。

(1)包芯纱。这种纱是在细纱机上生产的,在中罗拉和前罗拉之间喂入一根长丝,通过前罗拉使纤维包缠在长丝的外面而形成。包芯纱有氨纶包芯纱、涤纶包芯纱等。

(2)竹节纱。竹节纱是在细纱机上加一装置,使前罗拉变速或停顿,从而改变正常的牵伸倍数,使正常纱上产生粗节,因此称为竹节纱;也可以使中、后罗拉突然超喂,使牵伸倍数改变而产生竹节。竹节纱如图 2-1 所示。

图 2-1 竹节纱

（3）大肚纱。这种纱与竹节纱的主要区别是粗节处更粗，而且较长，细节反而较短。大肚纱如图 2-2 所示。

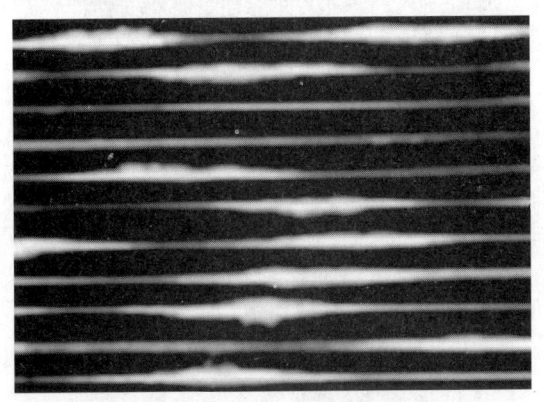

图 2-2　大肚纱

图 2-3　彩点纱

（4）彩点纱。把各种短纤维先制成粒子，经染色后在纺纱时加入。这种在纱的表面附着各彩色点的纱称为彩点纱，如图 2-3 所示。

以上花色纱、花式纱在细纱机上稍做改动就可以生产。

(二) 花式线

1. 花式平线

（1）金银丝花式线。金银丝是涤纶薄膜经真空镀铝染色后切割成条状的单丝。由于涤纶薄膜的延伸性大，在实际使用中要包上一根纱或线，这就构成了金银丝花式线，如图 2-4 所示。

图 2-4　金银丝花式线

图 2-5　粗细纱合股线

（2）多彩交并花式线。这类花式线是用多根不同颜色的单纱或金银丝进行交并而形成的。

（3）粗细纱合股线。由一根较粗的纱和一根较细的纱合股而成。若用两种颜色的纱合股，效果更加明显。粗细纱合股线如图 2-5 所示。

2. 超喂型花式线

（1）圈圈线。顾名思义，圈圈线是在线的表面生成圈圈。圈圈有大有小，大圈圈的饰线较粗，小圈圈的饰线较细。圈圈线如图 2-6 所示。

图 2-6　圈圈线

(2) 波形线。饰纱在芯纱和固结纱的捻度夹持下向两边弯曲，在花式线表面生成左右弯曲的扁平状波纹，如图 2-7 所示。

图 2-7　波形线

(3) 毛巾线。加工这类花式线需喂入两根或两根以上的饰纱，由于两根饰纱不是向两边弯曲，而是无规律地在芯纱和固结纱表面形成较密的屈曲，类似毛巾外观，如图 2-8 所示。

图 2-8　毛巾线

(4) 辫子线。用一根强捻纱作饰纱，在生产过程中，由于饰纱的超喂使其在松弛状态下回弹并发生扭结，由此生成的不规则小辫子附着在芯纱和固结纱中间而成为辫子线，如图 2-9 所示。

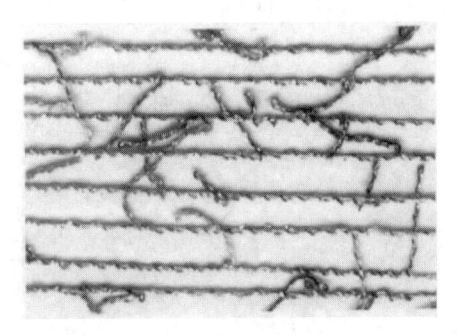

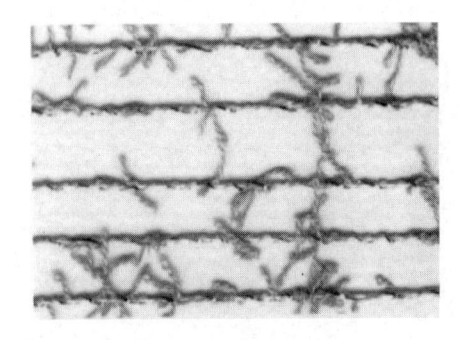

图 2-9 辫子线

3.控制型花式线

(1)结子线。在花式线的表面生成一个个较大的结子,结子有大有小,结子与平线的长度可长可短,两个结子的间距可大可小(如图 2-10 所示)。结子线中还有双色结子线和鸳鸯结子线。

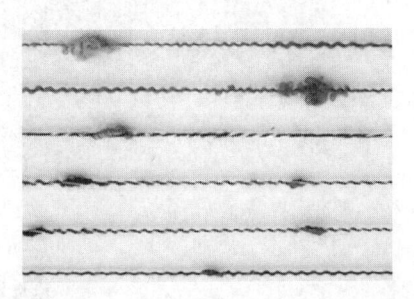

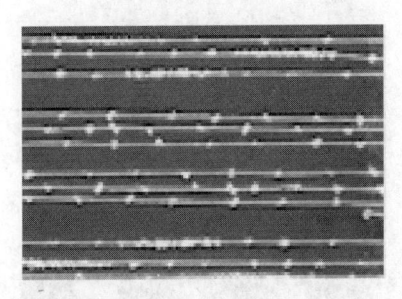

图 2-10 结子线

(2)长结子线。由一根饰纱连续地一圈一圈地卷饶在芯纱上形成一段段粗节,有时利用芯纱罗拉倒转可反复包缠多次而产生较粗的结子。这类线与结子线不同,结子线是以点状分布在花式线上,而长结子线是以段状分布在花式线上。

(3)间断圈圈线。在生产圈圈线的过程中,使芯纱罗拉变速就能生产间断毛圈,而如此间隔的变速能使花式线的表面生成一段有圈圈、另一段为普通平线的间断圈圈线。

4.复合花式线

复合花式线由两种或两种以上花式线复合而成。

(1)结子与圈圈复合。一根结子线和一根圈圈线,通过加捻或用固结线捆在一起,使毛茸茸的圈圈中间点缀着一粒粒鲜明的结子。

(2)绳绒与结子复合。绳绒线也称雪尼尔线,是目前使用最广的花式线。这类线以绳绒线作底线,在其外面用一根段染彩色长丝包上结子或长结子,使其外观丰富多姿。

(3)大肚纱与辫子复合。大肚纱外面包上一根辫子纱不但增加大肚纱的强力,而且在大肚上形成的辫子与底纱上形成的辫子的长度有差异,从而增添了大肚纱的立体感。

上述花式线可以在花式捻线机上生产。

5.绳绒线。绳绒线又称雪尼尔线,它是由芯纱和绒毛线组成的,芯纱一般由两根强度较好的棉纱合股线组成,也有用涤棉线和腈纶线的。绳绒线有单色绳绒线、双色绳绒线和珠珠绳绒线(亦称乒乓线)。绳绒线只能在绳绒机上生产,如图2-11所示。

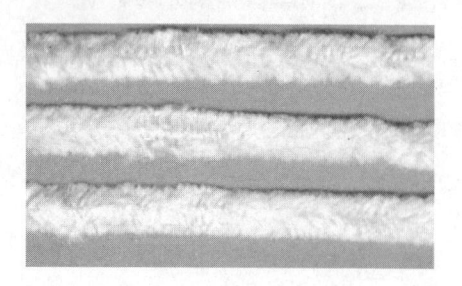

图 2-11 绳绒线

6.羽毛线和牙刷线。在钩边机上,使纬线在两组经纱之间来回交织,然后把两组经纱间的纬纱在中间割断就形成了羽毛线,如图2-12所示。牙刷线则是间断的羽毛线,如图2-13所示。

图 2-12 羽毛线

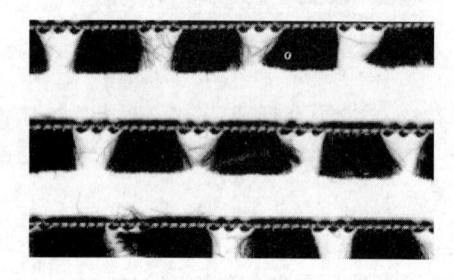

图 2-13 牙刷线

7.带子线。带子线大多在钩边机上生产,也可以在织带机上生产。带子可宽可窄,如图2-14所示。

图 2-14 带子线

(三)印染花色纱

1. 印节纱。先将绞纱染成较浅的颜色作底色,然后印上较深的彩节。
2. 段染纱。在绞纱上染上一段一段的多种色彩(如图2-15所示)。段染纱可与其他花式线复合制成多彩花式线。

图 2-15 段染纱

3. 扎染纱。扎染是传统的花色纱染色方法,它把一绞纱分为几段,用棉绳扎紧,由于扎紧的部位染液渗透不进去而产生一段段白节。扎染纱如图2-16所示。

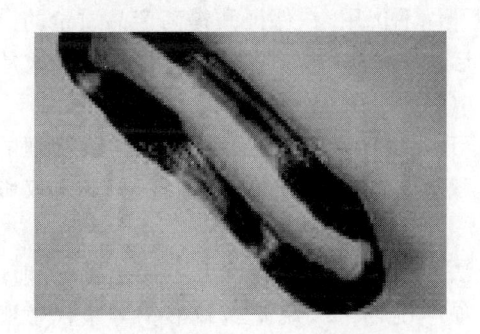

图 2-16 扎染纱

第二节 纱线的生产技术

纺纱工程是以纺织纤维为原料,将纺织纤维加工成纱或线的工艺过程。纺纱生产所用的原料有天然纤维和化学纤维,天然纤维在纺纱之前要进行初加工。现代纺纱生产的基本步骤包括开松、除杂、梳理、牵伸、加捻和卷绕等,最终使短纤维加工成纱线。

一、纺织原料的初加工

1. 棉纤维的初加工

工艺过程:轧棉→打包。

轧棉的任务:轧棉也称轧花,是把棉籽上生长的纤维与棉籽分离开,轧下来的棉纤维称为原棉,是棉纺生产的主要原料。轧棉机分为皮辊轧棉机和锯齿轧棉机,两种不同轧棉机加工的原棉分别称为皮辊棉与锯齿棉。锯齿轧棉机比较先进,我国多采用这种设备加工原棉。

为了便于贮存和运输,经过轧花加工后的原棉要按规定的要求打包。打包时锯齿棉的密度不低于 $330kg/m^3$,皮辊棉不低于 $350kg/m^3$,棉包质量应达到 $75 \sim 90kg$,最高不超过 $100kg$。

棉包出厂时要有标注,称为棉包唛头。棉包唛头的标注方法各国不完全相同,我国多以原棉的品级和手扯长度等数字组成,唛头的第一个数字表示原棉的品级,第二和第三个数字表示原棉的手扯长度(以 mm 表示);锯齿棉在三个数字的上方加锯齿线,不加锯齿线的为皮辊棉。

新疆棉中的糖分含量较高,纺纱时易产生缠绕现象,必须将原棉中的糖分水解去除,以满足生产需要。

2. 毛纤维的初加工

工艺过程:选毛→洗毛→炭化。

(1) 选毛。羊毛的种类很多,即使是同一只羊身上的毛,因部位不同,羊毛的品质也不同。为了合理地使用原料,工厂对进厂的原毛,根据工业用毛分级标准和产品的需要,将羊毛的不同部位或散毛的不同品质,用人工分选成不同的品级,这一工序叫做选毛,也称为羊毛分级。选毛的目的是合理地调配、使用羊毛,做到优毛优用,在保证和提高产品质量的同时,尽可能降低原料的成本。羊毛的线密度是评定羊毛品质的重要指标,也是羊毛分级的主要依据,通常按品质支数分为四档:70(公)支、66(公)支、64(公)支、60(公)支。

(2) 洗毛。原毛中有大量的杂质,不能直接用于纺纱生产,要采用机械、化学或物理的方法除去原毛中的杂质。洗毛是羊毛初步加工过程中的重要工序,洗毛进行的好坏不仅影响洗净毛的质量,最终将集中反映到成品质量上。

洗毛的方法一般有皂碱法、合成洗涤剂纯碱法和溶剂法。皂碱洗毛主要用肥皂和纯碱;合成洗涤剂纯碱洗毛,主要选用合成洗涤剂,如净洗剂 LS、烷基苯磺酸钠等来代替肥皂;溶剂洗毛则选用有机溶剂洗涤。

(3) 炭化。经过洗毛以后,大部分天然杂质及尘土已被除去,但羊毛纤维还缠结着草屑、草籽等植物性杂质。这些杂质的存在,有损羊毛织物的外观,染色时易形成染色病疵,染深色时尤为显著,故必须经炭化处理将其去除。

炭化就是利用羊毛纤维和植物性杂质对强无机酸具有不同的稳定性,使植物性杂质在高温时通过硫酸的作用脱水炭化、强度降低,再通过机械的碾碎而除去。只要控制适当的工艺条件,羊毛纤维就不会受到显著的损害。羊毛炭化的方式有散毛炭化、毛条炭化及匹炭化等。

3. 麻纤维的初加工

作为纺织原料的麻纤维主要是苎麻和亚麻,我国以苎麻原料为主,苎麻原麻中 70% 左右为纤维素,其余 30% 为胶质,因此对苎麻的初加工主要是脱胶处理。

苎麻成熟后,从麻茎上剥取麻皮,用刮刀从麻皮上刮去青皮,得到苎麻的韧皮组织,经晒干后就成为苎麻纺织厂的原料,称为原麻。原麻中含有许多胶质,麻纤维被包围其内,不能直接用来纺纱,所以纺纱前必须将原麻中的胶质去除,一般要求麻纤维上的残胶率不超过 2%,并使麻的单纤维相互分离,这一加工过程称为脱胶。

苎麻脱胶的方法有化学脱胶法和微生物脱胶法。

4.绢纺原料的初加工

工艺过程:精练前处理(原料选别→扯松→除杂)→精练→精练后处理(洗涤→脱水→干燥)

制丝和丝织生产中剔除的疵茧及废丝是绢纺生产的主要原料。绢纺前必须对原料进行精练加工,常用的精练方法有腐化法、酶精练法和化学精练法。

二、棉纺生产技术

棉纺是我国纺织行业中规模最大的生产行业,棉纺纱线通常有普梳纱线和精梳纱线,它们的生产工艺有所不同。

普梳纱的工艺流程:

原料选配→开清棉→梳棉→并条→粗纱→细纱→络筒(摇纱)→普梳纱
　　　　　　　　　　　　　　　　　　　　　　└→捻线→络筒(摇纱)→普梳线

精梳纱的工艺过程:

原料选配→开清棉→梳棉→精梳准备→精梳→并条→粗纱→细纱→络筒→精梳纱
　　　　　　　　　　　　　　　　　　　　　　　　　　　　　└→捻线→络筒(摇纱)→普梳线

(一)原料选配

原料选配就是在生产之前,对不同品种、不同等级和不同性能的纤维原料进行选择。

1.配棉。棉花的品种、产地、生长条件、轧棉质量不同,则原棉的长度、线密度、成熟度、强度、含杂、含水等指标有较大差异。配棉工作是纺纱生产的初期工作,是根据纺纱实际要求,合理选择多种原棉搭配使用,充分发挥不同原棉的特点,以提高产品质量、稳定生产、降低成本。

棉花分级是为了在棉花收购、加工、储存、销售环节中确定棉花质量,衡量棉花使用价值和市场价格,充分合理地利用资源,满足生产和消费的需要。

我国棉花等级由三部分组成,一是品级分级,二是长度分级,三是马克隆值分级。

(1)品级分级。一般来说,棉花品级分级是对照实物标准(标样)进行的,这是分级的基础,同时辅助于其他一些措施,如用手扯、手感来体验棉花的成熟度和强度,看色泽特征和轧工质量。依据上述各项指标的综合情况为棉花定级,棉花品级分为七级,即一到七级。国标规定,三级为品级标准级。

(2)长度分级。明确规定棉花长度采用手扯尺量法检验或大容量快速棉纤维测试仪(简称HVI)检验。HVI检验采用上半部平均长度。棉花手扯长度实物标准根据HVI测定的棉花上半部平均长度结果定值。采用手扯尺量法检验时,应经常采用棉花手扯长度实物标准进行校准。长度以1mm为级距,分级如下:

25mm,包括25.9mm及以下;

26mm,包括26.0～26.9mm;

27mm,包括27.0～27.9mm;

28mm,包括28.0～28.9mm;

29mm,包括 29.0~29.9mm;

30mm,包括 30.0~30.9mm;

31mm,包括 31.0~31.9mm;

32mm,32.0mm 及以上。

同时,国标还规定,28mm 为长度标准级;六、七级棉花长度均按 25mm 计。

(3)马克隆值分级。马克隆值分三个级,即 A、B、C 级。B 级分为 B1、B2 两档,C 级分为 C1、C2 两档。B 级为马克隆值标准级。马克隆值分级分档范围如表 2-1 所示。

GB1103—2007 规定 328B 锯齿细绒白棉为标准等级,即表示品级三级、长度 28 mm、马克隆值 B 级的锯齿细绒白棉。

表 2-1 马克隆值分级分档范围

范围	分级	分档
A 级	A	3.7~4.2
B 级	B1	3.5~3.6
	B2	4.3~4.9
C 级	C1	3.4 及以下
	C2	5.0 及以上

不同品种纱线对原棉的要求如表 2-2 所示。

表 2-2 不同产品对原棉的要求

项目	类别	对原棉主要性质的要求	原棉品级、长度范围
成纱线密度	特细、细特纱	原棉品级高,纤维细而长(有时需用长绒棉),含杂和含短绒较少。	1.7~2.5 级 29~33mm
	中、粗特纱	比上述要求可低些,并可混入部分低级棉和再用棉。	2.5~3.9 级 25~29mm
纺纱系统	精梳纱	纤维长度长、品级高、成熟度适中、含水率低。	1.9~2.1 级 29~31mm
	普梳纱	纤维长度较精梳纱短,品级适中。	1.9~2.5 级 27~29mm

2.化学短纤维的选配

为了充分利用化学纤维的各种特性,取长补短,提高产品的质量及使用价值,增加花色品种,棉纺生产中常选用一定的化学短纤维。

棉与化纤混纺的主要品种有涤棉纱、维棉纱、粘棉纱等。常用混纺比有 50/50、60/40、65/35 等,也采用 20/80、30/70 等倒比例混纺。

(二)开清棉

1.开清棉工序的任务。开清棉工序主要有开松、除杂、混合、成卷四大任务。

开松:通过开清棉机械中的角钉、打手的撕扯、打击作用,将棉包中压紧的块状纤维松解成小棉束,为除杂和混合创造条件,为分离成单纤维作准备。

除杂:在开松的同时,去除原棉中50%~60%的杂质,尤其是棉籽、籽棉、不孕籽、砂土等杂质。

混合:将各种原料按配棉比例充分混合,原棉开松好,混合愈均匀。

成卷:制成一定重量、一定长度的棉卷,供下道工序使用。当采用清梳联时,则输出棉流到梳棉工序各台梳棉机的储棉箱中。

2.开清棉机械的组成。为完成开松、除杂、混合、成卷四大任务,开清棉设备由各单机按不同的工艺组合,形成开清棉联合机组。开清棉机组一般由抓棉机、开棉机、混棉机和成卷机四种单机联合组成。

(三)梳棉

1.梳棉工序的任务。经过开清棉联合机加工后,棉卷或筵棉层中的纤维呈松散棉块或棉束状态,还含有一定杂质,需要通过梳棉机进行进一步的加工。梳棉工序的主要任务是:

(1)对纤维进行细致而彻底的分梳,使束纤维分离成单纤维状态。

(2)使纤维初步定向和伸直。

(3)在纤维充分分离的基础上,彻底清除残留的杂质疵点。

(4)使纤维在单纤维状态下充分混合并分布均匀。

(5)制成一定规格和质量要求的均匀棉条并有规律地圈放在棉条筒中。

2.精梳工序的任务。在普梳纺纱系统中,从梳棉机上下来的生条还存在很多缺陷,如含有较多的短纤维、杂质、棉结和疵点,纤维的伸直平行度也较差。这些缺陷不但影响纺纱质量,也很难纺成较细的纱线。因此对质量要求较高的纺织品和特种纱线,均采用精梳纺纱系统。精梳工序的主要任务是:

(1)排除短纤维,以提高纤维的平均长度及整齐度,改善成纱条干,减少纱线毛羽,提高成纱强力。

(2)进一步排除条子中的杂质和棉结,减少成纱疵点,提高成纱的外观质量。

(3)使条子中纤维进一步伸直、平行和分离,以利于提高纱线的条干、强力和光泽。

(4)通过喂入时的并合,使不同条子中的纤维进一步充分均匀混合,并制成精梳条。

精梳纱线具有强度高、条干好、结杂少、光泽感强等优良特性。

(四)并条

梳棉机生产的生条,因纤维经过初步定向、伸直,已具备纱条的初步形态。但是梳棉生条的不匀率很大,且生条内纤维排列紊乱,大部分纤维成弯钩状态,如果直接把这种生条纺成细纱,细纱质量差。因此,在进一步纺纱之前需将梳棉生条并合,改善条干均匀度及纤维状态。并条工序的主要任务是:

1.并合。将6~8根棉条并合喂入并条机,制成一根棉条,由于各根棉条的粗段、细段有机会相互重合,因此可改善条子长片段不匀率。

2.牵伸。将条子抽长拉细到原来的程度,同时经过牵伸改善纤维的状态,使弯钩及卷曲纤维得以进一步伸直平行,使小棉束进一步分离为单纤维。

3.混合。用反复并合的方法进一步实现单纤维的混合,保证条子的混棉成分均匀,以稳定成纱质量。采用不同纤维制成的条子,在并条机上并合可以使各种纤维充分混合,保证成纱横截面上的纤维数量均匀,防止染色后产生色差,这在化纤与棉混纺时尤为重要。

4. 成条。将并条机制成的棉条有规则地圈放在棉条筒内,以便于搬运存放,供下道工序使用。

(五)粗纱

在实际生产中棉条不易直接纺成细纱,要通过粗纱工序对棉条进行初步的牵伸和加捻。一些新型纺纱工艺(如气流纺等)没有粗纱工序。粗纱工序的主要任务有:

1. 牵伸。将棉条抽长拉细 5~12 倍,并使纤维进一步伸直平行。

2. 加捻。由于粗纱机牵伸后的须条截面内纤维根数少,伸直平行度好,故强力较低,所以需加上一定的捻度来提高粗纱强力,以避免卷绕和退绕时的意外伸长,并为细纱牵伸做准备。

3. 卷绕成形。将加捻后的粗纱卷绕在筒管上,制成一定形状和大小的卷装,以便于储存、搬运和适应细纱机上的喂入。

(六)细纱

细纱工序是纺纱生产的最后一道工序,它是将粗纱纺成具有一定线密度、符合质量标准或客户要求的细纱,供捻线、机织或针织等使用。细纱工序的主要任务是:

1. 牵伸。将喂入的粗纱或条子均匀地拉长抽细到所要求的成纱线密度。

2. 加捻。将牵伸后的须条加上适当的捻度,使成纱具有一定的强力、弹性、光泽和手感。

3. 卷绕成形。将纺成的细纱按一定成形要求卷绕在筒管上,以便于运输、贮存和后道工序加工。

(七)后加工

用原棉和各种化纤作原料经多道工序纺成的细纱,还需要经过后加工工序,以满足对各种成纱的不同要求。后加工工序包括络筒、并纱、捻线、烧毛、摇纱、成包等加工。根据需要可选用部分或全部后加工工序。

三、毛纺生产技术

毛纱线主要用于生产毛衫、面料、毯子等。毛纺生产有粗梳毛纺和精梳毛纺两种。

(一)粗梳毛纺

粗梳毛纺织物品种繁多,用途各异,所用原料比较复杂,除使用洗净毛及化学纤维外,还可使用回毛(包括精梳短毛、下脚毛、再生毛)及特种动物毛(如羊绒、兔毛、驼毛等)。粗梳毛纱所用原料在长度、线密度、均匀度等方面要求不高,可用较低级及较短的纤维。

粗梳毛纱的工艺过程比较简单,其基本流程为:粗梳毛纺原料→和毛加油→梳毛→细纱。

1. 和毛加油

和毛加油就是将配毛设计确定的各配毛成分,根据需要进行必要的预处理和开松,然后将各配毛成分均匀混合,并加入适量的和毛油乳化液,制成可供梳毛机使用的混料。

2. 粗纺梳毛

粗纺梳毛工序在粗梳毛纺加工系统中十分重要,它的质量优劣将直接影响粗梳毛纱的质量、产量和制成率。粗纺梳毛工序的任务有以下几个方面:

(1) 对混料进行彻底松解,将块状纤维或束状纤维梳成单根纤维状。

(2) 使混料中各种纤维充分混合。

(3) 使纤维伸直平行,且具有一定的方向性。

(4) 除去混料中夹杂的草杂、粗死毛和粗硬纤维。

(5) 将梳理好的毛网制成粗纱(小毛条),供细纱机使用。

3. 粗纺细纱

粗纺梳毛机下来的粗纱条,将直接用于粗纺细纱机,经过牵伸和加捻纺制成条干均匀并具有一定线密度和强力的细纱,然后卷绕成一定形状,供下道工序使用。

粗纺毛纱的特点是线密度较大,一般大于 50tex(20 公支),成纱内部纤维的伸直平行度及整齐程度较差,纱线表面有毛茸。经过缩绒等后整理加工后,可使呢面有毛茸感。

粗梳毛纺的产品主要有粗纺呢绒类(如麦尔登、大衣呢、粗花呢等)、毛毯、地毯、工业用呢及粗纺针织纱等。

(二) 精梳毛纺

精梳毛纺对原料的长度、线密度及其均匀度等要求较高。所用原料主要为羊毛、特种动物纤维以及毛型化纤等。

精梳毛纺的工艺流程相对复杂,其基本流程为:精梳毛纺原料→毛条制造→(条染复精梳)→前纺工程→后纺工程。

1. 毛条制造

在精梳毛纺加工系统中,必须先把各种品质的洗净毛、化纤短纤维加工成具有一定重量、结构均匀、品质一致的精梳毛条,这一加工过程称为毛条制造工程。制条工艺分为散纤维制条和化纤长丝束直接制条。散纤维制条是根据精梳毛纱的用途和品质要求,将洗净毛或化纤按照不同的比例进行搭配,经混合、加油、反复梳理、并合牵伸等作用,除去纤维中的杂质、草刺以及不适于精梳毛纺加工的短纤维、粗硬纤维等,使纤维分离成单纤维状态,并排列平顺、紧密,最后制成具有一定重量的均匀精梳毛条。化纤长丝束直接制条是在保持化纤长丝束中纤维排列整齐、平顺的情况下,采用拉断、切断或拉切结合的方法,将长丝中的纤维按一定的长度范围切断或拉断,形成适于纺纱加工的短纤维条子。

2. 条染复精梳(前纺准备)

条染复精梳是前纺的准备工序,通常包括条染、复洗、混条加油、复精梳和针梳等工序。当进行毛条染色时需加入这个生产环节。

3. 前纺工程

前纺工程就是将精梳毛条或条染复精梳毛条,经并合、牵伸和梳理,使纤维进一步平行顺直,混合均匀,最后制成具有一定重量、一定强力和均匀度的符合细纱生产要求的粗纱。

4. 后纺工程

后纺工程是将粗纱纺制成细纱,并将细纱进行合股加捻,最终制成符合要求的股线。为了稳定纱线的捻度、恢复纱线在加工过程中失去的弹性、利于后道工序的加工以及保证纱线的质量,有些产品还需经过蒸纱。

精梳毛纱一般较细,产品主要为轻薄型服装面料,如华达呢、哔叽、凡立丁、精纺花呢等,还用于精纺绒线(包括针织纱)和长毛绒等。

(三)半精梳毛纺

半精梳毛纺和精梳毛纺类似,但不经过精梳及其准备和整理加工,其工艺流程如下:洗净毛→混合加油→梳理→针梳(3道)→粗纱→细纱。

半精梳毛纺具有流程短、成本低的特点,但纱线质量比精梳纱略差,适宜纺制低支纱500~50tex(2~20公支)和中支纱33~25tex(30~40公支)。其产品大多是手工编结用纱、针织纱、地毯纱、工业和装饰织物用纱等,也可用以织制一般服装用料。

四、麻纺生产技术

麻纤维种类较多,不同原料的加工工序不尽相同,主要分苎麻纺纱、亚麻纺纱和黄麻纺纱三种。

(一)苎麻纺纱

苎麻纺纱使用的原料为经过初步加工的苎麻精干麻以及化纤、棉纤维等。根据所用苎麻纤维长度的不同,苎麻纺纱系统又分为长纤维纺纱和短纤维纺纱。长纤维纺纱使用优质苎麻纤维,纤维线密度为0.44~0.83tex,纤维平均长度为46.7~74.7mm,可以加工16.7~133.3tex的纯麻纱。短纤维纺纱系统使用长纺精梳中产生的落麻,纤维线密度为0.38~0.59tex,纤维平均长度为22~37mm。也有将苎麻精干麻按工艺要求切断成一定长度的短纤维,按短纺工艺流程加工,大多是以落麻或切断精干麻与棉混纺,纺制成125~166tex的纯麻纱或27.8~100tex的麻棉混纺纱。

1. 苎麻长纤维纺纱

苎麻长纤维纺纱一般是借用精梳毛纺或绢纺纺纱系统,在设备上进行部分改进。目前常用的苎麻长纤维纺纱工艺流程如下:精干麻→梳理前准备工程(机械软麻、给湿加油、分磅、堆仓和开松)→梳麻→针梳→精梳→针梳→粗纱→细纱。

(1)梳理前准备工程

由脱胶得到的精干麻,还含有少量的杂质,经烘干后回潮率不足;同时由于纤维上残留一定量的胶质,经烘干后胶质硬化等原因,纤维显得板结,手感粗糙。若用这样的原料进行纺纱加工,梳理时纤维易断裂,麻粒增多,细纱断头率增加,成品质量恶化。故梳麻、纺纱用精干麻必须经过梳理前准备工程,主要包括:机械软麻、给湿加油、分磅、堆仓和开松。

(2)梳麻

精干麻经开松机处理成麻卷后,大部分纤维呈束状,麻结也较多,因此需要进一步梳理成单纤维状态,并使纤维充分混合,才能制成供纺纱用的纤维。此外,精干麻中还含有少量尘屑、麻皮、杂质等,必须继续清除。梳麻工序的主要任务是梳理、混合、除杂和成条。

(3)精梳

苎麻纺精梳机,其结构和工艺过程与毛纺、绢纺精梳机基本相同。但由于苎麻纺原料及喂入精梳机的麻条品质不同,各机件在各阶段中的动作时间与毛纺、绢纺略有差异,个别工艺要求有所变动。

(4) 针梳

针梳的目的是把精梳机输出的有明显周期性不匀的麻条加以并合和牵伸,使麻条的均匀度得到改善,纤维的平行伸直度进一步提高。精梳前针梳的作用是为了提高精梳机的产量和质量,减少长纤维的损伤,提高精梳机的制成率。

(5) 粗纱

苎麻纺的粗纱工序,也和棉纺、毛纺、绢纺一样,主要分担部分牵伸任务,并在卷装形式上满足细纱机的喂入要求。粗纱工序的主要任务是牵伸、加捻、卷绕成形。

(6) 细纱

苎麻纺细纱工序的任务也是通过牵伸、加捻、卷绕成形,将粗纱纺制成一定线密度并具有一定强度和光泽等物理机械性能的细纱,供下道工序使用。

2. 苎麻短纤维纺纱

苎麻短纤维纺纱主要在棉纺设备上进行麻棉混纺,也有在中长纺设备和紬丝纺设备上进行。在棉纺或中长纺设备上纺制麻棉混纺纱,其加工工艺流程主要有两种,即条混工艺和纤混工艺。

(二) 亚麻纺纱

亚麻纺纱系统使用的原料为亚麻原料加工厂提供的打成麻,根据产品需要也可混用部分毛型化纤。

按照纺纱方法不同,亚麻纺纱分为湿法纺纱和干法纺纱。根据亚麻纤维长度的不同,又分为长麻纺纱和短麻纺纱。亚麻湿法纺纱的工艺流程如下:

打成麻→养生(脱胶)→分束→栉梳 {
长麻:成条→并条(3~4道)→长麻粗纱→煮漂→细纱→烘干→络筒→包装
短麻:混麻加湿→震荡筛选→联合梳理→预梳(2道)→再割→精梳→针梳(4道)→短麻粗纱→煮漂→细纱→烘干→络筒→包装
}

亚麻干纺的纺纱流程较短,可直接由末并麻条纺成细纱,在干纺翼环锭细纱机上进行。干纺细纱经络筒即成为干纺亚麻纱。

(三) 黄麻纺纱

黄麻纺纱使用的原料主要是黄麻和洋麻。黄麻纱主要用于加工麻袋、黄麻包装布、地毯等。黄麻纺纱为粗梳纺纱,常用工艺流程如下:黄麻原麻→配麻混麻→软麻→给湿加油→堆仓→梳麻(2道)→并条(2~3道)→细纱。

五、绢纺生产技术

绢纺使用的原料主要是缫丝、织绸生产中的下脚——废丝和疵茧。把这些废丝和疵茧加工成绢丝或紬丝的工艺过程称为绢纺工程。绢纺生产主要有精练、制绵、纺丝三部分。

1. 精练。精练是纺丝时的前处理,其作用是溶解丝胶,除去杂质,制成精干绵。

2. 制绵。制绵工程是对精干绵进行适当混合给湿,充分开松,细致梳理,除去杂质、绵粒和短纤维,制成纤维平行伸直且分离并具有一定长度的精绵片。

3. 纺丝。纺丝工程有前纺工程和后纺工程。前纺工程是将绵片加以并合、牵伸和梳理而制成具有一定粗细、条干均匀、纤维平行伸直的连续粗纱。后纺工程是将粗纱在精纺机上抽长拉细,加上适当的捻度后纺成细纱,再经并丝、捻丝、整丝、烧毛等工序加工成符合规定品质指标的成品绢丝。

六、天然长丝生产技术

天然长丝的工艺加工,一般指从剥茧到制取生丝的整个工艺过程,包括混茧、剥茧、选茧、煮茧、缫丝和复整等工序。

1. 混茧。通过混茧可以扩大茧批,平衡茧质,利于统一丝色,稳定生产。

2. 剥茧。剥去蚕茧外围松乱而细弱的茧衣,以利于选茧、煮茧和缫丝等工序。一般茧衣量约占全茧量的2%,可用作绢纺原料。

3. 选茧。选茧是选除各茧批中的下脚茧,如穿头茧、软绵茧、双宫茧、烂茧等。根据缫丝要求,将原料茧按茧层薄厚、茧形大小和色泽进行分选。

4. 煮茧。煮茧是利用水、热或药剂等的作用,使茧丝上的丝胶适当膨润和部分溶解,促使茧丝从茧层上依层不乱地退解下来,以利于缫丝生产。

5. 缫丝。煮熟的茧子经过理绪,找出丝绪,使茧丝从茧层离解,并以几根茧丝并合,借丝胶粘着,构成生丝。生丝的线密度由茧丝的并合数和茧丝的单根线密度决定,如缫制22.2/22.4dtex(20/22旦)生丝时,一般由6~9根茧丝组成。由于每根茧丝各段的粗细不同,缫丝并合时,要按要求搭配,以保证丝条均匀。

6. 复摇。把缫制的小丝片制成大丝片或筒装丝。

7. 整理。使丝片保持一定的外形,经过整理打包,便于运输和储藏,成为丝织原料。

七、化纤长丝生产技术

1. 人造丝生产技术

人造丝主要有粘胶长丝、醋酸长丝、铜氨长丝、Tencel、Modal、玻璃丝和金属丝等。粘胶长丝是应用最广泛的一种纤维。从纤维素原料(如棉短绒、木材、甘蔗渣等)中提取纯净的纤维素,经过烧碱、二硫化碳处理后制成纺丝溶液,再采用湿法纺丝制成粘胶长丝或粘胶短纤。

2. 合纤丝生产技术

合纤丝主要有涤纶长丝、锦纶长丝、丙纶长丝及一些高性能纤维长丝(如芳纶、氟纶等)。目前涤纶和锦纶的应用最为广泛。

涤纶是我国所用的商品名称,也称聚酯纤维,其化学成分是聚对苯二甲酸乙二酯。以聚酯切片为原料,经干燥、熔融后送入纺丝机,采用熔体法纺丝,经不同的后处理加工,得到各种涤纶长丝,如涤纶牵伸丝、涤纶低弹丝、涤纶网络丝等。涤纶长丝的生产工艺流程主要是:

聚酯切片→干燥→熔融→纺丝(涤纶预取向丝POY) ⎰→拉伸加捻→牵伸丝(DT)
　　　　　　　　　　　　　　　　　　　　　　　　　 ⎱→牵伸假捻→牵伸变形丝(DTY)
　　　　　　　　　　　　　　　　　　　　　　　　　　→空气变形→空气变形丝(ATY)
　　　　　　　　　　　　　　　　　　　　　　　　　　→纺牵联合→全牵伸丝(FDY)

锦纶也是我国所用的商品名称,也称聚酰胺纤维、尼龙、卡普隆。目前生产的主要品种有锦纶6、锦纶66、锦纶1010三个品种。

锦纶6是由含6个碳原子的己内酰胺聚合制得聚己内酰胺再经纺丝而成的。锦纶66是由含有6个碳原子的己二胺与6个碳原子的己二酸缩聚并经纺丝而成。

第三节　纱线的质量和分等

纱线质量的好坏直接影响下道工序的生产,其质量指标主要有线密度、条干均匀度、捻度、捻向、断裂强力、断裂伸长率、回潮率和外观疵点等。

一、纱线的线密度

纱线的线密度是指纱线的粗细程度。线密度既是重要的质量指标,也是纱线的规格指标。常用的线密度表示方法有特克斯、旦尼尔、英制支数、公制支数。特克斯是标准计量单位,但在实际生产和贸易中仍然应用其他的计量单位。

(一)线密度的表示方法

1. 特克斯(N_t)

1000米长的纱线其公定重量的克数称为特克斯数。常用单位有"tex"和"dtex"。

$$N_t = 1000 \times \frac{G}{L}$$

式中:N_t为纱线的特克斯数(tex);G为纱线在公定回潮率时的重量(g);L为纱线长度(m)。

2. 旦尼尔(D)

9000米长的纱线其公定重量的克数称为旦尼尔数。常用单位有"旦或D"。

$$D = 9000 \times \frac{G}{L}$$

式中:D为纱线的旦尼尔数(旦或D);G为纱线在公定回潮率时的重量(g);L为纱线的长度(m)。

3. 英制支数(N_e)

英制公定重量为1磅的纱线所具有的长度的840码的倍数称为英制支数。单位符号为"英支或s"。

$$N_e = \frac{L_e}{G_e \times 840}$$

式中:N_e为纱线的英制支数(英支或s);L_e为纱线的长度(码);G_e为纱线在英制公定回潮率时的重量(磅)。

英制公定回潮率和公制公定回潮率的数值是不同的。例如棉纱线的英制公定回潮率是9.89%,公制公定回潮率是8.5%。化纤纱线的英制公定回潮率和公制公定回潮率相同。

4. 公制支数(N_m)

公定重量为1克的纱线所具有的长度米数称为公制支数。单位符号为"公支"。

$$N_m = \frac{L}{G}$$

式中:N_m 为纱线的公制支数(公支);L 为纱线的长度(m);G 为纱线在公定回潮率时的重量(g)。

特克斯和旦尼尔是定长制,英制支数和公制支数是定重制。棉纱线常用特克斯和英制支数表示线密度,毛纱线、麻纱线、绢丝和紬丝常用特克斯和公制支数表示线密度,生丝常用特克斯和旦尼尔表示线密度。

(二)线密度的偏差

纱线的线密度偏差表示纱线实际线密度与设计线密度的偏离程度,在特克斯制中又称重量偏差。

$$G = \frac{G_1 - G_0}{G_0} \times 100\%$$

式中:G 为纱线的重量偏差(%);G_1 为纱线的实际干燥重量(g);G_0 为纱线的设计干燥重量(g)。

重量偏差为正值,说明纺出的纱比设计的纱粗;重量偏差为负值,说明纺出的纱比设计的纱细。

(三)线密度的均匀程度

纱线线密度的均匀程度通常用不匀率表示,有长片断不匀和短片断不匀(条干不匀)。长片断不匀通常用重量不匀率和重量变异系数表示;短片断不匀通常用条干均匀度变异系数和黑板条干均匀度表示。

二、纱线的捻度和捻向

纱线的加捻程度可以用捻度、捻回角、捻系数表示,通常用捻度表示。

1. 捻度。单位长度内纱线所加的捻回数称为捻度,单位有"捻/10cm"和"捻/m"。
2. 捻回角。捻回线与中心线的夹角称为捻回角。捻回角越大,捻度越大。
3. 捻系数。捻系数的大小取决于纱线的捻度和线密度。

$$\alpha_t = T_t \times \sqrt{N_t}$$

式中:α_t 为捻系数;T_t 为捻度(捻/10cm);N_t 为纱线线密度(tex)。

捻度可以比较同样粗细纱线的加捻程度,捻系数可以比较不同粗细纱线的加捻程度。加捻程度对纱线的强力、外观、手感有一定的影响。

4. 捻向。纱线捻回旋转的方向称为捻向,有 S 捻和 Z 捻。从握持点向加捻点看,纱线绕自身轴线顺时针旋转,纱条表面的纤维与字母 Z 的中部为同一方向倾斜,即为 Z 捻,俗称反手捻;纱线绕自身轴线逆时针旋转,纱条表面的纤维与字母 S 的中部为同一方向倾斜,即为 S 捻,俗称顺手捻,如图2-17所示。

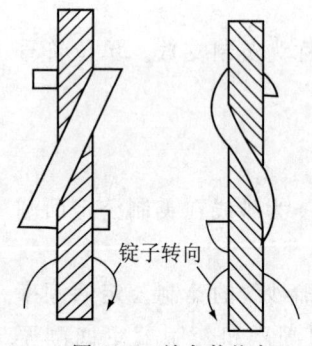

图2-17 纱条的捻向

三、纱线的强度和断裂伸长率

1. 纱线的强度

纱线的强度对后道工序的产品质量和生产效率影响很大。断裂强力指拉断单根纱线所需的力,强度则是断裂强力和纱线线密度的比值。

$$P=\frac{P'}{N_t}$$

式中:P 为纱线的强度(cN/tex);P' 为纱线的断裂强力(cN);N_t 为纱线的线密度(tex)。

纱线强度变异系数是表示纱线强度波动的指标。

2. 纱线的断裂伸长率

纱线的断裂伸长率指纱线试样在断裂时的伸长量与试样起始长度的百分比。

$$\varepsilon=\frac{L-L_0}{L_0}\times 100\%$$

式中:ε 为纱线的断裂伸长率(%);L 为纱线断裂时的长度(m);L_0 为纱线的起始长度(m)。

四、纱线的回潮率

纺织纤维有一定的吸湿性,尤其是天然纤维的吸湿性较好,纱线中水分的含量会影响纱线的重量和强度等物理指标,在纱线的贸易中要按照公定回潮率来交易。

$$W=\frac{G-G'}{G'}\times 100\%$$

式中:W 为纱线的回潮率(%);G 为纱线的实际重量(g);G' 为纱线的干燥重量(g)。

回潮率有实际回潮率、标准回潮率、公定回潮率。实际回潮率就是在实际大气条件下测得的回潮率;标准回潮率是在标准大气条件下(温度20℃±3℃,相对湿度65%±5%)测得的回潮率;公定回潮率是在贸易和成本核算中公认的回潮率。各种纤维的公定回潮率如表2-3所示。

表2-3 各种纤维的公定回潮率   单位:%

棉	麻	丝	毛	粘胶	涤纶	锦纶	维纶	丙纶
8.5	12	11	16	13	0.4	4.5	5	0

五、纱线的外观疵点

不同种类的纱线,外观疵点也不完全相同。纱线的外观疵点主要有粗节、细节、糙结(棉结)、毛羽、杂质、油污等。

六、纱线的分等

纱线的分等是根据纱线的物理指标和外观疵点进行的。具体分等细则在国家标准中有规定。不同的纱线有不同的国家标准。

棉纱的分等参见纯棉本色纱线 GB/T398—1993,精梳涤棉混纺纱的分等参见精梳涤棉混纺本色纱线 GB/T5324—1997。

精梳机织毛纱的分等参见 FZ/22001—2002,粗梳机织毛纱的分等参见 FZ/22002—2002。精梳毛针织绒线的分等参见 FZ/T71001—2003,粗梳毛针织绒线的分等参见 FZ/T71002—2003。

苎麻本色纱的分等参见 FZ/32003—2003,苎麻本色线的分等参见 FZ/32006—2003,亚麻纱的分等参见 FZ/T32001—1998,黄麻线的分等参见 GB/T2696—1987。

桑蚕绢丝的分等参见 FZ/T42002—1997,桑蚕䌷丝的分等参见 FZ/T42006—1998,生丝的分等参见 GB1797—2001,柞蚕水缫丝的分等参见 GB/T14578—2003。

粘胶长丝的分等参见 GB/T13758—1992,涤纶牵伸丝的分等参见 GB/T8960—2001,涤纶低弹丝的分等参见 GB/T14460—2001,锦纶牵伸丝的分等参见 GB/T16603—1996,锦纶弹力丝的分等参见 FZ/T54007—1996,丙纶牵伸丝的分等参见 FZ/T54008—1999,丙纶弹力丝的分等参见 FZ/T54009—1999。

【本章小结】

1. 纱线按原料分为:

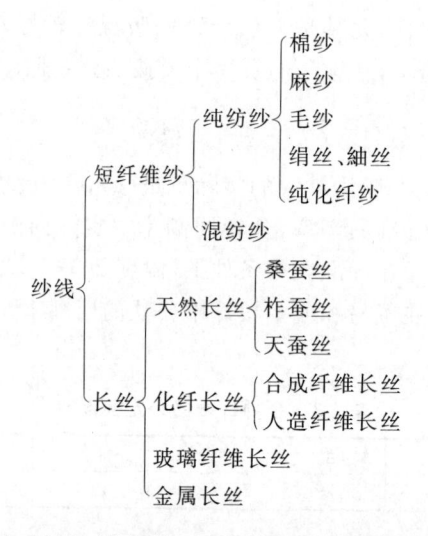

```
                      ┌ 棉纱
                      ├ 麻纱
            ┌ 纯纺纱 ─┼ 毛纱
    ┌ 短纤维纱 ┤       ├ 绢丝、䌷丝
    │         │       └ 纯化纤纱
    │         └ 混纺纱
    │                   ┌ 桑蚕丝
纱线┤         ┌ 天然长丝┼ 柞蚕丝
    │         │         └ 天蚕丝
    │         │         ┌ 合成纤维长丝
    └ 长丝 ───┼ 化纤长丝┤
              │         └ 人造纤维长丝
              ├ 玻璃纤维长丝
              └ 金属长丝
```

2. 纱线按用途分为经纱、纬纱、针织纱、工艺装饰线、缝纫线、绒线。
3. 纱线按最后成形分为筒子纱、绞纱。
4. 纱线按结构分为单纱、股线、复捻股线、花式纱线。
5. 纺纱工程是以纺织纤维为原料,将纺织纤维加工成纱或线的工艺过程。纺纱生产基本步骤包括开松、除杂、梳理、牵伸、加捻和卷绕等,从而使短纤维加工成纱线。
6. 棉纺是我国纺织行业中规模最大的生产行业,棉纺纱线通常有普梳纱线和精梳纱线。
7. 毛纱线主要用于生产毛衫、面料等,毛纺生产有粗梳毛纺和精梳毛纺两种。
8. 麻纤维种类较多,不同原料的加工工序也不尽相同,主要分为苎麻纺纱、亚麻纺纱和黄麻纺纱三种。
9. 绢纺使用的原料主要是缫丝、织绸生产中的下脚——废丝和疵茧。把这些废丝和疵茧加工成绢丝或紬丝的工艺过程称为绢纺工程。绢纺生产主要有精练、制绵、纺丝三部分。

10.天然长丝加工是指从剥茧到制取生丝的整个工艺过程,包括混茧、剥茧、选茧、煮茧、缫丝和复整等工序。

11.人造丝主要有粘胶长丝、醋酸长丝、铜氨长丝、Tencel、Modal、玻璃丝和金属丝等。粘胶长丝是应用最广泛的一种纤维。

12.合纤丝主要有涤纶长丝、锦纶长丝、丙纶长丝及一些高性能纤维长丝(如芳纶、氟纶等)。目前涤纶和锦纶的应用最为广泛。

13.纱线的质量指标主要有线密度、条干均匀度、捻度、捻向、强度、断裂伸长率、回潮率和外观疵点等。

14.纱线的分等是根据纱线的物理指标和外观疵点进行的。具体分等细则在国家标准中有规定。

【思考题】

1.纱线的分类有哪些方法?
2.花式纱线有什么作用?
3.从短纤维加工成纱线需要经过哪几个步骤?
4.生产混纺纱线时,原料混合有几种方法?
5.毛纺工艺过程与棉纺过程有什么不同?
6.毛纺混条与棉纺并条工作性质一样吗?
7.在精梳毛纺工艺中,为什么有时要染毛条?
8.苎麻纺纱、亚麻纺纱和黄麻纺纱的生产工艺相同吗?
9.生丝和绢丝所用原料一样吗?
10.纱线质量检验的作用是什么?

【练习题】

1.在纺纱时,哪些原料需要进行初加工?为什么?
2.单纱和股线从结构上有什么不同?
3.纱线的捻向有几种?加捻的作用是什么?
4.纱线的物理指标有哪些?
5.纱线的线密度有几种表示方法?
6.纱线的强度是如何计算的?
7.简述实际回潮率、标准回潮率、公定回潮率有什么不同。
8.纱线的外观疵点包括哪些?
9.常用的化纤长丝有哪些?

第三章 织物及其生产技术

【教学目标】
1. 了解机织物的生产技术和织物组织,掌握机织物的三原组织;
2. 了解针织物的生产技术和织物组织,掌握针织物的基本组织;
3. 了解非织造布的生产技术;
4. 了解三维织物与二维织物的不同点。

第一节 织物的分类

织物的分类方法有很多种,按用途分为服用织物、装饰用织物和产业用织物;按原料分为棉织物、毛织物、丝织物、麻织物和化纤织物等;按生产方式分为机织物、针织物、非织造布(无纺布)、编结物四大类。本章主要按生产方式分别介绍各类织物的生产技术。

1. 机织物:由相互垂直的经纱和纬纱按一定规律交织而成的织物称为机织物。
2. 针织物:由一个系统的纱线按照一定的顺序形成纱圈并相互套结而成的织物称为针织物。
3. 非织造布(无纺布):将松散的纤维网用针刺、水刺、粘合等方法形成的织物称为非织造布。
4. 编结物:由纱线(短纤维纱线或长丝)编结而成的制品。这类产品既可以手工编织,也可以用机器编织。

第二节 机织物及其生产技术

一、机织物的生产

1. 机织物的工艺流程

经纱:络筒→整经→浆纱→穿、结经⎫
⎬→织造→验布→码布→打包
纬纱:间接纬→络筒→卷纬⎯⎯⎯⎯⎯⎪
　　　直接纬⎯⎯⎯⎯⎯⎯⎯⎯⎯⎪
　　　无梭织机用纬→络筒⎯⎯⎯⎭

2.织前准备

(1)络筒工序

络筒目的:将容量较小的管纱制成具有一定卷绕密度、成形良好、容量较大的筒子,同时清除纱线上的疵点,以利于整经、卷纬或织造等后道工序生产。

络筒要求:筒子卷装应坚固、稳定、成形良好,长期储存及运输过程中纱圈不发生滑移、脱圈,筒子卷装不改变形状。筒子的形状和结构应保证在下一道工序中纱线能以一定速度轻快退绕,不脱圈、不纠缠断头。筒子上纱线排列整齐,无重叠、凸环、脱边、蛛网等疵点。

(2)整经工序

整经目的:把一定根数的经纱按要求的长度、幅宽平行地卷绕在经轴或织轴上,以满足浆纱、织造的要求。

整经要求:整经是十分重要的织前准备工序,它的加工质量将直接影响后道加工的生产效率和织物质量。因此,对整经工序的一般要求为:①全片经纱张力应均匀,并且在整经过程中保持张力恒定,从而减少后道加工中经纱断头和织疵;②整经过程不应恶化纱线的物理机械性能,应保持纱线的强力和弹性,尽量减少对纱身的摩擦损伤;③全片经纱排列均匀,整经轴卷装表面平整,卷绕密度均匀一致;④整经根数、整经长度、纱线配置和排列应符合工艺设计规定;⑤接头质量应符合规定标准。

整经主要有分批整经和分条整经,还有分段整经和球经整经。广泛采用的整经方式为分批整经和分条整经。

(3)浆纱工序

浆纱目的:使纱线毛羽贴伏,增加纱线强力,以利于织造工序。

浆纱要求:为实现优质、高产、低消耗的目的,对浆纱工程提出了如下要求:①浆纱应具有良好的耐磨性、毛羽贴伏、增强保伸、弹性等;②浆纱所选用的粘着剂和助剂不仅来源充足,成本低廉,调浆操作简单方便,而且要易于退浆,退浆废液易于净化,不污染环境;③织轴卷绕质量良好,表面圆整,排纱整齐,没有"倒断头"、"并绞"、"绞头"等疵点;④在保证优质生产的前提下,提高浆纱生产效率、浆纱速度以及浆纱过程的操作和质量控制自动化程度,减少能源消耗,降低浆纱成本,提高浆纱生产的经济效益。

浆纱工程包括浆液调制和上浆两部分,浆液调制工作和上浆工作分别在调浆桶和浆纱机上进行。

(4)穿、结经工序

穿经目的:把织轴上的经纱按照一定的要求依次穿入停经片、综丝的综眼、钢筘,做好经纱上轴准备。

穿经要求:穿经工序是一个细致的工作,工作中一定要认真仔细,避免出错。

当品种相同时,采用结经机结经可以提高生产效率。

(5)卷纬工序

卷纬目的:把筒纱卷成适合梭子梭腔大小的纬纱。

卷纬要求:①纬纱成形良好;②纬纱卷绕张力均匀合理;③合理的备纱卷绕长度。

3.织造

机织物的形成主要由织机来完成。织机有五大机构,即开口机构、引纬机构、打纬机构、卷取机构、送经机构,这五大机构控制着五大运动(开口运动、引纬运动、打纬运动、卷取运动、送经运动)。

(1)开口运动

经纱按一定的规律分成上、下两层,形成能供引纬器、引纬介质引入纬纱的通道——梭口,待纬纱引入梭口后,两层经纱根据织物组织要求作上下交替,形成新的梭口,如此反复循环,这就是经纱的开口运动,简称开口。

经纱的开口运动是由开口机构来完成的。开口机构不仅要使经纱上下分开形成梭口,同时应根据织物组织规律所决定的提综顺序,控制综框(经纱)升降的次序,使织物获得所需的组织结构。开口机构一般由提综装置、回综装置和综框(综丝)升降次序的控制装置所组成。

在织制不同类型的织物或织机速度不同时,应采用不同类型的开口机构。如织制平纹、斜纹和缎纹织物,一般采用凸轮和连杆开口机构,前者使用2~8页综框,适合较高的织机转速,后者专用于高速织制平纹织物,凸轮和连杆兼有把经纱分成上下两层及控制经纱升降次序的作用。织制较复杂的小花纹织物则采用多臂开口机构,一般使用16页以内综框,但最多可达32页综框。如织制更复杂的提花被面等大花纹织物时,则要采用提花开口机构,以直接控制每根经纱作独立的升降运动。多臂、提花开口机构中经纱的升降运动和升降次序分别由两个装置控制。

(2)引纬运动

在织机上,引纬是将纬纱引入由经纱开口所形成的梭口中。通过引纬,纬纱得以和经纱实现交织而形成织物。由于梭口开启遵循特定的运动规律,有一定的时间周期,因此引纬必须在时间上与开口准确配合,避免出现引纬器对经纱的损伤。引入的纬纱张力应适宜,避免出现断纬和纬缩疵点。

按引纬方式分,织机可以分为两大类:一类是用传统的梭子作引纬器(因携带纬纱卷装也称载纬器),这类织机被称为有梭织机;另一类是20世纪初发明的一系列由新型引纬器(或引纬介质)直接从固定筒子上将纬纱引入梭口的织机,因不再采用传统的梭子而被称为无梭织机。

梭子引纬具有三个特征:①引纬器为体积大、笨重的投射体;②该投射体内装有容量较大的纬纱卷装——纬管(纡子);③引纬器被反复发射和制停。有梭织机的这些引纬特征使梭口尺寸特别大,以避免梭子进出梭口时与经纱发生过分挤压而损伤经纱。即使在较低的车速和入纬率(单位时间引入纬纱的米数)下,投梭加速过程和制梭减速过程仍十分剧烈,使织机的零部件损耗多,机器振动大,噪声高。有梭织机的这些固有缺陷使得它们在织机中所占的比例逐年下降,已呈现出无梭织机逐步取代有梭织机的发展趋势。

与有梭引纬相比,无梭引纬的特点是以体积小、重量轻的引纬器或者以空气或水的射流来代替梭子引纬。由于引纬器或引纬射流具有很小的截面尺寸,因此梭口高度和筘座动程得到了相应的缩小,从而对经纱起到良好的保护作用,也使织机速度大幅度提高成为可能,特别是以流体作为引纬介质时,织机的速度可以超过 1000r/min。随着无梭引纬技术的不断发展,织机幅宽也得到成倍扩大,片梭织机的幅宽已达到 5.4m、喷气织机为 4.2m、剑杆织机为 4.6m、喷水织机为 2.3m。

目前已经得到广泛应用的无梭织机有片梭、剑杆、喷气和喷水四种,此外一些新的引纬技术也已经问世,如多相织机,它可取得更高的入纬率,但由于存在某些局限,目前尚未在生产中得到大量应用。

(3)打纬运动

在织机上,依靠打纬机构的钢筘前后往复摆动,将一根根引入梭口的纬纱推向织口,与经纱交织,形成符合设计要求的织物的过程称为打纬运动。完成打纬运动的机构为打纬机构。

打纬机构的主要作用:①用钢筘将引入梭口的纬纱打入织口,使之与经纱交织;②由打纬机构的钢筘确定经纱排列的密度;③钢筘兼有导引纬纱的作用,如有梭织机上钢筘组成梭道,作为梭子稳定飞行的依托;在一些剑杆织机上,借助钢筘控制剑带的运行;在喷气织机上,异形钢筘起到了防止气流扩散的作用。

为了实现理想的打纬运动,打纬机构应符合下列要求:①钢筘及其筘座的摆动动程在保证顺利引纬的情况下应尽可能减小,因为打纬动程越大,筘座运动的加速度越大,不利于高速;②筘座的转动惯量和筘座运动的最大加速度在保证打紧纬纱的条件下应尽量减小,以减小织机的振动和动力消耗;③筘座的运动必须与开口、引纬相配合,在满足打纬的条件下,尽量提供大的可引纬角,以保证引纬顺利进行;④打纬机构应简单、坚固、操作安全。打纬一方面是织机纵向振动的根源,另一方面又是构成织物不可缺少的织机功能。

(4)卷取运动和送经运动

纬纱被打入织口形成织物之后,必须不断地将这些织物引离织口,卷绕到卷布辊上,同时从织轴上送出一定长度的经纱,使经纬纱不断地进行交织,以保证织造生产过程持续进行。织机完成织物卷取和经纱放送的运动分别称为卷取运动和送经运动,分别由卷取机构和送经机构来协作完成。

4.织机的类型

(1)按开口形式分为:踏盘开口织机、多臂开口织机和提花开口织机。

(2)按梭箱数分为:单梭箱织机和多梭箱织机。

(3)按引纬方式不同分为:有梭织机和无梭织机,无梭织机又有喷气织机、喷水织机、剑杆织机、片梭织机四种。

二、机织物的织物组织

(一)机织物组织的分类

机织物的组织分为三原组织、变化组织、联合组织、复杂组织、大提花组织几大类。各类组织又有详细的分类。

1.三原组织的分类

三原组织 { 平纹组织
斜纹组织
缎纹组织

2. 变化组织的分类

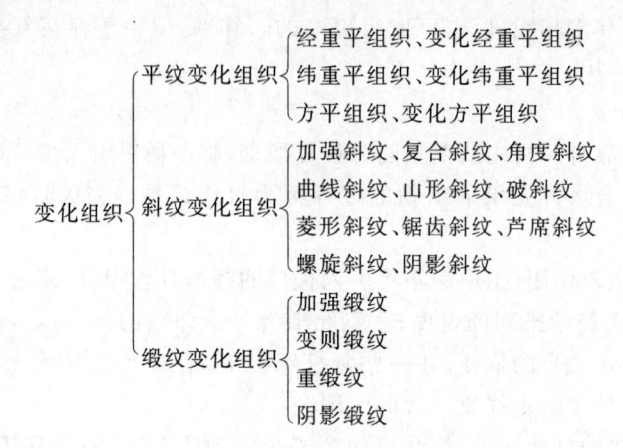

变化组织
- 平纹变化组织
  - 经重平组织、变化经重平组织
  - 纬重平组织、变化纬重平组织
  - 方平组织、变化方平组织
- 斜纹变化组织
  - 加强斜纹、复合斜纹、角度斜纹
  - 曲线斜纹、山形斜纹、破斜纹
  - 菱形斜纹、锯齿斜纹、芦席斜纹
  - 螺旋斜纹、阴影斜纹
- 缎纹变化组织
  - 加强缎纹
  - 变则缎纹
  - 重缎纹
  - 阴影缎纹

3. 联合组织的分类

联合组织
- 条格组织
  - 纵、横条纹组织
  - 方格组织
- 绉组织
- 透孔组织
- 蜂巢组织
- 凸条组织
- 网目组织
- 小提花组织
- 配色模纹组织

4. 复杂组织的分类

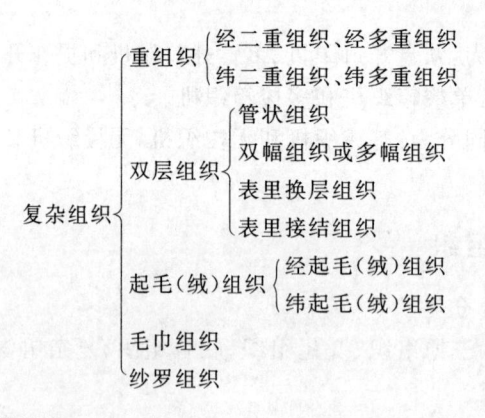

复杂组织
- 重组织
  - 经二重组织、经多重组织
  - 纬二重组织、纬多重组织
- 双层组织
  - 管状组织
  - 双幅组织或多幅组织
  - 表里换层组织
  - 表里接结组织
- 起毛（绒）组织
  - 经起毛（绒）组织
  - 纬起毛（绒）组织
- 毛巾组织
- 纱罗组织

5. 大提花组织指各种纹织物。

（二）织物组织的基本概念

机织物是由相互垂直的经纱和纬纱按一定规律交织而成的，如图 3-1 所示。

第三章 织物及其生产技术

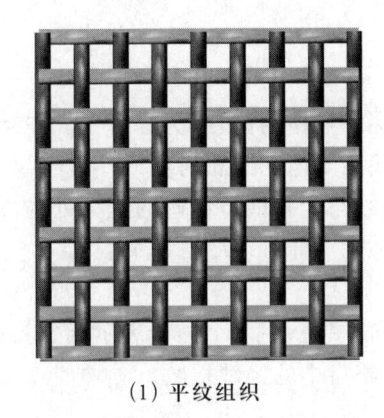

(1) 平纹组织　　　　(2) $\frac{2}{1}$斜纹组织

图 3-1　织物交织示意图

1. 织物组织：织物中经纱、纬纱相互浮沉交织的规律，称为织物组织。织物组织中，经组织点多于纬组织点的，称为经面组织；纬组织点多于经组织点的，称为纬面组织；经组织点等于纬组织点的，称为同面组织。

2. 组织点（浮点）：经、纬纱线的相交处，称为组织点。经纱浮在纬纱上，称为经组织点（或经浮点）；纬纱浮在经纱上，称为纬组织点（或纬浮点）。

3. 组织循环（完全组织）：经组织点和纬组织点的浮沉交织规律达到循环时，称为一个组织循环，用 R 表示。构成一个组织循环的经纱数，称为经循环数，用 R_j 表示。构成一个组织循环的纬纱数，称为纬循环数，用 R_w 表示。

4. 飞数：同一系统相邻两根纱线上相应经组织点（或纬组织点）间相距的组织点数，称为飞数，用 S 表示，即相应的经（纬）组织点在纬纱（经纱）上的序数差。

沿经纱方向的相邻两根经纱上相应两个组织点间相距的组织点数，称为经向飞数，用 S_j 表示；从前一根经纱向后一根经纱数，即从左向右数。沿纬纱方向的相邻两根纬纱上相应两个组织点间相距的组织点数，称为纬向飞数，用 S_w 表示；从前一根纬纱向后一根纬纱数，即从下向上数。

飞数是一个向量。经向飞数向上为正（＋），向下为负（－）；纬向飞数向右为正（＋），向左为负（－）。

(三) 上机图的构成

上机图是表示织物织造工艺条件特征的图解，由组织图、穿筘图、穿综图、纹板图四个部分按一定的排列位置而组成，如图 3-2 所示。

1. 组织图

表示织物组织中经纬纱浮沉规律的图，称为组织图，一般用方格表示法。方格纸的纵列格子代表经纱，方格纸的横行格子代表纬纱，每个格子代表一个组织点。当组织点为经组织点时应在格子内做标记，常用的标记有"●"、"■"、"×"、"○"等。当组织点为纬组织点时，用空白格子表示。在组织图中，经

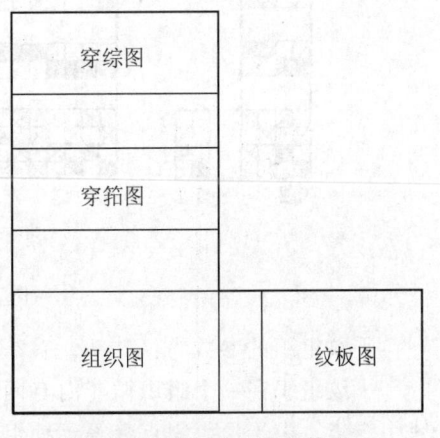

图 3-2　上机图的组成及排列

纱的顺序是自左向右,纬纱的顺序是自下而上。

2.穿综图

确定综框片数并表示一个组织循环中各根经纱穿综顺序的图,称为穿综图。在穿综图中,每一横行代表一列综丝(或一片综框),每一纵列代表与组织图相对应的一根经纱。

表示某一根经纱穿入某列综丝,则在代表纵列经纱与代表横行综丝的交叉处的方格内用符号"●"、"■"、"×"表示。

3.穿筘图

确定每筘齿穿入经纱数的图,称为穿筘图。在穿筘图中,用两个横行表示相邻筘齿,以横向方格连续涂绘符号"●"、"■"、"×"表示穿入同一筘齿中的经纱根数。

4.纹板图

控制综框运动规律的图,称为纹板图。在纹板图中,每一纵列表示对应的一片综框,其纵列数等于综框片数,其顺序是自左向右;每一横行表示一根纬纱的浮沉情况(每投一纬各综框的升降情况),其横行数等于组织图中的纬纱根数。

经纱提起以符号"●"、"■"、"×"表示,经纱下沉以空格表示。

(四)三原组织

原组织是织物组织中最简单的组织,也是各种组织的基础。原组织包括平纹组织、斜纹组织和缎纹组织三种,通常称为三原组织。

在原组织中,平纹组织的交织次数最多,织物手感最硬;缎纹组织的交织次数最少,织物手感最软。

1.平纹组织及其组织参数

平纹组织是由经纱和纬纱一上一下相间交织而成的组织,是所有织物组织中最简单的一种,其上机图如图3-3所示。

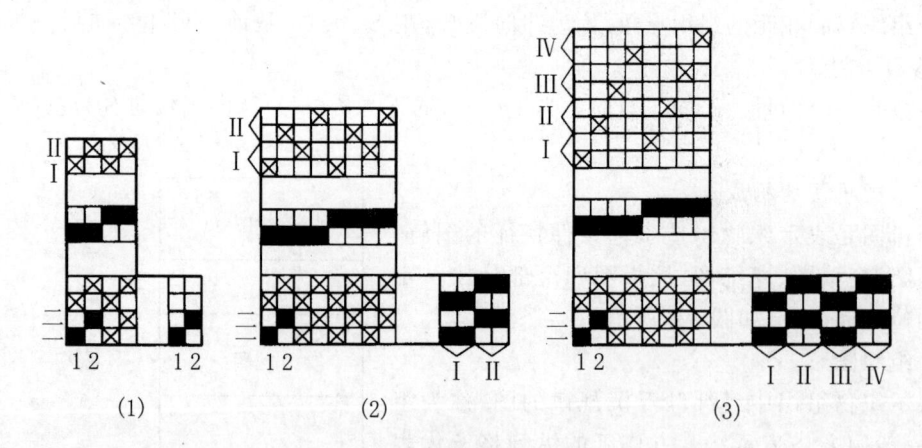

图3-3 平纹组织上机图

平纹组织的参数为:$R_j = R_w = 2$;$S_j = S_w = \pm 1$。

平纹组织在一个组织循环内有两根经纱和两根纬纱进行交织,有两个经组织点和两个纬组织点。由于经组织点数等于纬组织点数,所以平纹组织为同面组织。

平纹组织可用分式 $\frac{1}{1}$ 表示,分子表示一个组织循环内一根纱线上的经组织点数,分母表示一个组织循环内一根纱线上的纬组织点数,分子与分母之和等于组织循环数。

平纹组织的经纬纱在织物中交织最频繁、屈曲最多,所以平纹织物的结构紧密、质地坚牢、手感较硬。

2. 斜纹组织及其组织参数

经组织点(或纬组织点)连续成斜线的组织称为斜纹组织,如图3-4所示。斜纹织物的表面有经组织点(或纬组织点)构成的斜向纹路。

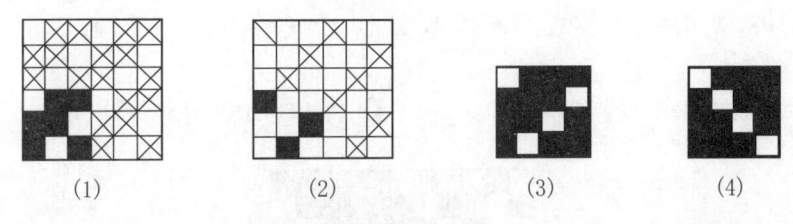

(1)　　(2)　　(3)　　(4)

图 3-4　斜纹组织图

斜纹组织的参数为:$R_j = R_w \geq 3$;$S_j = S_w = \pm 1$。

斜纹组织可用分式表示,分子表示一个组织循环内一根纱线上的经组织点数,分母表示一个组织循环内一根纱线上的纬组织点数,分子与分母之和等于组织循环数。在表示斜纹的分式旁边加上一个箭头,用以表示斜纹的方向,如:$\frac{2}{1}\nearrow$ 表示二上一下右斜纹,$\frac{1}{3}\nwarrow$ 表示一上三下左斜纹。

在原组织斜纹中,分子或分母必有一个等于1。原组织斜纹都是单面斜纹,当分子大于分母时,称为经面斜纹;当分子小于分母时,称为纬面斜纹。

斜纹织物其正面是右斜纹的,反面必是左斜纹;正面是经面斜纹的,反面必是纬面斜纹。当经纬纱线密度相同时,经密/纬密的数值加大,斜纹的倾斜角也加大。

斜纹织物与平纹织物相比,在组织循环内交织点较少,有浮长线,织物的可密性大(也就是斜纹织物较平纹织物而言,经、纬纱密度可大些),织物柔软,光泽较好。

3. 缎纹组织及其组织参数

单独的、互不连续的经组织点(或纬组织点)在组织循环中有规律地均匀分布,这样的组织称为缎纹组织,如图3-5所示。

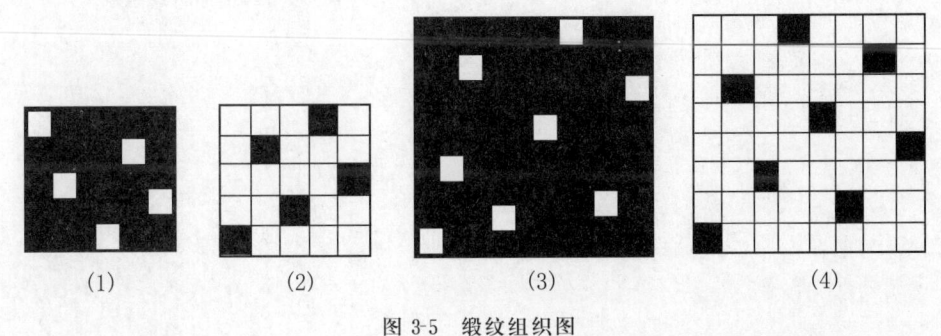

(1)　　(2)　　(3)　　(4)

图 3-5　缎纹组织图

缎纹组织的单独组织点被其两旁的另一系统纱线的浮长线所遮盖,织物表面都呈现经浮长线(或纬浮长线),因此织物表面富有光泽,手感柔软润滑。

缎纹组织的参数为:①$R \geq 5$(6除外);②$1 < S < R-1$,且为一个常数;③R与S必须互为质数。

缎纹组织也可用分式表示,分子表示组织循环数R,分母表示飞数S。

缎纹组织有经面缎纹和纬面缎纹。织物正面呈现经浮长线的称为经面缎纹,其飞数用经向飞数S_j表示;织物正面呈现纬浮长线的称为纬面缎纹,其飞数用纬向飞数S_w表示。

棉、毛织物中使用缎纹组织不多,丝织物中用的缎纹组织最多,如素软缎、花软缎、织锦缎、古香缎等等,常用的有5枚缎、8枚缎、10枚缎、12枚缎、16枚缎、24枚缎等。

(五)其他组织

变化组织、联合组织、复杂组织、大提花组织等织物组织的种类很多,如图3-6~3-20所示。

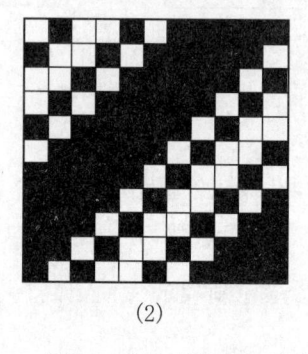

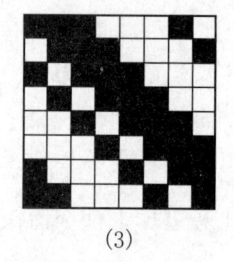

(1) (2) (3)

图3-6 复合斜纹组织

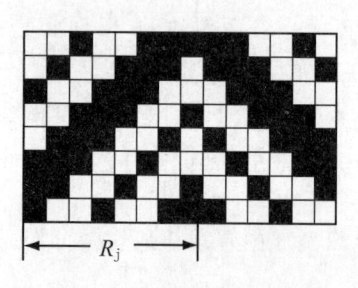

图3-7 经山形斜纹组织

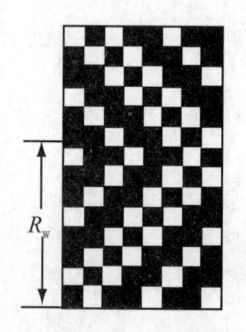

图3-8 纬山形斜纹组织

(1) (2)

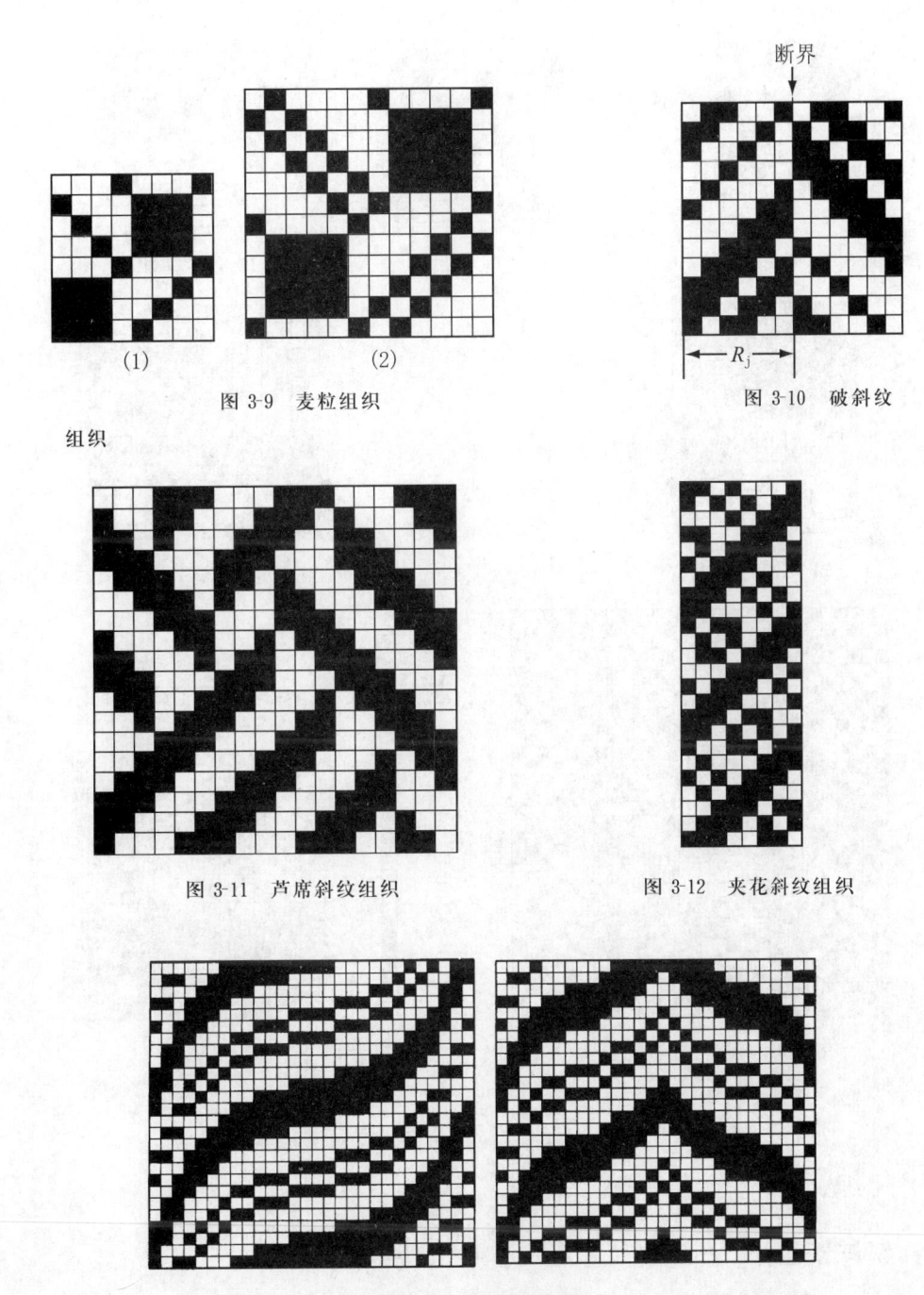

图 3-9 麦粒组织

图 3-10 破斜纹（R_j，断界）

组织

图 3-11 芦席斜纹组织

图 3-12 夹花斜纹组织

图 3-13 曲线斜纹组织

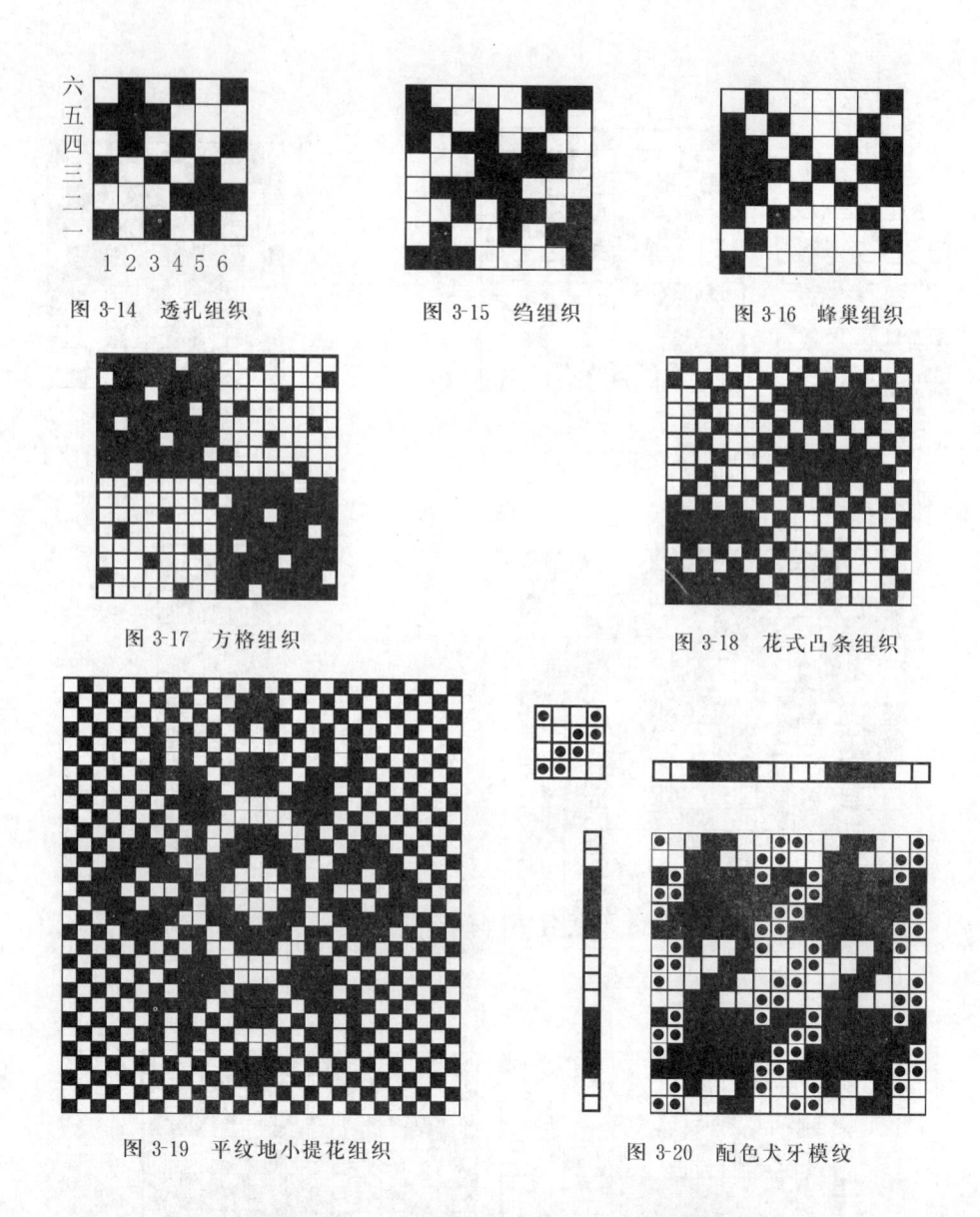

图 3-14 透孔组织　　　　图 3-15 绉组织　　　　图 3-16 蜂巢组织

图 3-17 方格组织　　　　　　　　图 3-18 花式凸条组织

图 3-19 平纹地小提花组织　　　　图 3-20 配色犬牙模纹

第三节　针织物及其生产技术

一、针织与针织厂

针织是利用织针把纱线弯曲成线圈，并将线圈相互串套而形成针织物的一种工艺技术，分纬编和经编两大类。

纬编，是指将大卷装筒子纱线直接装在针织机上，每根纱线沿纬向顺序垫放在织机的编织系统中而形成纬编织物，其线圈结构如图 3-21 所示。

经编，其原料需经过整经、穿纱等工序，每根纱线沿经向各自垫放在针织机的编织机构中而形成经编针织物,其线圈结构如图3-22所示。

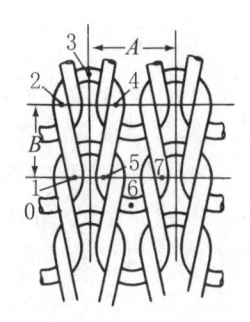

图3-21 纬编针织物的线圈结构 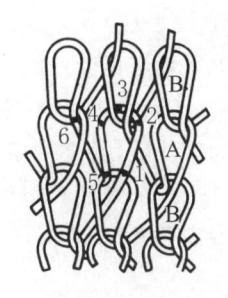　　图3-22 经编针织物的线圈结构

针织生产既可以生产坯布,也可直接生产成品,因此针织厂分为两大类,一类是坯布生产厂,一类是成品生产厂。

1. 坯布生产工厂:只生产纬编、经编坯布,生产出的坯布经染整处理后成为成品面料,再经服装厂加工生产成衣。

2. 成品生产厂:可直接经针织机编织出成形产品,例如袜子、毛衫、T恤、运动衫、帽类、手套等。

二、线圈与针织物

线圈是组成针织物的基本结构单元。线圈通过纵向相互串套以及横向相互连接而形成针织物。针织物的组织结构决定了线圈的相互配置形态,同时也决定了针织物的各种性能及外观。

1. 线圈横列

线圈沿织物横向组成的一行为线圈横列。

纬编织物通常是由一根(或几根)纱线在织针上顺序编织而形成一个横列。

经编是由一组或几组平行排列的经纱在一次成圈过程中,分别在不同织针上形成一个横列。

2. 线圈纵行

线圈沿纵向相互串套而成的一列为线圈纵行,通常每一纵行是由同一枚织针编织而成的。线圈的横列与纵行如图3-23所示。

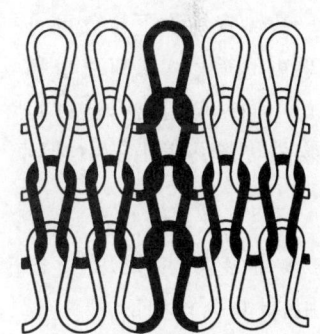

图3-23 线圈横列与纵行

3. 单面和双面针织物

针织物在编织过程中,根据所使用的针床数分为单面和双面针织物两大类。单面针织物通常用一个针床编织而成,织物的一面全部为正面线圈,另一面为反面线圈,即织物的两面具有显著的不同外观。双面针织物通常用两个针床编织而成,织物的两面都显示为正面线圈,即织物两面的外观一样或者极其类似。

三、针织物的术语

1. 线圈长度

线圈长度即通常所说的"纱长",以毫米(mm)为单位,表示一个完整线圈的纱线长度。通常使用拆散法、平面投影法、仪器测量编织喂入量法等方法来得到线圈长度。

纬编针织物易拆散,通常采用拆散法来测量线圈长度。在织物上数出一定的线圈个数(一般是100个或50个线圈),将纱线拆出后量取长度,再除以线圈个数,即可得到一个线圈的长度。经编织物则不易拆散,通常采用仪器测量纱线喂入量或送经量来得到线圈长度。

线圈长度决定针织物的密度,对织物的其他性能如脱散性、延伸性、弹性、强力、织物厚度、面密度等指标有着重大影响,因此是针织物的一项重要指标。

保持线圈长度的稳定,是改善织物外观质量的重要手段。针织物是由线圈串套而成的,如果线圈长度不稳定,有大有小,会造成织物外观纹路不均匀,严重影响外观效果,因此针织物生产宜采用积极式恒定送纱装置,保持线圈长度的恒定,以保证织物的质量。

2. 密度

针织物的密度以织物单位长度内线圈的数量来表示,分为横向密度和纵向密度。

横向密度(简称横密):是指沿线圈横列方向,50 mm长度内线圈的个数(即纵行数)。

纵向密度(简称纵密):是指沿线圈纵行方向,50 mm长度内线圈的个数(即横列数)。

针织物的密度与线圈长度有关。通常,线圈长度大,织物密度小;反之,织物密度大。

3. 面密度

面密度指织物每平方米的重量,是表示织物厚重的一个指标。针织物常用这个指标,一般测定织物下机克重、成品克重和成品干燥克重。其中,成品干燥克重是最终表示织物克重的指标。下机克重和成品克重,通常是在生产过程中随机抽验时使用。

面密度通常是通过实际测量得出的,使用专用的百分之一平方米圆刀切割器,切割织物后称量并得出结果,即:

$$面密度 = 称量数值(g) \times 100$$

面密度还可以通过计算法得出。计算法通常在进行针织物组织结构和工艺设计时使用,计算公式如下:

织物面密度 = 0.0004 × 织物横密 × 织物纵密 × 线圈长度(mm) × 纱线线密度(tex)

4. 脱散性

脱散性是针织物特有的特性,是因线圈相互脱离而产生的。当纱线断裂后,线圈会沿着纵行方向从断裂处脱散下来,从而影响织物的强度和外观,并在织物上形成疵点。脱散性与织物组织结构、纱线光滑程度和柔软程度有关系。

5. 卷边性

针织物在自由状态下其布边会发生包卷现象,这是由纱线弯曲成线圈时形成的内应力作用而产生的。卷边性与织物组织结构、纱线弹性、线密度、纱线捻度、线圈长度等因素有关。

6. 延伸性

指针织物在外力拉伸作用下产生伸长变形的特性。通常,针织物的延伸性是很大的。延伸性受组织结构、线圈长度、纱线线密度等因素影响。针织物的延伸性可分为单向延伸和双向延伸两类。一个方向(横向或纵向)的延伸度较大,另一个方向几乎没有延伸度的为单向延伸;而两个方向都有延伸度的为双向延伸。

7. 弹性

弹性是指针织物在外力作用下发生变形,除去外力后织物回复原来形状的能力。弹性受织物组织结构、纱线的弹性等因素影响。有些针织产品正是利用针织物的高弹性这一特点而设计的,如泳衣、体操服等运动服装。

8. 纬斜

纬斜是针对圆纬编机并有多路编织系统编织圆筒形织物时所特有的现象。其成因是由于多路编织过程中,机器每回转一周,同时有多路纱线参与编织,实际上是沿圆形螺旋条带编织而成的。圆筒织物如图 3-24 所示,纬斜测量如图 3-25 所示。

当筒状织物沿纵行方向剪开成平面状时,实际上的横列线圈与纵行线圈不是互相垂直的,即纬向线圈有一个斜度,这就是纬斜现象。纬斜的测量方法如下:

图 3-24 圆筒织物示意图   图 3-25 纬斜测量示意图

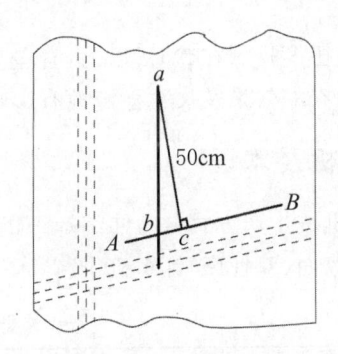

任选一横列线圈并沿此方向作直线 AB,在 AB 线上任选一点 c,通过"c"点作 AB 的垂线并延长 50cm 到 a 点,以 a 为端点沿纵列方向作直线与 AB 线交于 b 点,形成三角形 abc,测量 bc 的长度(cm),则可计算出纬斜:

$$纬斜 = \frac{bc}{ac} \times 100\% = \frac{bc}{50} \times 100\%$$

通常,纬斜为 15%~20% 左右,这与圆纬机的编织系统数量有关系,路数越多,纬斜越大。

9. 扭度

同纬斜一样,扭度也是多路圆纬机编织的织物所特有的现象,其主要表现为成品织物经洗涤后会发生扭曲变形。扭度的测定按下列方式进行,如图 3-26 所示。

洗水前　　　　　　　　　　　　　　洗水后

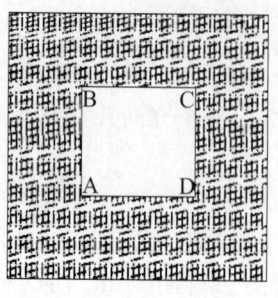

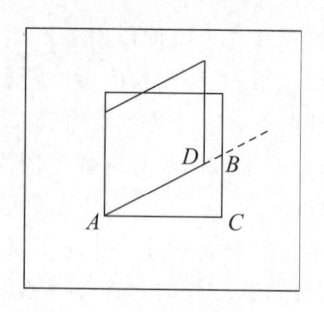

图 3-26　扭度测量方法

在成品织物上画一个 50cm×50cm 的方框,其中纵向线需与织物纵向线圈平行。将画好线的试样织物进行松弛洗涤后观察方框的变形情况。洗涤后,因缩水问题,方框尺寸通常会减小。在洗后织物上沿其中一条纵向线再画一个 50cm×50cm 的方框,沿 AD 线作延长线交 CE 线于 B 点,形成 ABC 三角形,扭度可计算如下:

$$扭度 = \frac{BC}{AC} \times 100\%$$

通常,扭度控制在±5%以内,有些要求较高的产品控制在±3%以内。如果超出此范围,则对成衣的效果及尺寸稳定性有影响。

四、针织机及术语

针织机按生产方式分为纬编针织机和经编针织机;按工作针床数可分为单面(单针床)针织机和双面(双针床)针织机;按针床(或针筒)的形状可分为平型(平针床)针织机和圆型

表 3-1　针织机分类表

纬编针织机	单针床(筒)	平型	钩针	全成形平型针织机
			舌针	手摇横机
		圆型	钩针	台车、吊机
			舌针	多三角机、提花机、毛圈机等
			复合针	复合针圆机
	双针床(筒)	平型	钩针	双针床平型钩针机
			舌针	横机、手套机、双反面机
		圆型	舌针	棉毛机、罗纹机、提花机、圆袜机等
经编针织机	单针床	平型	钩针	特利科脱型机、拉舍尔型机、米兰尼斯型机
			舌针	特利科脱型机、拉舍尔型机、钩编机
			复合针	特利科脱型机、拉舍尔型机、缝编机
			自闭钩针	钩编机
	双针床	平型	钩针	特利科脱型机
			舌针	拉舍尔型机
			复合针	特利科脱型机、拉舍尔型机

(圆针筒)针织机。针织机所用的织针有钩针、舌针和复合针等。针织机的分类如表

3-1所示,纬编针织大圆机如图3-38所示。

1. 针床及针筒

针床(或针筒)是针织机的主要工作机件。形状是平型的叫针床,形状是圆筒型的叫针筒。针床(或针筒)上有针槽,织针插在针槽中,形成编织织物时的织针依托机构。

针床的宽度以毫米或英寸表示,即针床幅宽,针床的幅宽决定了最大可生产织物的幅宽。

针筒的大小以针筒的直径表示,通常称为筒径,单位为毫米或英寸。筒径的大小决定了织物的开幅宽度。

2. 织针

织针是针织工艺中所特有的生产机件,分为钩针、舌针和复合针三种类型。织针的结构如图3-27所示。

织针分为许多种型号,按织物的组织结构和使用的纱线粗细来决定织针型号。使用较细的纱线编织组织结构紧密的织物需用较细的织针,反之需用较粗的织针。

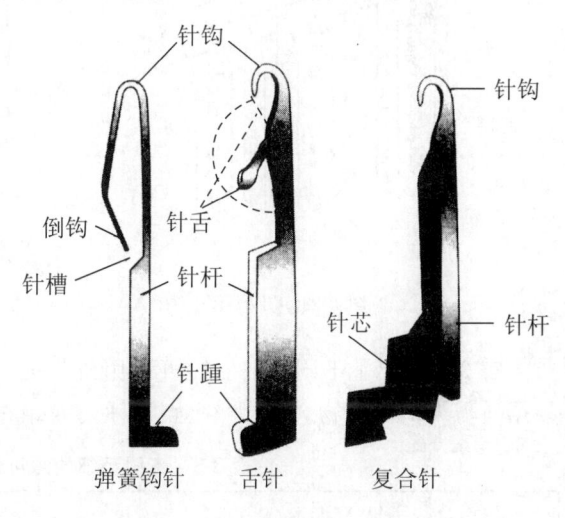

图 3-27 织针的结构形状

3. 机号

机号是指织针在针床或针筒上排列的疏密程度,以针床或针筒上单位长度内的织针数量表示。机号越高,针数越多,编织的织物越细密。不同的机种,规定的单位长度不同,如表3-2所示。

表 3-2 不同针织机的规定长度

针织机种类	规定长度
绝大部分纬编、经编机	1 英寸
纬编台机	1.5 英寸
拉舍尔经编机	2 英寸

因此,通常所用的机号含义是1英寸长度内的织针数,常用 G 表示,例如 $28G$,表示1英寸内有28枚织针;$18G$,表示1英寸内有18枚织针。

机号越高,针与针之间的间隙就越小,反之机号越小,间隙越大。针与针之间的间隙,用针距 T 来表示:

$$T=\frac{25.4}{G}(mm)$$

从图3-28中可以看出,1英寸内的针槽越多,表示可装入的织针就越多,则机号就越高,相应的针距就越小。机号一定时,可使用的纱线粗细就限定在一定范围内。如图3-29所示。

为保证编织生产正常顺利进行,纱线粗细直径的上限是根据织针与各成圈机件(如沉降片、针槽壁、导纱针等)之间的间隙来决定的,即纱线的直径不能超出这个间隙的范围,否则在生产过程中会产生断纱、破洞等疵点。

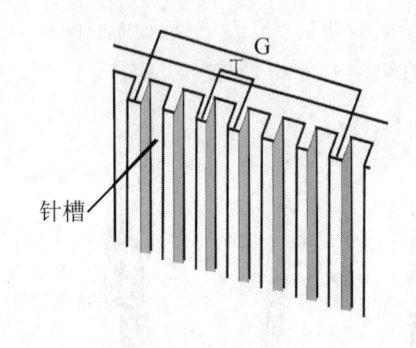

图 3-28 针槽示意图

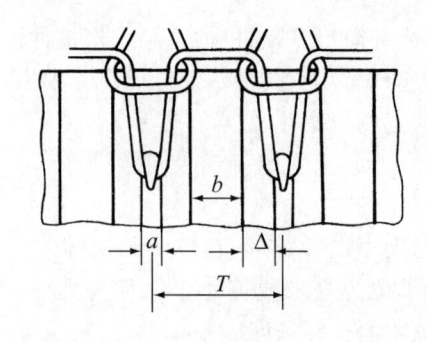

a—织针厚度 b—针槽壁厚度 Δ—针槽间隙
图 3-29 针与针槽的相互位置

表 3-3 列出了不同粗细的纱可选用机号的参考值,所列的参考值并不是一成不变的,根据所需编织的织物风格、紧密程度、手感及组织结构的不同,可以进行变化。

表 3-3 不同粗细的纱可选用机号的参考值

纱线粗细（tex/英支）	可选用机号范围
9.7/60	30G～34G
13.0/45	28G～32G
18.2/32	20G～28G
29.2/20	18G～24G
36.4/16	14G～22G
58.3/10	12G～18G
97.2/6	8G～14G

4.总针数

总针数是指针床或针筒能够插装织针的数量,也可表示所具有的针槽的数量。总针数决定了可编织织物的最大幅宽。

对于平型针织机,可以在针床上选用一定数量的织针进行编织所需要幅宽的织物,但编织时使用的总针数,不得超过针床所具有的总针数。

圆型织机不同于平型织机,筒径一定时,总针数也固定下来,编织时只能选用针筒一周的工作织针,不可以任意选用其中的一部分织针。所以总针数一定时,同时也决定了所需编织织物幅宽限定在了一个范围,调整幅宽的余地相对比平型织机要小很多。因此利用圆型织机编织不同幅宽的织物,要选用不同筒径和总针数的针筒。

五、针织物的编织方法

针织物的编织,根据所使用的编织机件不同,其编织方法也不同。

（一）针织法

针织法是指利用钩针,并借助弯纱沉降片、套圈沉降片、脱圈沉降片来完成编织。编织成圈过程可分为 8 个步骤,如图 3-30 所示。

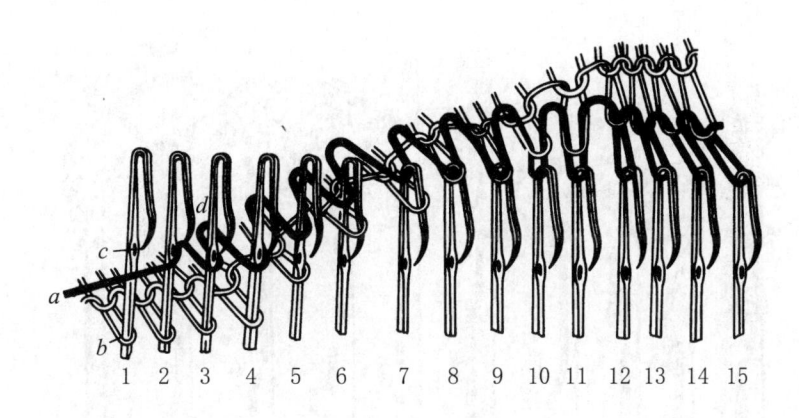

图 3-30　针织法编织

1. 退圈：借助沉降片或其他机件将旧线圈推至针杆一定位置，留出一定的垫纱空间，使新输送的纱线可以顺利进入。

2. 垫纱：借助导纱嘴将纱垫入旧线圈 b 与针槽 c 之间的针杆上。

3. 弯纱：借助弯纱沉降片与钩针的相对运动，将新垫入的纱弯曲成合适大小的未封闭线圈，线圈大小取决于织物工艺要求的弯纱深度（图中针 2~6）。

4. 闭口：借助压针板将针尖压入至针槽中，使针口封闭并使旧线圈可以套入针钩（图中针 6）。

5. 套圈：在针口封闭时，借助套圈沉降片将旧线圈上抬，迅速套在针钩上（图中针 6 和 7），同时压针板释压，针口张开。

6. 脱圈：借助脱圈沉降片上抬旧线圈，使其从针头上脱套至未封闭的新线圈上（图中针 10、11）。

7. 成圈：旧线圈套入新线圈后，在牵拉力的作用下，使未闭口的线圈封闭并形成一个完整的符合工艺要求的新线圈。

8. 牵拉：将形成的新线圈牵拉出编织区域而形成织物，同时在下一个编织循环时，新线圈就成为下一个循环中的旧线圈。

(二)编结法

编结法是指利用舌针，借助三角跑道、握持沉降片等机件的作用来完成织物的编织，编织过程分为下列 8 个步骤，如图 3-31 所示。

1. 退圈：织针上升，使针钩内的旧线圈退至针杆上；借助沉降片握持和坯布牵拉力的作用，防止旧线圈随同织针上升；并且原来关闭的针舌在旧线圈的推动下打开（图中针 4 和 5）。

2. 垫纱：在织针与导纱嘴的相对运动下，新纱线垫放到针钩与针舌尖之间（图中针 6 和 7），此时织针上升到最高点。

3. 闭口：织针下降，针钩将新垫入的纱线钩持，同时针舌在退至针杆上的旧线圈的推动下向上翻转而关闭针口（图中针 8、9）。

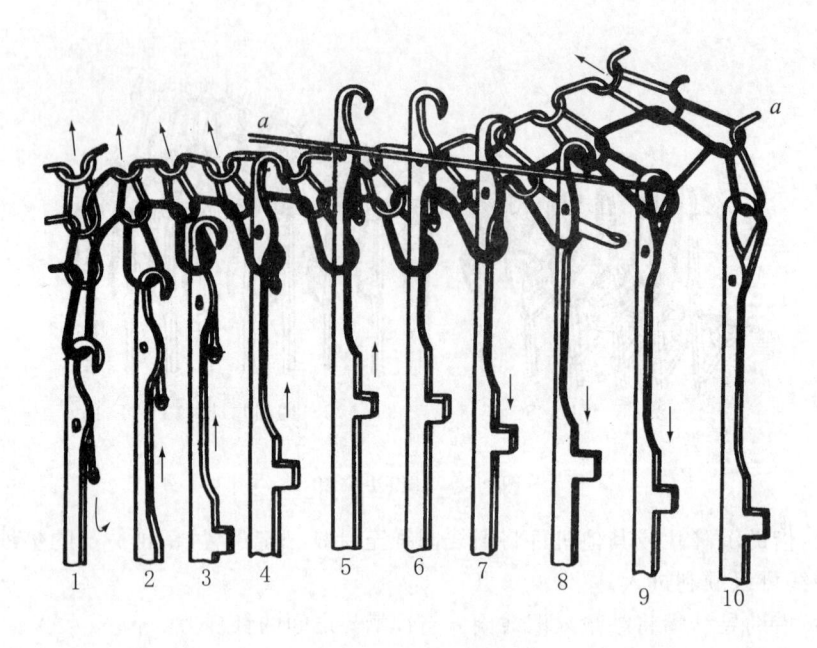

图 3-31 编结法编织

4. 套圈:织针继续下降,旧线圈沿针舌上移并套在针舌上(图中针9)。

5. 弯纱:织针进一步下降,使针钩钩持的新纱线逐渐弯曲,弯纱由此开始一直延续到线圈最终形成。

6. 脱圈:织针下降至更低的位置,使旧线圈从针头上脱下,套到正在进行弯纱的新线圈上(图中针10)。

7. 成圈:织针下降至最低点,从而形成符合工艺要求大小的新线圈(图中针10)。

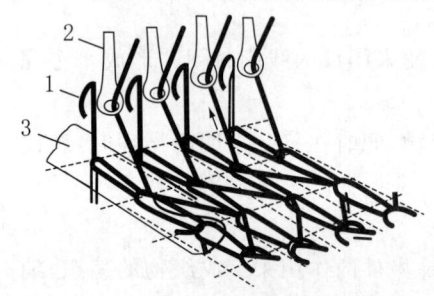

8. 牵拉:将旧线圈及形成的新线圈牵拉至针背后,脱离编织区域而形成织物。

（三）经编法

针织法和编结法属于纬编过程,用于生产纬编织物。经编法是制备经编织物的工艺,主要利用钩针、舌针或复合针并借助梳栉上的导纱针、握持沉降片等机件的作用来完成编织,如图3-32所示。

图 3-32 经编法编织

在经编机上,平行排列的经纱从经轴上引出,通过导纱针将每根经纱分别垫放到各枚织针上。编织成圈后形成一个横列,并与上一个横列中相对应的线圈串套,使线圈在纵向连接起来;当编织完一个横列后,导纱针移至另外的针上继续编织成圈,从而使线圈纵行在横向连接起来,最终形成织物。编织过程分10个步骤,如图3-33所示。

1. 退圈:织针上升,使旧线圈由针钩内下降到针杆处。

2. 垫纱:导纱针前后摆动并左右移动作环绕织针的运动,将纱线绕在针杆上,完成垫纱(图中1~4)。

3. 带纱:织针向下运动,使垫在针杆上的纱线滑移至针钩内(图中5)。

4. 闭口:用压针板压住针钩,使针钩闭口(图中5)。

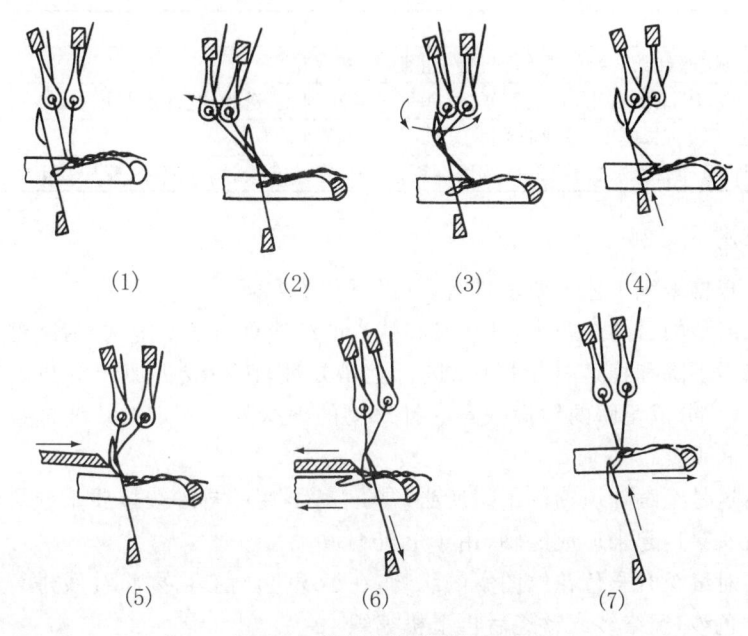

(1)　　　(2)　　　(3)　　　(4)

(5)　　　(6)　　　(7)

图 3-33　钩针经编机编织过程

5. 套圈:沉降片向后移动,将旧线圈抬起,套在针鼻上(图中6)。
6. 连圈:织针下降,便于新、旧线圈在针钩内、外相连。
7. 弯纱:织针继续下降,使新纱逐渐弯曲成圈。
8. 脱圈:织针进一步下降,使旧线圈从针头上脱下并套在新线圈上,同时弯纱在继续进行,纱线逐渐进入将形成的新线圈内。
9. 成圈:织针下降至最低点,新线圈形成。
10. 牵拉:沉降片前移,将脱下的旧线圈和新线圈推到针背后,并握持住线圈,开始下一个编织循环。

六、针织物生产工艺流程

纬编与经编织物的生产工艺不同,使得这两类织物的生产工艺流程有一定的区别。

纬编针织物的生产工艺流程为:原料准备→络纱→上机编织→落布→检验→包装。

经编针织物的生产工艺流程为:原料准备→整经→穿经→编排链条→编织→落布→检验→包装。

生产工艺流程是由各个工序组成的,通常分为三个阶段,即:准备阶段、编织生产阶段、检查整理阶段。

(一)准备阶段

准备阶段指原料上机开始编织之前要做好的所有准备工作,包括工艺设计、原料准备、编织设备调校三项内容。

1. 编织工艺设计

编织工艺设计通常按客户(或订单)的要求进行,主要设计项目如表 3-4 所示。

表 3-4 工艺设计项目

主项目	子项目
原　料	原料成分(纯纺、混纺、混纺比例)、粗细(线密度)。
织物组织	组织结构、编织方法、花纹意匠图、织针三角排列图、送纱比、线圈长度(或纱长)。
织物规格	面密度、幅宽、厚度(毛绒或圈高)、匹长(或匹重)。
织　机	机型、筒径、针数、机号、针床宽度、纱线排列、穿纱方式、编织速度、梳栉数等。

2.原料准备

原料准备根据编织工艺的要求进行,分以下几个方面:

(1)络纱:络纱的目的有两个,其一是将购入的纱线重新翻络一次,清除部分纱疵,也可使纱线捻度略微下降和稳定,同时可以进行上蜡处理,使纱线更加光滑和柔软,有利于编织;其二是将纱线分成足够的纱筒数量。针织物的编织需要一定的纱线根数才能进行,小批量生产时尤其重要。

(2)整经:这是经编针织物的编织所必须的工序。将一排纱线按要求卷绕到盘头上,再将整经后的盘头穿连起来形成经轴,用于上机编织。

(3)染色:对编织有彩色花纹图案的织物,在编织生产前,需要将纱线进行染色处理,形成所需颜色的色纱,经络纱或整经后再上机编织。

3.织机调整

按工艺要求选择机型,并进行织前保养调校准备工作。

(二)编织生产阶段

编织生产分为两个阶段,一是原料上机调试,二是编织生产管理。

原料上机调试通常与织机调整同步进行,一般由工厂的保全部门来完成。织机调试过程中,要检查编织是否符合工艺要求,出现问题要随时调整,使织机编织的织物达到设计的工艺要求,并且织机运转正常后,可以交接给生产部门,进行正常生产。

编织生产管理通常由生产部门组织实施。其目的是保障原料的正常供应,生产效率和产品质量要达到要求,使生产能够正常、稳定、顺利。

编织生产管理,对任何类型的企业,其管理运行原则是一样的;而上机调试,纬编与经编的工作内容有较大区别,纬编的保全工作与经编保全工作也不相同。

(三)检验整理阶段

检验整理是编织生产的最后一道工序。将编织好的织物从织机上剪下,称为落布。落下的坯布在专用验布机上进行检验,分出等级后包装入库,完成全部的织造生产过程。

1.落布:落布需按要求的数量进行,使每匹布的数量(长度或重量)基本保持一致。这个数量可以通过织机上的控制装置(如转数表、长度表等)进行设定,当达到设定的数值时,织机会自动停机,便可进行落布操作。

2.验布:将落下来的坯布逐匹进行检验,并记录检验结果,再根据检验结果以及质量要求,分出合格品、次品、废品。

3.包装入库:将检验完毕后的坯布逐匹包装并填写包装单,做好标注后办理入库手续,存放入仓库。

七、纬编针织物的基本组织

纬编针织物的基本组织有四种,即:平针组织、罗纹组织、双罗纹组织、双反面组织。纬编针织物的组织结构无论有多少千变万化,均由这四种基本组织变化而来。

(一)平针组织

这是单面针织物最基本的组织结构,是构成单面针织物的基础。平针组织也是通常所说的"汗布"组织,其线圈均是由成圈线圈构成的。

平针组织的正面,由线圈的圈柱显示出"V"字形纵行,反面呈半圆弧状形态。图 3-34 及 3-35 分别为平针织物的正、反面外观图。

由于在编织过程中纱线上的棉结、杂质等容易留在织物的反面,所以平针组织织物的反面通常比较粗糙。平针组织织物的正、反面有明显区别,易于分辩。平针组织的针织物,在纵向和横向的拉伸性能都很好,但易脱散、易卷边。

图 3-34 平针织物正面　　　图 3-35 平针织物反面

(二)罗纹组织

罗纹组织是双面纬编织物最基本的组织,它由正面线圈纵行和反面线圈纵行以一定组合相间配置而成。图 3-36 所示为最简单的罗纹组织,即所有织针同时编织形成的 1+1 罗纹组织。罗纹组织的正反面基本一样,由凸显出来的正面线圈纵行的外观组成。因此 1+1 罗纹组织的两面都具有平针线圈正面的外观。在横向拉伸时才能显露出两个正面线圈纵行之间的反面线圈,即凸棱由正面线圈形成,凹棱由反面线圈形成。

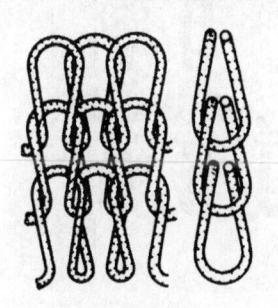

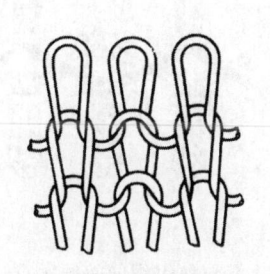

(1) 线圈结构图　　(2) 横向拉伸后的状态　　(3) 织物横截面

图 3-36 1+1 罗纹组织

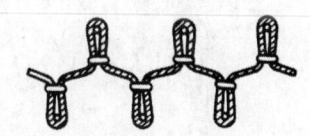

(1) 1+1罗纹

(2) 2+2罗纹

(3) 2+3罗纹

(4) 1+2罗纹

(5) 1+3罗纹

图 3-37 各种罗纹组织编织图

罗纹组织通过织针的配置组合,可以形成变化罗纹组织,如:2+2罗纹、2+3罗纹、1+2罗纹、1+3罗纹等(如图 3-37 所示)。

罗纹组织在平放松弛时,其厚度通常是平针织物的两倍,并且由于织物的两面均由正面线圈纵行交替而成,彼此平衡,因此织物平整,无卷边现象。

(三)双罗纹组织

双罗纹组织,通常称为棉毛组织,形成的织物称为棉毛布或双面布。它是由两个罗纹组织彼此复合而成的,如图 3-38 所示。

一个完整的双罗纹组织横列,是由 2 路纱线编织而成的,即由 2 根纱线编织而成,是最简单的双罗纹组织。另外还有较复杂的双罗纹组织,但从严格意义上来说不属于双罗纹组织,如:复合双面布,可由 4 路(即 4 根纱)编织出一个完整的线圈横列,形成织物,这种类型的织物可统称为双面织物。

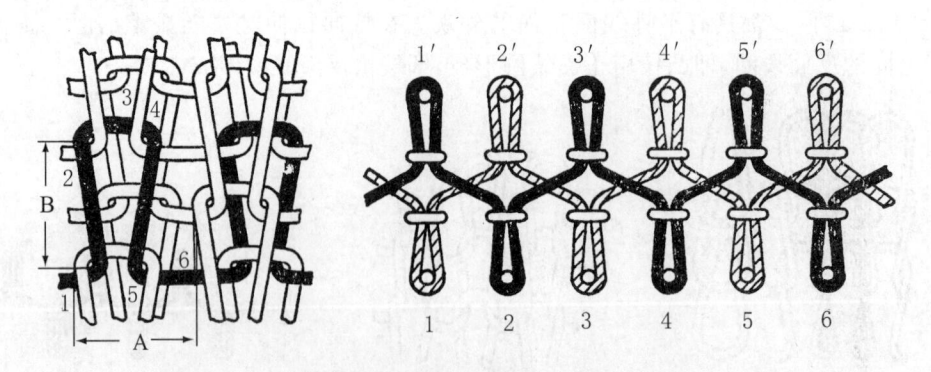

图 3-38 双罗纹组织的编织示意图

双罗纹组织是罗纹组织的一种变化组织,一个罗纹组织的反面线圈纵行被另一个罗纹组织的正面线圈纵行所覆盖,因此在织物的两面均显示为正面线圈,即两面一样。拆散时观察拆口边沿,可发现织物两面的线圈是相互正对的。由于是由两路纱线编织一个横列,因此同一横列上的相邻线圈在纵向彼此相差半个圈高。

编织双罗纹组织时,通过按一定的组合抽取织针而留出空针槽的方法,可以织出纵向凹凸条纹的效果,即俗称的抽条双面(棉毛)布。

双罗纹布(双面布)的表面比罗纹布更光滑,结构更稳定,且有更好的保暖性;组织密实,无卷边现象,不易脱散;但横向延伸性及弹性稍差,因此不易变形。

(四)双反面组织

双反面针织物在织物的两面都是由正面线圈横列和反面线圈横列交替编织而成,每一个纵行都同时包含正面线圈和反面线圈。图3-39所示为最简单的1+1双反面组织,一个横列全部是正面线圈,下一个横列全部是反面线圈,相互交替循环,形成织物。

2+2双反面组织是2个横列的正面线圈与2个横列的反面线圈交替循环。以此类推,可以有1+2、2+3等不同的变化组织。

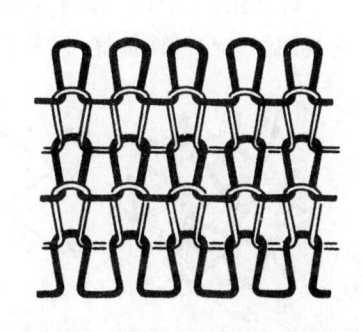

图3-39 双反面组织的线圈结构

双反面组织在弯曲纱线的弹性力作用下,织物的两面都由线圈的圈弧突出在表面,圈柱则凹陷在里面,因此织物的两面看起来都像纬平组织的反面。

双反面组织在横向和纵向均具有较大的弹性和拉伸性,但织物纵向(即长度方向)的拉伸性更大。布面有非常明显的凹凸效果,可以通过不同颜色纱线的组合配置生产多种变化的凹凸花纹织物。

双反面织物像平针织物一样会发生卷边现象。由于双反面组织在两个方向都具有良好的弹性,织物显得较厚,因此保暖性好,常用于生产毛衫类外套服装。

生产双反面织物的织机除了可以生产双反面织物外,通过有选择地控制织针的运动,还可用于编织平纹和罗纹组织的织物,生产出具有独特花纹效果的织物。双反面针织机应用最广泛的是毛衫类织物的生产。

八、经编针织物的基本组织

(一)编链组织

在编织过程中,导纱针引导纱线始终在同一枚织针上垫纱,则形成编链组织(如图3-40所示),其纵行间彼此相邻的线圈不连接。

编链组织通常用来产生直条纹效应,即一把梳栉用于编链,其他梳栉用于衬纬组织做横向连接,从而形成编链织物。经编织物常用开口编链组织,不易脱散。闭口编链组织常用于钩编机(用于编织带状织物的一种舌针经编机),以织造条带类织物。

经编链组织的特点:

(1)由于线圈纵行之间没有联系,横向不会发生卷边现象。

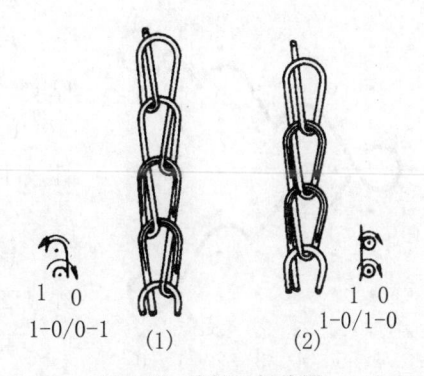

图3-40 编链组织线圈

(2)纵向延伸性的大小取决于纱线的弹性,纱线的弹性大,则延伸性好。

(3)横向延伸性通常较小,取决于连接编链组织纵行的其他组织的特性,如果横向连接组织是衬纬组织,其横向延伸性最小。

(4)编链组织常用于生产尺寸要求稳定、延伸性小的经编织物。

(二)经平和变化经平组织

经平组织如同纬编的纬平组织,是经编组织中最简单,最基本的组织。变化经平组织的线圈图与垫纱图如图3-41所示。

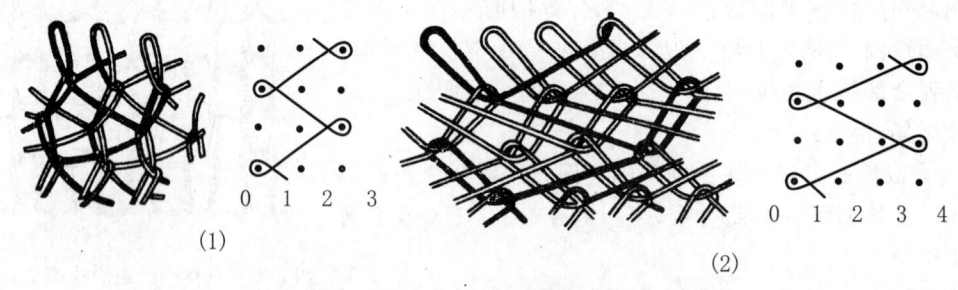

图3-41 变化经平组织的线圈图与垫纱图

导纱针在两枚织针上轮流垫纱成圈而形成经平组织。通常,特里科脱经编机编织的经编织物是以经平组织为基础组织的。

表示方法:针背垫纱针距数×针前垫纱针距数(通常为1个针距)。

1×1为最简单的一种经平组织,每根经纱轮流在相邻的两枚织针上垫纱成圈。每个纵行线圈由相邻的经纱轮流形成,线圈的形式可以是闭口或开口,两个横列形成一个完全组织。

经平组织的所有线圈都具有单向延展线,即线圈的导入和引出时,延展线都是处于该线圈的一侧。由于纱线内应力的作用,经平组织的线圈纵行呈曲折形排列。线圈向着与延展线相反的方向倾斜。线圈的倾斜度随线纱的弹性及密度的增加而增加。

变化经平组织2×1是一种常用的经编组织,如图3-41(1)所示,采用闭口线圈,称为经绒组织。变化经平组织3×1如图3-41(2)所示,采用闭口线圈,称为经斜组织。

经平组织的特点:

(1)经平组织中延展线较长,结构强度大,不透光,较厚实。

(2)类似于纬编的平针组织,易发生卷边现象,但脱散性较小。

(三)经缎组织

导纱针引导纱线顺序地在3枚或3枚以上的织针上垫纱成圈而形成的织物组织称为经缎组织,如图3-42所示。

编织经缎组织时,梳栉最少在两个连续横列上沿一个方向渐进垫纱,然后再沿反方向作相同的垫纱运动。

通常,在渐进垫纱时采用开口线圈,而转向线圈采用闭

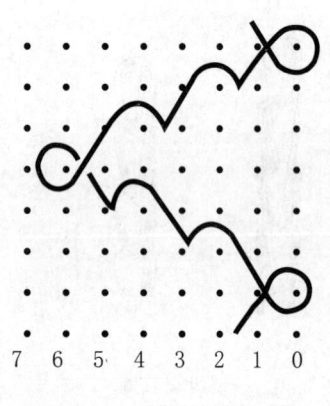

图3-42 经缎组织垫纱图

口线圈,因此转向横列较密实。在转向横列之前以及转向后的部分线圈,因倾斜方向相反,对光的反射效果不同,形成一种横向的隐条纹效应。如果用另一把不同颜色的经纱梳栉将不同颜色的纱编入织物,可以形成具有锯齿效应的纹路。如果用更多的梳栉参加编织,通过不同的垫纱运动组合,可以形成更复杂和变化更多样的花纹图案。

（四）重经组织

每根经纱在同一横列的两个相邻纵行上形成线圈的组织,称为重经组织。即编织时梳栉带动导纱针在针前作两个针距的横移动作,导纱针引导纱线同时在两枚织针上做垫纱运动,而编织重经组织织物。其明显特征是每根经纱每次必须同时垫在两枚织针上。

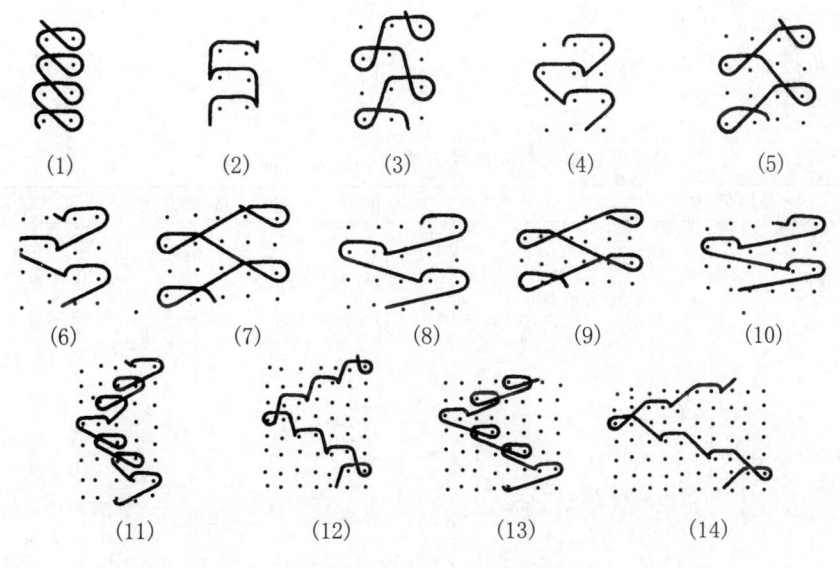

图 3-43 重经组织垫纱图

编链、经平、经斜、经绒、经缎等基本组织均可改为针前垫纱两个针距,形成各种类型的重经组织。图 3-43 所示为各种基本组织的闭口、开口线圈形成的重经组织垫纱图。其中,(1)、(2)为重经闭口和开口编链,(3)、(4)为闭口和开口重经经平组织,(5)、(6)是重经2×1组织,(7)、(8)是重经3×1组织,(9)、(10)是重经4×1组织,(11)、(12)是重经经缎组织,(13)、(14)是重经变化经缎组织。

重经组织的编织,要求编织元件光洁,经纱张力小。因经纱垫在两枚织针上,成圈时织针同时向下拉纱线(类似于纬编的编织过程),纱线在针钩内所受的张力很大,因此送纱张力要小,以保证纱线不被拉断。重经组织的编织,通常使用较高的机号、较低的编织速度和较大强力的纱线。

第四节　非织造布及其生产技术

非织造材料（Nonwovens）又称非织造布、不织布、非织造织物、无纺布或无纺织物。非织造技术是一门将纺织、造纸、皮革、塑料四大柔性材料生产技术及现代高新技术综合运用的新型技术,属新型交叉学科。

一、非织造布概述

(一)非织造布的定义

定向或随机排列的纤维通过摩擦、抱合、粘合或这些方法的组合而制成的片状物、纤网或絮垫均称为非织造布。不包括纸、机织物、带有缝编纱线的缝编织物以及湿法缩绒的毡制品。所用纤维可以是天然纤维或化学纤维,也可以是短纤维、长丝或直接形成的纤维状物。

(二)非织造布的分类

非织造布按成网方式、加固技术、纤维类型等进行分类,表3-5为非织造布按成网方式及加固方式的分类。

表 3-5 非织布按成网方式及加固方式分类表

成网方式		固结方式	
干法成网	梳理成网 气流成网	机械固结	针刺法 水刺法 缝编法
		化学粘合	饱和浸渍法 喷洒法 泡沫法 印花法 溶剂粘合法
		热粘合	热熔法 热轧法 超声波粘合法
聚合物 挤压成网	纺丝成网	机械固结、化学粘合、热粘合	
	熔喷法	自粘合、热粘合等	
	膜裂法	热粘合、针刺法	
湿法成网	圆网成网 斜网成网	化学粘合、热粘合、(水刺法)	

(三)非织造布结构及特点

1.非织造布的纤维结构

非织造布与机织物、针织物在结构上有很大差异,构成非织造布的主体材料为呈单根状的纤维,纤维在非织造布中呈二维或三维排列的网络结构,通过机械缠结、热粘合或粘合剂等使其结构稳定。图3-44所示为非织造布的纤维结构。

2.非织造布的特点

非织造布具有以下突出特点:

(1)是介于传统纺织品、塑料、皮革和纸四大柔性材料之间的材料,如图3-45所示。

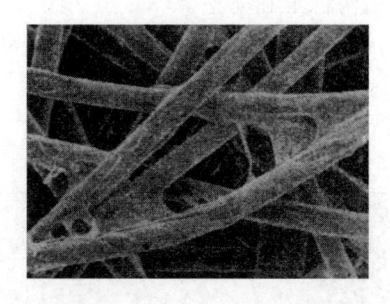

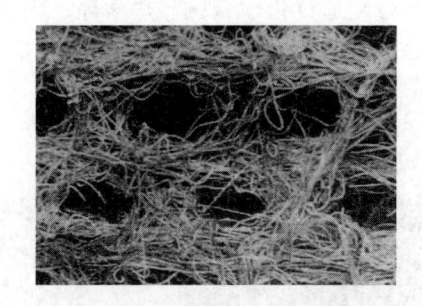

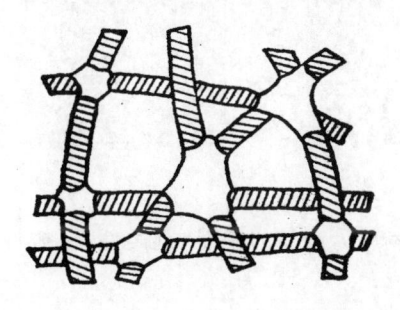

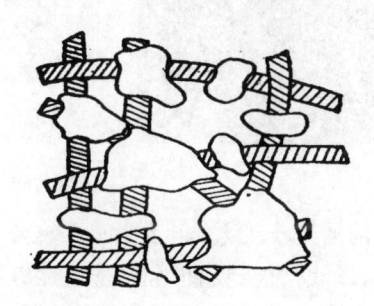

图 3-44 非织造布的纤维结构

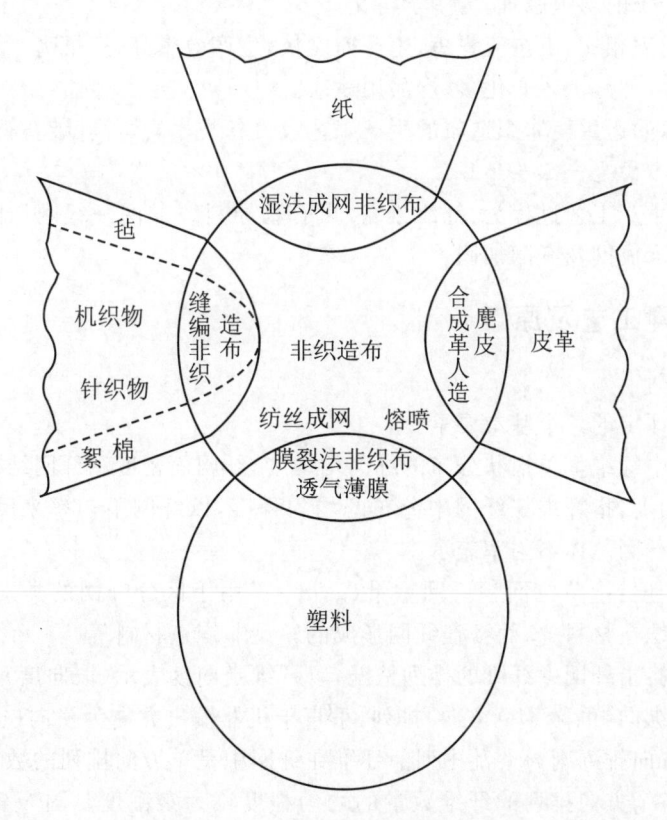

图 3-45 非织造布与四大柔性材料

(2)必须通过化学、机械、热学等加固手段使其结构稳定和完整。

(3)纤维原料、加工技术决定了非织造布外观的多样性,有布状、网状、毡状、纸状等,如图3-46所示。

(4)产品性能的多样性。

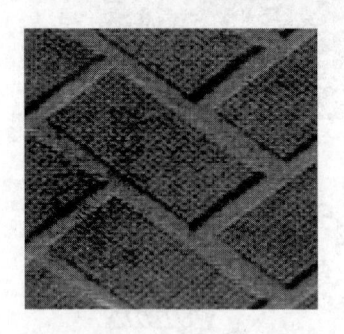

图3-46 不同外观的非织造布

不同的生产工艺,产品性能有较大差异,主要表现为产品的手感、刚柔性、机械性能、材料密度、过滤性能、吸收性能、透通性等有较大差别。

3.非织造布的生产工艺特点

(1)突破了传统的纺织原理,为多学科交叉。

(2)与传统纺织相比,工艺流程短,生产速度快,生产效率高,产量高。

(3)原料范围广泛,工艺变化多,产品用途广。

(4)高新技术的运用使非织造布的生产工艺及设备技术含量高,装备智能化。

(四)非织造布的生产工艺过程

非织造布的生产工艺过程为:纤维准备/聚合物原料→成网→纤网加固(成形)→后整理。其关键工艺为成网及纤网加固。

二、短纤维成网工艺及原理

(一)干法成网

1.纤网质量评定的三个基本要素

指非织造布中纤维呈单根状分布的纤网均匀度、纤网面密度和纤网结构。

(1)纤网均匀度:指纤维在纤网中分布的均匀程度,以纤网不匀率来反映,可用纤网纵向和横向不匀及纤网总体不匀率表示。

(2)纤网面密度:指单位面积纤网重量(g/m^2)。用于区分纤网的类别,如低面密度纤网形成的薄型非织造材料、高面密度纤网形成的厚型非织造材料等。

(3)纤网结构:指纤网中纤维的排列情况,以纤维定向度表示(取向度)。纤维排列顺着机器输出方向为纵向(也称MD方向)排列,垂直于机器输出方向为横向(也称CD方向)排列,纤维沿各个方向排列则为杂乱排列。纤维在纤网中呈单方向排列的数量多少程度称作定向度,沿纤网各个方向排列的纤维数量的均匀程度称为杂乱度。图3-47所示为非织造布中纤维排列示意图。

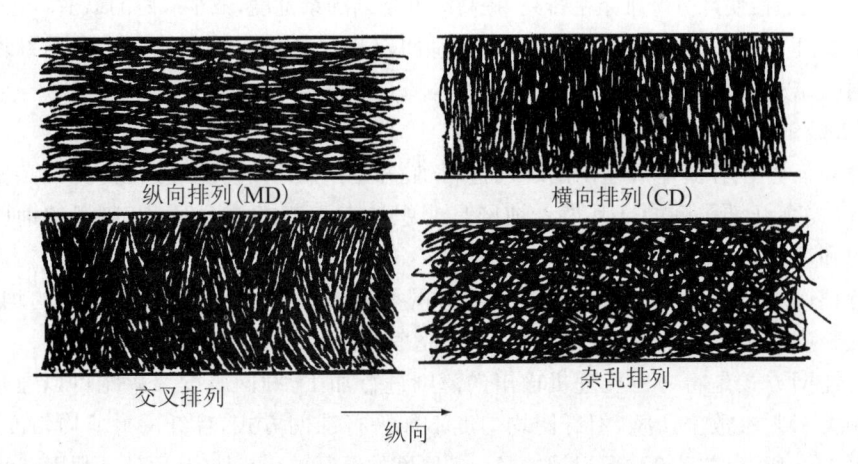

图 3-47 非织造布中纤维排列示意图

2. 干法成网工艺

干法成网方法有两种:机械梳理成网、气流成网。干法成网工艺过程:纤维准备(成网前准备)→纤维梳理→机械铺网或气流成网。

(1)纤维准备

纤维准备指成网前对纤维的准备工序,对干法成网质量具有重要作用。纤维准备的任务主要有:

● 按产品设计要求确定原料使用量。
● 将各种成分的纤维原料经混合与开松工艺进行松解,使团块状纤维分离为束状或单根状,达到均匀混合、开松的要求。
● 对合成纤维施加油剂,防止纤维在加工过程中产生静电。
● 制成均匀纤维层,供给梳理机。

开混的一般工艺流程:抓棉→喂棉(称重)→混棉→开松→给棉→梳理。

开松、混合的典型设备有抓棉机、称量机、混棉帘子开棉机、多仓混合机、自动混棉机、豪猪开棉机等。

(2)纤维梳理

将开松混合的纤维(块状/束状)梳理成由单根纤维组成的薄纤网,供铺叠成网或直接进行纤网加固或经气流成网。梳理的任务主要是:彻底分梳混合纤维原料,使之成为单纤维状态;使原料中的各种纤维进一步均匀混合;进一步清除原料中的杂质;使纤维平行伸直。

梳理的一般工艺过程为:纤维喂入→预梳→梳理→成网(单层或双层纤网)。

梳理机主要由喂入机构、预梳机构、梳理机构、杂乱装置、成网机构等组成。各机构的作用如下:

① 喂入机构(原料喂给):定时、定量均匀地喂入纤维原料,以棉卷状或筵棉状喂入。
② 预梳机构:对喂入的纤维进行预梳。
③ 梳理机构:各工作辊对纤维进行细致梳理。

④ 杂乱装置:使部分纤维杂乱排列,提高纤维排列的杂乱度,减小纤网的纵横向性能差异。

纤维梳理是干法成网的重要环节,从梳理机输出的薄网直接影响非织造布纤网的均匀度和纤网的结构。

(3) 机械铺网(成网)

铺网的任务是对梳理机输出的纤网进行铺叠以增加其面密度和厚度,再经杂乱牵伸装置牵伸,以提高纤维排列的杂乱度。铺网是非织造布生产的重要环节,典型的铺网方式有平行铺网和交叉铺网。

平行铺网方式是将多台梳理机输出的薄网叠置成一定厚度后输出,纤网的均匀度好,但纤网的厚度及幅宽受梳理设备的限制。不适宜加工厚型及宽幅非织造布。

交叉铺网方式是将一台梳理机输出的薄网进行加工,纤网厚度及幅宽可以通过调整铺网设备相关工艺参数来调整,但纤网均匀度不如平行铺网方式,且纤网愈薄均匀度愈差。

如图 3-48 所示,杂乱牵伸是对铺置成一定厚度的纤网进行牵伸,其原理是利用牵伸罗拉,通过极小倍数的牵伸,使纤网中原来呈横向排列的部分纤维朝纵向移动,实现纤维杂乱排列。

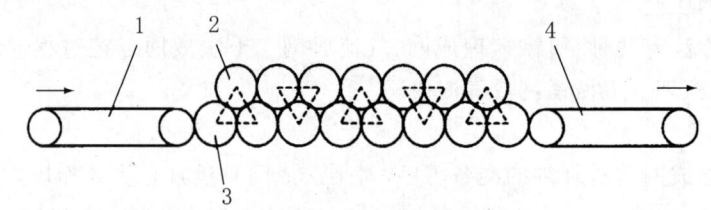

1—喂入帘 2—上锯齿牵伸辊 3—下锯齿牵伸辊 4—输出帘

图 3-48 杂乱牵伸

(4) 气流成网

将纤维喂入高速回转的锡林或刺辊,进一步分梳成单纤维状态,然后在锡林或刺辊的离心力和气流的联合作用下,纤维从锯齿上脱落并凝聚在成网帘(或尘笼)上。气流成网技术利用气流将纤维从梳理机上剥取并输送至成网帘,形成纤维呈三维杂乱排列的均匀纤网,如图 3-49 所示。

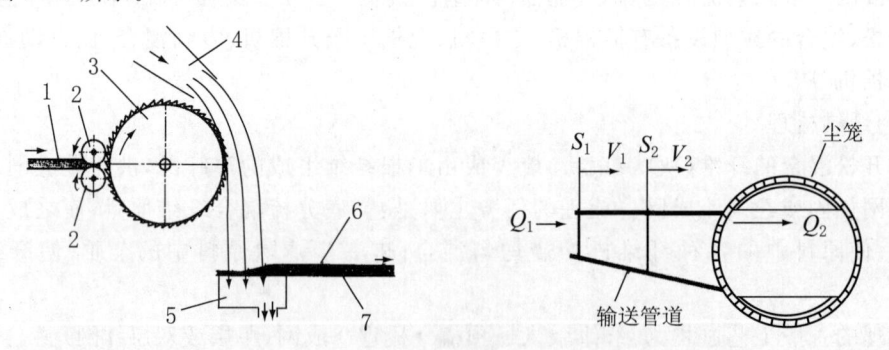

1—喂入纤网层 2—喂入罗拉 3—刺辊 4—气流 5—抽吸装置 6—纤网 7—成网帘

图 3-49 气流成网原理

气流成网有五种成网方式,如图 3-50 所示。

① 自由飘落式:因自身重力而飘落成网。

② 压入式：吹入气流，使纤维从锡林上分离，输送成网。
③ 抽吸式：采用抽吸气流，将纤维分离，输送成网。

自由飘落式　　　压入式

抽吸式　　　封闭循环式

压与吸结合式

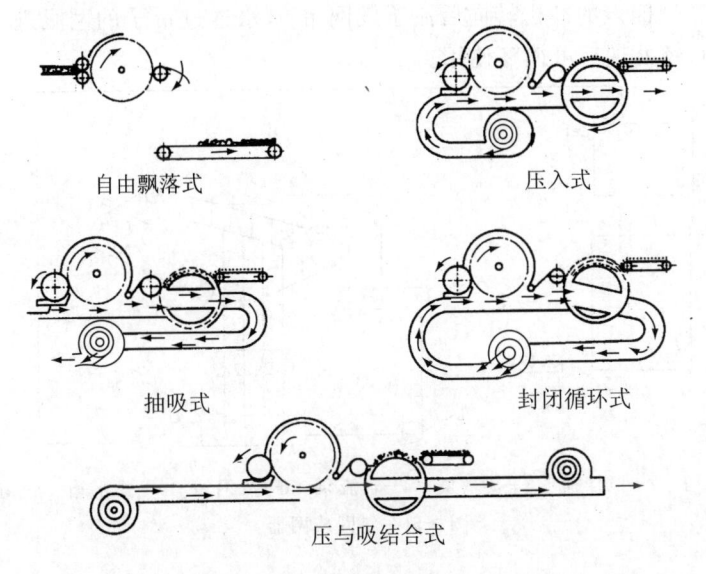

图 3-50　五种气流成网方式

④ 封闭循环式：采用一台风机，形成气流循环闭路，从梳理机上将纤维剥离，输送成网。
⑤ 压与吸结合式：采用吹、吸两台风机，将纤维从梳理机上剥取后输送到成网帘上，可按需要调节风量。

（二）湿法成网

湿法成网技术是指水、纤维或可能添加的化学助剂在专门的成形器中经脱水而制成的纤维网状物，再经物理或化学处理加工获得具有某种性能的非织造布。湿法成网技术以水为介质，以造纸技术为基础，将纤维铺制成纤网。

1. 湿法非织造布与纸的区别

湿法非织造布与纸的区别如表 3-6 所示。

表 3-6　湿法非织造布与纸的区别

项　目	湿法非织造布	传统造纸
纤维原料	以较短纺织纤维为主，长度一般为 6～20mm，最高可达 30mm。	以浆粕为主，纤维长度一般为 1～4mm。
粘合加固	纤网的粘合加固主要靠外加的粘合剂产生的粘合作用。	纤网的粘合加固主要靠纤维和纤维之间产生的氢键作用。
产品性能	有一定湿强力，柔软性和悬垂性较纸张好。	没有湿强力，柔软性和悬垂性较湿法非织造布差。

2. 湿法非织造布的工艺过程

纤维原料→悬浮浆制备→湿法成网→加固→后处理。

其中悬浮浆的组成成分为：纤维＋分散剂＋粘合剂（或粘合纤维）＋湿增强剂。

3. 湿法非织造布成网原理

图 3-51 所示为斜网成网器，纤维悬浮浆从混料桶 1 靠重力流入搅拌桶 2，搅拌后经计量泵 3 导入一循环输送通道，该通道内的水流靠轴流泵 4 驱动。纤维悬浮浆进入成网料桶 5 时依靠 A、B、C、D 四点的冲击转向后流至成网帘 6，水透过帘子的网眼进入集水箱 7，再流入净水箱 8 中，经处理后可循环使用。

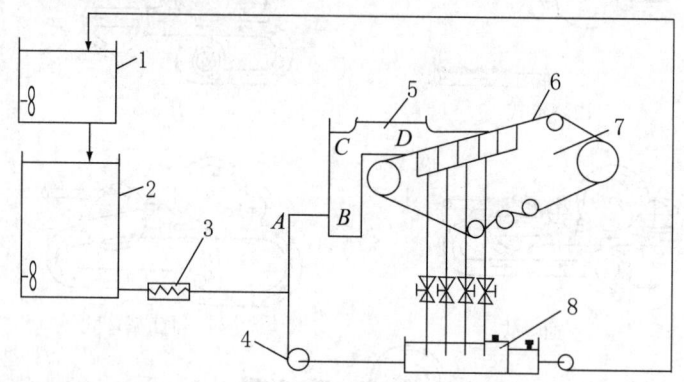

1、5—料桶　2—搅拌桶　3—计量泵　4—轴流泵　6—成网帘　7—集水箱　8—净水箱

图 3-51　斜网成网器

湿法成网与干法成网的不同是：纤维是由水流分布到成网帘上的。

三、纤网加固工艺及原理

（一）针刺加固

1. 针刺加固原理

利用具有三角形（或其他形状）截面且在棱边上带有刺钩的刺针，对蓬松的纤网进行反复穿刺，形成许多由纤维束组成的"销钉"并钉入纤网，从而使纤网产生压缩且不能恢复，形成具有一定强力、密度和弹性的非织造布，如图 3-52 所示。

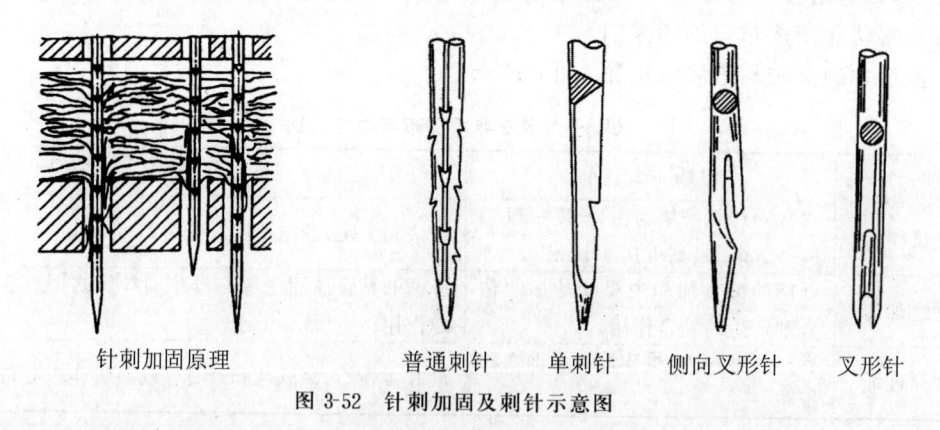

针刺加固原理　　普通刺针　单刺针　侧向叉形针　叉形针

图 3-52　针刺加固及刺针示意图

2. 针刺加固工艺过程

针刺加固设备为针刺机，其加固工艺过程如图 3-53 所示：纤网→压网罗拉和输网帘握持喂入→针刺区。

第三章 织物及其生产技术

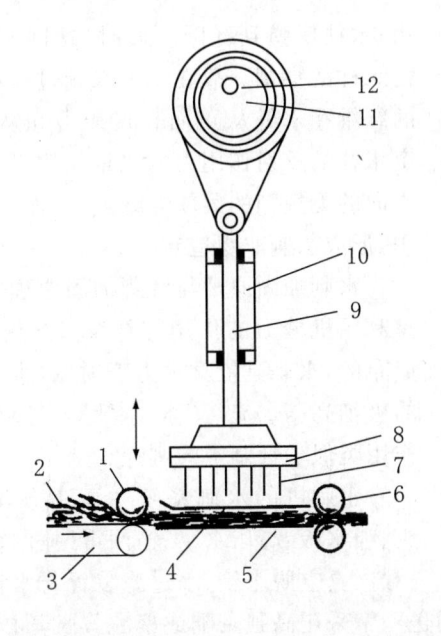

1—压网罗拉　　2—纤网
3—输网帘　　　4—剥网板
5—托网板　　　6—牵拉辊
7—刺针　　　　8—针板
9—连杆　　　　10—滑动轴套
11—偏心轮　　 12—主轴

图 3-53　针刺过程示意图

针刺方式有垂直刺与斜刺。针刺机分为预针刺机与主针刺机，预针刺机用于对成网后蓬松且纤维间抱合力很小的纤网（层）进行针刺，主针刺机用于对经过预针刺加工后的纤网作进一步加固。

（二）水刺加固

水刺加固又称水刺法或水力缠结法、水力喷射法、射流喷网法，它是利用高速高压的水流对纤网冲击，促使纤维相互缠结抱合而达到加固纤网的目的。

1. 水刺工艺流程

水刺工艺流程如图 3-54 所示。

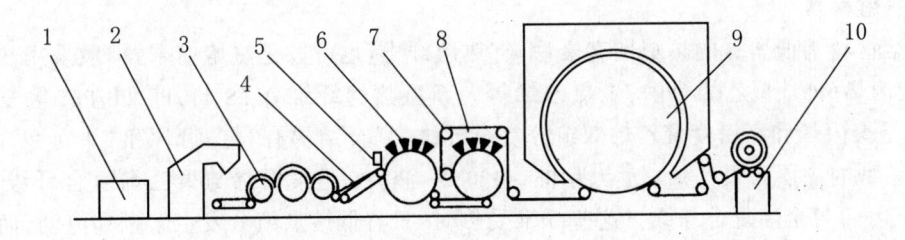

1—开棉　2—给棉　3—梳理　4—输送　5—预湿
6—水刺Ⅰ　7—脱水　8—水刺Ⅱ　9—热风干燥机　10—分切卷绕

图 3-54　水刺工艺流程

2. 水刺工艺原理

水刺工艺原理如图 3-55 所示。经过预湿的纤网进入水刺区后，高压水流经水刺头、水针板垂直射向纤网，形成连续不断的呈圆柱状的"水针"，在水针冲击纤网的过程中，部分表层纤维在水力作用下发生移位，从表面被带入网底，造成纤维之间的缠结抱合，形成无数的机械结合，从而使纤网得到加固。当水针穿过纤网射到托网帘后，形成不同方向的反射作用；水柱反弹到纤网反面时，纤网又受到多方位水柱的穿刺。故在整个水刺过程中，纤网中的纤维在水针从正面直接冲击和从反面托网帘水柱的反射作用力的双重作用下，形成不同方向的无规则的柔软缠结点，从而达到加固作用，形成水刺非织造布。

水刺加固原理与针刺加固原理很相似，都是利用机械力的作用使纤维发生缠结而固结成布的，水刺是依靠水力喷射器（水刺头）喷出的极细高压水流（又称"水针"）来穿刺纤网，其作用类似于针刺中的刺针。

水刺机的水刺系统主要由预湿器、水刺头、喷水板、高压水泵、输网帘（托网帘）或水刺转鼓、真空脱水箱、水过滤装置与水循环（低压

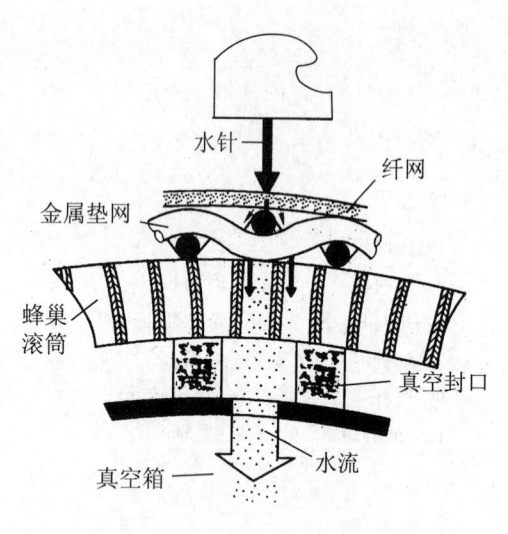

图 3-55 水刺工艺原理

水泵、储水器等）装置、烘燥装置等组成。输送网帘采用高强聚酯或聚酰胺长丝按所要求的网孔规格、目数、花纹编制，也可采用不锈钢金属丝，多由织造方式制得。其作用是：(1)托持并输送纤维网；(2)水刺时对高压水针反射，参与纤网加固；(3)通过网帘结构和目数的变化，使成品形成一定的外观效应。

（三）热粘合加固

1. 热粘合加固原理

热粘合加固方法是利用粘合材料（高聚物材料）受热后软化、熔融、流动的特性（热塑性），将主体纤维的交叉点相互粘连在一起，再经过冷却使熔融聚合物得以固化，纤维因此相互粘结在一起。热粘合过程是一个加热、变形、熔融、流动和固化成布的过程。

2. 热熔材料

热熔材料为低熔点的热塑性高聚物，有热熔纤维，也可以是热熔粉末，一般采用热熔纤维，如聚丙烯（PP）、聚乙烯（PE）、聚氯乙烯等。新型热熔纤维有 ES、PP/PE、PP/PET 等复合纤维。ES 是聚丙烯和高密度聚乙烯双组分复合纤维，复合结构有"包芯型"和"并列型"两种，一般包芯型的皮层为聚乙烯，熔点为 95～130℃。PP/PE 是聚丙烯与聚乙烯复合纤维。PP/PET 是聚丙烯与聚酯复合纤维。这些纤维受热时，只有低熔点组分发生熔融和流动，而高熔点组分仍保持其原纤维特性。

3. 热粘合工艺

热粘合工艺分为热轧粘合与热风粘合两种。

（1）热轧粘合法：将疏松的纤维网输送到一对加热的轧辊之间，随着纤网从轧压点通过，纤维受到轧辊的加热和压力作用，发生熔融，并在纤维间的交叉点处形成粘结，实现纤网的固结，其工艺过程如图 3-56 所示。

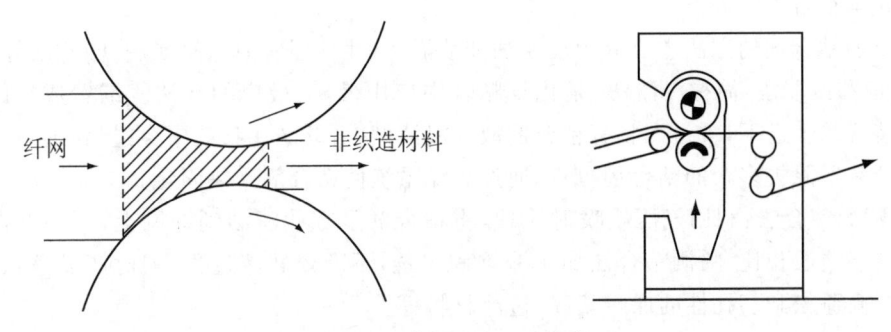

图 3-56　热轧粘合工艺流程

热轧粘合加固有三种方式：一是表面粘合，即仅对非织造材料的表面进行加热，适合于生产过滤材料、合成革基布、地毯基布和其他厚重型非织造材料；二是面粘合，即通过对纤网的整体表面粘合（纤网整体表面上均匀受到热和压力作用）而达到固结纤网的热粘合形式；三是点轧合，即通过对纤网的局部热粘合而达到固结纤网的热粘合形式。

(2)热风粘合法：指采用烘箱或烘筒烘燥的方式，使纤网中的热熔纤维或热熔粉末熔融，熔体发生流动并凝结在纤维交叉点上，达到粘合主体纤维的目的，工艺流程如图 3-57 所示。

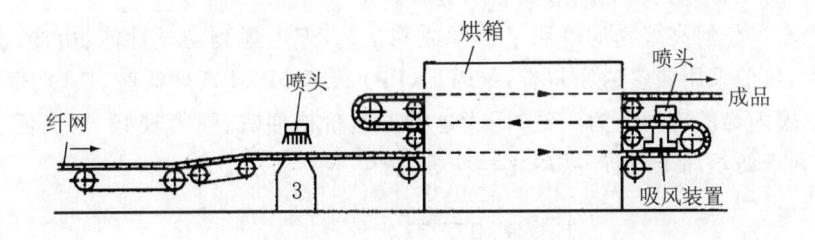

图 3-57　热风粘合工艺流程

(四)化学粘合加固

1. 化学粘合原理

化学粘合法是利用化学粘合剂（乳液或溶液）的粘合作用使纤网中的纤维互相粘结而得到加固的一种方法。它利用化学粘合剂对纤网实施浸渍、喷洒、印花等加工，再通过热处理方式进行固结。粘合剂的粘合过程包括润湿、吸附、扩散和化学键合作用。

2. 化学粘合工艺过程

以干法成网为例，其工艺过程如下：开松混合→纤维成网→对纤网施加粘合剂（浸渍、喷洒、印花等方法）→热处理→成品。

3. 化学粘合剂

粘合剂种类繁多，粘合剂是化学粘合成形非织造材料中的主要成分，它的结构和性能是非织造材料性能和质量的决定因素。

粘合剂的分类有天然粘合剂、合成类粘合剂（树脂型、橡胶型、复合型）和无机粘合剂。目前，非织造用粘合剂大约85%～90%采用合成树脂乳液粘合剂，主要品种为聚醋酸乙烯酯类、聚氯乙烯类、聚丙烯酸酯类及合成橡胶胶乳，其中聚丙烯酸酯类约占75%～85%。

4. 化学粘合工艺分类

按施加粘合剂的方法主要分为浸渍法和喷洒法,此外还有泡沫浸渍法、印花法等。

① 饱和浸渍法:简称浸渍法,是化学粘合中应用最早、最广的方法。铺置成形的纤网在输送装置的输送下,被送入装有粘合剂液的浸渍槽中,纤网在胶液中穿过后,通过一对轧辊或吸液装置除去多余的粘合剂,最后通过烘燥系统使粘合剂受热固化。

② 喷洒粘合法:利用气压或喷射原理,将粘合剂呈雾状喷洒到纤网上,再使纤网受热固化。与浸渍法相比,喷洒粘合法属于非饱和渗透,不需要轧液过程,因此产品蓬松度高,适合生产高蓬松和多孔性的保暖絮片、过滤材料等。

四、纺丝成网工艺及原理

纺丝成网是聚合物挤压成网法。纺丝成网非织造布的结构特点是由连续长丝随机组成纤网(纤维集合体),具有短纤维成网非织造布无法相比的优良物理机械性能。

纺丝成网工艺包括熔融纺丝法(也称纺粘法)和溶剂纺丝法,实际生产中以纺粘法为主。

1. 纺粘法

纺粘法的原理是利用化纤纺丝的方法,将高聚物熔融、纺丝、牵伸、铺叠成网,最后经针刺、热轧或自身粘合等方法加固形成非织造布。

从理论上讲任何高聚物均可用于纺丝成网工艺,但考虑到纺丝性能、生产成本及产品性能等因素,目前采用较多的原料有:聚丙烯(PP)、聚酯(PET)、聚酰胺(PA)、聚乙烯(PE)等。其中以聚丙烯的应用最为广泛,因为这种原料价格便宜、强力较好、熔点低、切片含水量低等,有利于纺丝加工,且产品耐化学性好,密度小。

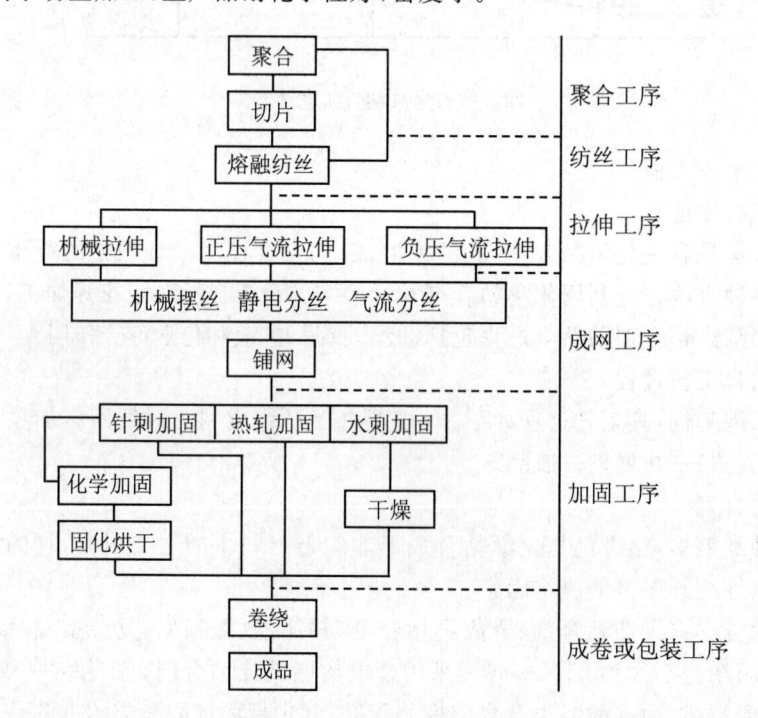

图 3-58 纺粘生产工艺过程

第三章 织物及其生产技术

2. 纺粘生产工艺过程

(1) 基本工艺流程如图 3-58 所示。

(2) 高聚物熔融:螺杆挤压机起输送原料、对高聚物进行加热使其软化、熔融及混练的作用。图 3-59 所示为螺杆挤压机示意图。

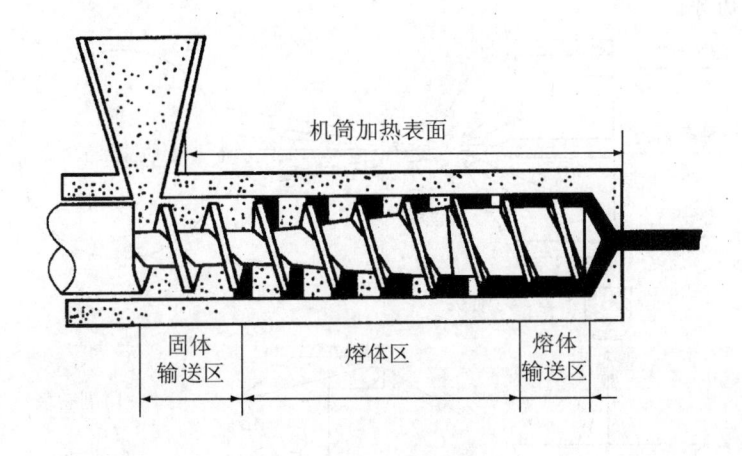

图 3-59 纺粘螺杆挤压机

(3) 喷丝:使聚合物熔体在一定压力下从喷丝板的喷孔中均匀地喷出而形成长丝。图 3-60 所示为纺粘生产中常用的喷丝板。喷丝孔孔径一般为 0.4~0.6mm。

(4) 牵伸:将经过冷却成形的初生长丝,用气流或机械的方法进行牵伸,使由喷丝孔挤出的长丝逐步变细,达到所要求的线密度,同时使长丝的高分子晶格排列整齐,提高长丝中大分子沿轴向的取向度,使纤维获得必要的机械性能。牵伸方式有气流拉伸、机械拉伸、气流和机械组合拉伸,以气流拉伸应用最为广泛。

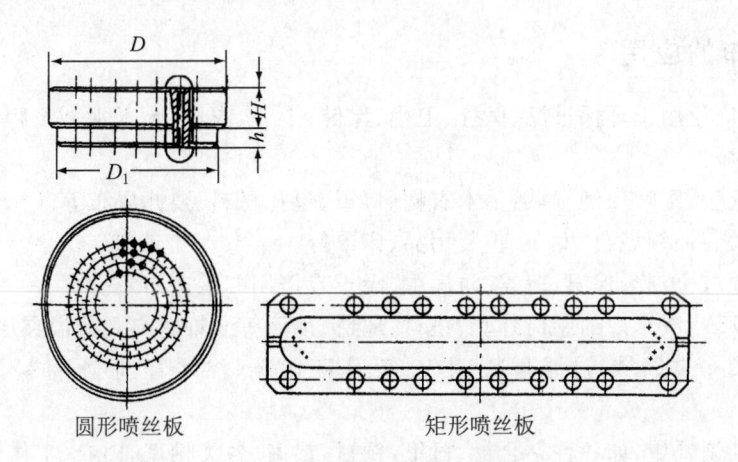

图 3-60 纺粘生产常用喷丝板

五、熔喷生产工艺及原理

熔喷非织造工艺采用高速热空气流对模头喷丝孔挤出的聚合物熔体细流进行牵伸,由此形成超细纤维并收集在凝网帘或滚筒上,同时自身粘合而成为熔喷法非织造布。熔喷工艺过程如图 3-61 所示:切片喂入→熔融挤出→计量过滤→喷头装置→纤维形成→接收成网→粘合→切边卷取。

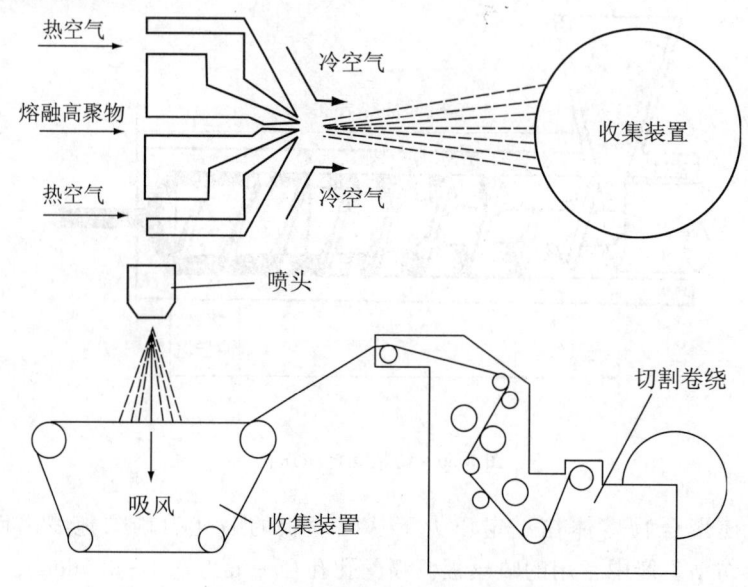

图 3-61 熔喷工艺过程示意图

熔喷工艺中,超细纤维在牵伸气流的作用下吹向凝网帘或滚筒,凝网帘下部或滚筒内部均设有真空抽吸装置,由此将纤维收集在凝网帘或滚筒上,并依靠自身热粘合或其他加固方法成为熔喷法非织造布。

六、非织造布的应用

非织造布广泛用于环保过滤、医疗、卫生、保健、工业、农业、土木水利工程、建筑和家庭设施等各个领域:

(1)个人卫生、医疗保健领域:手术衣帽、口罩、包扎材料、婴儿尿布等。

(2)家具及装饰领域:沙发布、包装用品、床罩等。

(3)农业领域:地膜、保温、覆盖、防病虫、无土栽培用非织造布等。

(4)汽车领域:汽车内的座椅外套、垫子、地毯、顶篷等装饰材料和保温夹层等。

(5)工业及军事领域:过滤材料、土工布、土工隔栅、渗水管、防水材料、高温隔热材料等。

(6)服装鞋帽领域:如各种粘合衬、衬里、领衬、垫肩、各类棉絮、内衣、工作服等。

(7)休闲和旅游领域:帐篷等。

(8)其他非织造布:合成纸、包装袋、油画布、书法纸、舞台布等。

第五节 三维织物

随着纺织复合材料的发展,三维织物的应用越来越广泛。三维织物按成形方法可分为三维机织物、三维针织物、三维编织物及三维非织造物四大类。

一、三维机织物

用于复合材料预制增强件的三维机织物,按其形状及结构特征可归纳为三类。

1. 三维平板状结构

常规的二维织物呈平面状,其厚度相对于长度、宽度而言是很小的,可以忽略不计。在普通织机上采用多层经、纬纱的织造方法,可增加织物的厚度,并使纱线沿厚度方向互相交织为一个整体。由于这种结构的织物厚度是由经、纬纱的自身直径和层数决定的,厚度的增加受到限制,所以相对于长度、宽度而言,仍是较小的,称之为三维平板状结构。按经、纬纱交织方式的不同,它又可分为三类:

(1)三轴向正交互连锁结构

如图 3-62 所示,(1)为平板型,(2)、(3)为异平板型。

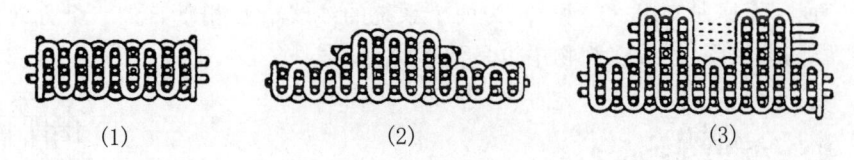

图 3-62 三轴向正交互连锁结构

(2)多重角连锁结构

如图 3-63 所示,(1)为多重经角连锁,即经纱重叠、纬纱通过整个厚度方向的角连锁结构;(2)为多重纬角连锁,即纬纱重叠、经纱通过整个厚度方向的角连锁结构;(3)为多重纬、经纱只通过相邻两层的角连锁结构。

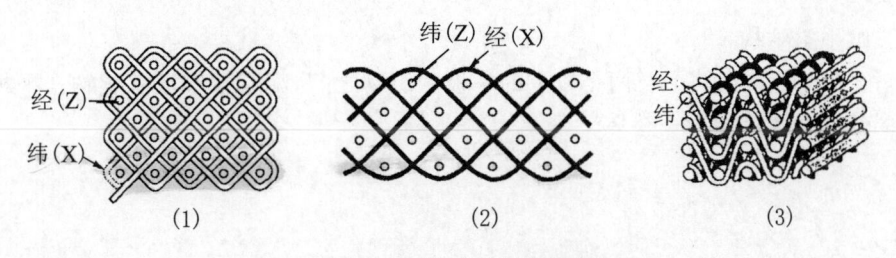

图 3-63 多重纬(经)角连锁结构

(3)多层接结互连锁结构

如图 3-64 所示,(1)表示附加线接结通过整个厚度的互连锁结构,(2)表示相邻层自身接结的互连锁结构。

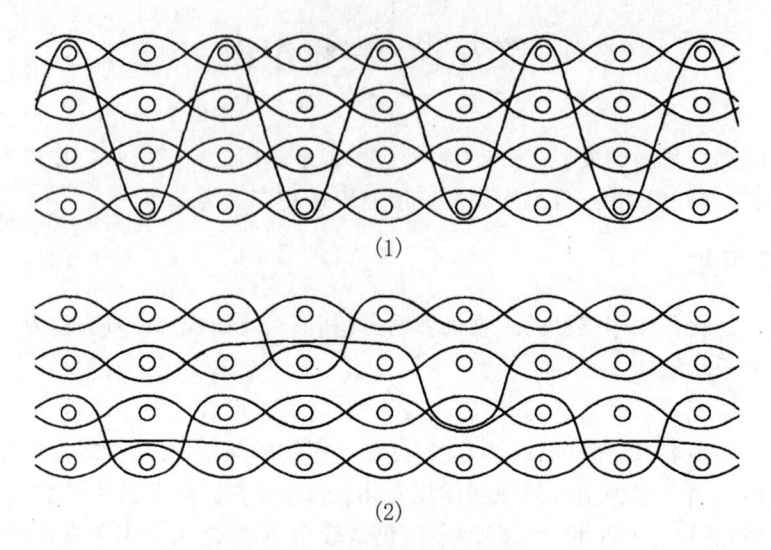

图 3-64　多层接结互连锁结构

2. 三维柱状结构

指织物厚度与长度、宽度尺寸相当的三维立体结构,如图 3-65 所示,(1)为无交织三轴向正交接结的立体织物结构图,它由三组纱线沿互相垂直的三个方向接结而成,纱线在织物中呈伸直状,无屈曲交织;(2)和(3)为两个系统的纱线沿互相垂直的三个方向接结而成的三维织物的截面图,纱线在织物中也呈伸直状态。

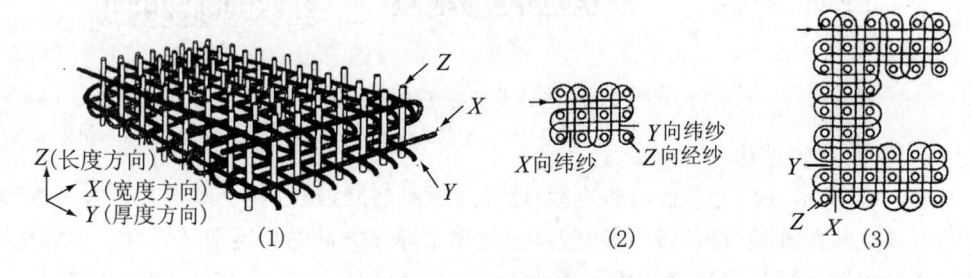

图 3-65　三维柱状结构

3. 三维中空结构

如图 3-66 所示,在两个及两个以上的平板状织物之间,配有狭窄波状织物。平板部分和波状部分由纱线接结为一整体。

第三章 织物及其生产技术

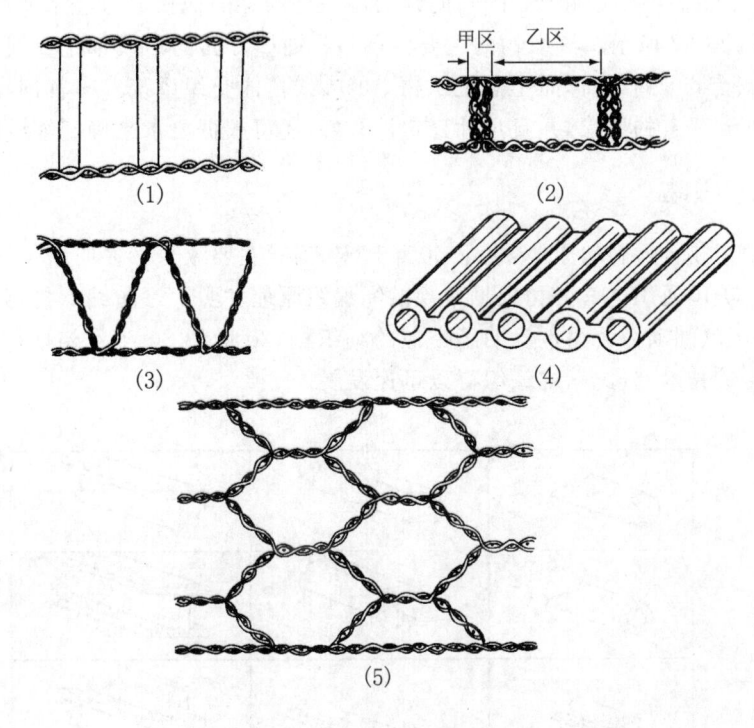

图 3-66 三维中空结构

二、三维针织物

三维针织物可由纬编和经编加工生产。采用纬平针、罗纹复合组织结构的针织包装袋，由于是直接生产出圆筒状织物，减少了边部缝合等工序，所以使用比较方便；利用针织物经编组织的构成原理，在由纤维网或纱线层形成的衬料上，以线圈纵向串套而固结成带体芯的帘子线输送带。

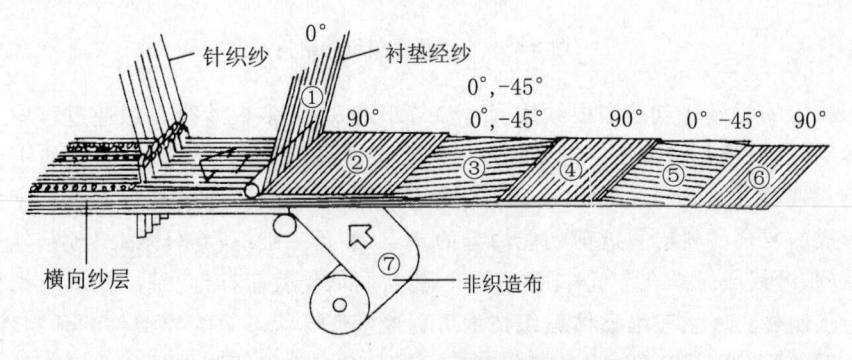

图 3-67 多轴向经编织物

从结构性增强观点考虑，纬编结构的最大弱点是结构的蓬松度低，使得纬编结构的应用受到限制。因此，近年来人们大量开发多轴向经编三维结构织物。多轴向经编织物是把

0°的经纱层、90°的纬纱层和±θ的斜向纱层用一把满穿的梳栉通过经平或纬链运动而固定在一起,如图3-67所示。该织物的主要特点是各铺垫方向的纱线都呈直线平行排列,可使纤维材料承受最大的载荷,而不像机织物中的纱线弯曲交织系统。多轴向经编织物可使织物的厚度达到一定的要求,并且尺寸稳定性较好,还可根据要求来确定纱线取向。

三、三维编织物

三维编织复合材料始于20世纪60年代末,当时主要致力于多向增强复合材料在航天上的应用。美国通用电气公司根据常规的绳编织原理发明了万向编织机,到20世纪70年代中期,法国欧洲动力公司也发明了类似的编织机;20世纪80年代初期,美国Cumaga公司发明了磁编技术,自此三维编织得以迅速发展。

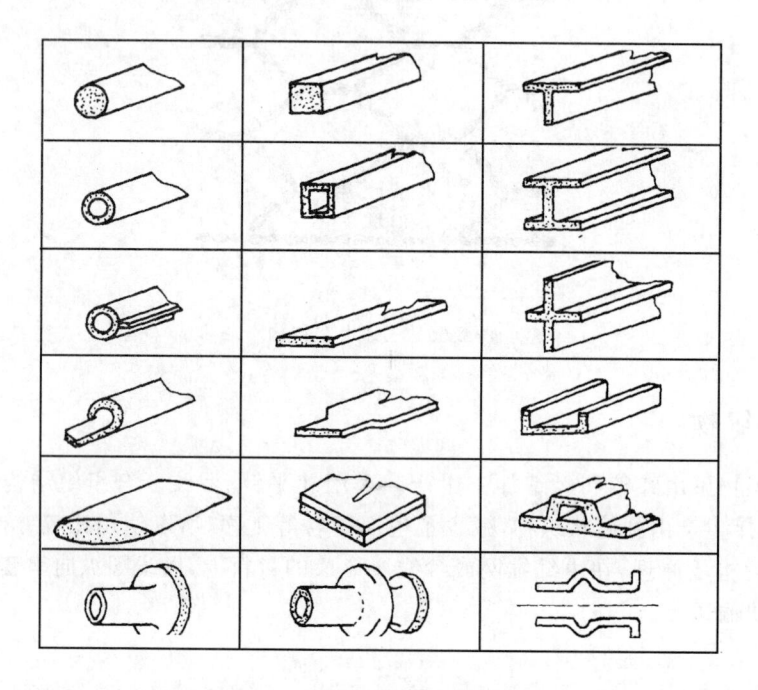

图3-68 三维整体编织件结构

编织技术的明显特点是多根纱线同时参与织造,并且多根纱线在织造过程中都按一定的规律运动,从而相互交织在一起,形成一个整体的预制件。三维整体编织的主要优点是所编成的预制件从理论上讲可以达到任何厚度,而且不分层,这就避免了由若干薄层织物铺层所形成的复合材料层间抗剪切能力差的缺点;并且三维织物整体编织预制件是一个整体网状结构,纱线或纤维在空间中相互交织,能共同承受载荷,因此是制作承力结构复合材料的理想预制件。应用三维整体编织技术可直接生产形状不同的异型件的预制件,例如图3-68中的圆锥型、圆管型、圆柱型、工字型、十字型、T字型等预制件。这些异型件是一次编织成型,纤维或纱线同样成网状结构,用这样的预制件制成的复合材料不需要再加工,因此织物中的纤维不会因加工而受到损伤,这种复合材料的抗损伤能力较强。

四、三维非织造物

三维正交非织造织物的加工方法是：沿纵向放置好一个系统的纱线（或间隔棒，用完后，间隔棒需抽回并以该系统的纱线取而代之，这种方法称代换法），两个相互垂直的平面系统的纱线交替插入纵向系统的纱线内部。图 3-69 所示为最原始的三维正交非织造物的代换成型法，图 3-70 所示为三维正交非织造物的直接成型法。

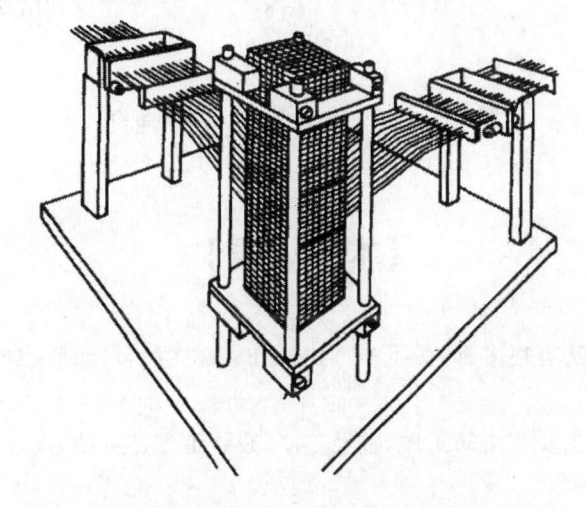

图 3-69 三维正交非织造物的代换成型法

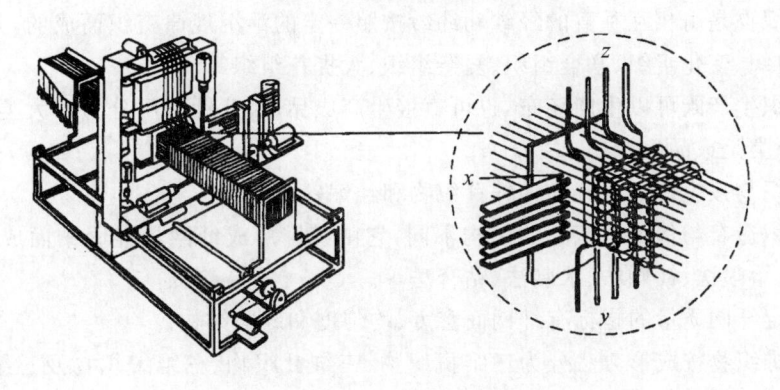

图 3-70 三维正交非织造物的直接成型法

在平面系统的纱线放置之前，恰当地安排纵向纱线，可生产出各种形状和密度的三维正交非织造物。例如，若纵向纱线的上端成集束状，则可制织锥形三维非织造物。图 3-71 所示为几种三维正交非织造物的几何形状，图中：(1)各个方向的纱线均为单束纱的矩形构件；(2)各个方向的纱线均为单束纱的圆锥形构件；(3)各个方向的纱线均为多束纱的矩形构件。

(1)　　　　　　　　(2)　　　　　　　　(3)

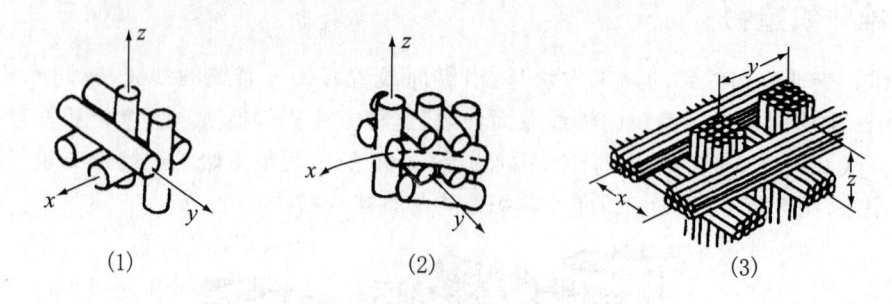

图 3-71　几种三维正交非织造物的结构

【本章小结】

1. 织物的分类方法有很多种，按生产方式可分成四大类：机织物、针织物、非织造布（无纺布）、编结物。

2. 机织物的生产主要有络筒工序、整经工序、浆纱工序、穿（结）经工序、卷纬工序、织造工序等。

3. 机织物的形成要靠开口、引纬、打纬、卷取、送经五大运动来完成。

4. 机织物是由相互垂直的经纱和纬纱按照一定的浮沉规律交织而成的，其织物组织分为：三原组织、变化组织、联合组织、复杂组织、大提花组织等。

5. 针织生产既可以生产坯布，也可直接生产成品，因此针织厂分为两大类，一类是坯布生产厂，一类是成品生产厂。

6. 针织物按生产方式分为纬编针织物和经编针织物。

7. 非织造布与传统纺织品的结构不同，它由纤维形成纤网再经固结而成，固结的方法有纺粘法、熔喷法、针刺法、水刺法、粘合法等。

8. 评定纤网质量的指标有纤网面密度、均匀度和纤网结构。

9. 三维织物按成形方法分为三维机织物、三维针织物、三维编织物及三维非织造物等四大类。

【思考题】

1. 机织物的生产要经过哪些工序？
2. 多臂开口机构能生产提花织物吗？
3. 机织物中哪种组织的织物光泽最好？
4. 什么是纬编针织物？基本组织有哪些？
5. 纬平针织物有哪些特性？

6. 罗纹组织与双罗纹组织有何不同？
7. 什么是经编基本组织（变化组织）？它们的特点有哪些？
8. 非织造布与传统纺织品有什么不同？
9. 哪种成型方式的三维织物更易制成各种形状？

【练习题】

1. 机织物的生产特点是什么？
2. 织机五大机构的作用是什么？
3. 叙述三原组织的特性。
4. 针织物的生产特点是什么？
5. 经编织物与纬编织物的主要区别有哪些？
6. 针织物有哪些主要的物理机械性能指标？为什么说线圈长度是最主要的物理指标？
7. 简述非织造布的分类。
8. 简述非织造工艺的技术特点。
9. 评定纤网类别和质量的三个基本要素是什么？
10. 收集一些织物样品，分析其品种及组织结构。

第四章 染整工程

【教学目标】
1. 了解染整加工的目的；
2. 理解染整工程中前处理(练漂)、染色、印花、整理的基本工艺流程；
3. 理解染料的分类及其适用的纤维；
4. 理解不同的染色方法和印花方法；
5. 了解染色牢度的种类；
6. 了解染色、印花的常见病疵；
7. 了解特种染色、印花方法(扎染、蜡染等)。

纺织物除极少数直接使用外,绝大部分需要经过染整加工,尤其是服用纺织品和装饰用纺织品。不同种类的产品其加工工艺有很大的差别,即使是同一类产品,由于用途不同、织物风格不同,加工工艺也不相同。

纺织品的染整加工是借助各种机械设备,通过化学或物理的方法,对纺织品进行处理,从而赋予纺织物所需的外观及服用性能或其他特殊功能的加工过程,其主要内容包括前处理(练漂)、染色、印花和整理四个部分。

前处理(练漂) 除去纤维上所含的天然杂质以及纺织加工中施加的浆料和沾上的油污等,使纤维充分发挥其优良品质,并使织物具有洁白、柔软和良好的渗透性能,以满足服用要求,并为染色、印花和整理提供合格的半成品。

染色 通过染料和纤维发生物理或化学的结合,使纺织品获得鲜艳、均匀和坚牢的色泽。

印花 将各种染料或颜料调制成印花色浆,局部施加在纺织品上,使之获得各色花纹图案的加工过程。

整理 通过物理、化学或物理和化学相结合的方法,改善纺织品外观和内在品质,提高服用性能或其他应用性能,或赋予纺织品某种特殊功能的加工过程。

第一节 纺织品的前处理

未经染整加工的纤维、纱线和织物都含有一定的杂质,如棉、麻纤维含有蜡状物质、果胶物质、色素、含氮物质等;蚕丝含有丝胶;羊毛含有羊脂、羊汗、尘土和植物性杂质等;合成纤维含有油污、油剂等;还有纺织加工过程中的浆料等。这些杂质的存在,使织物手感粗糙,洁净度降低,而且吸水性变差。前处理的目的就是要除去上述杂质,满足服用要求,并为染色、印花和整理提供合格的半成品。不同种类的织物,前处理的质量要求也不尽相同。

一、棉及棉型织物的前处理

棉及棉型织物主要指纯棉织物、涤/棉织物、维/棉织物等。棉及棉型织物的前处理工序主要有:原布准备→烧毛→退浆→煮练→漂白→开幅、轧水、烘燥→丝光。

1. 原布准备

纺织厂织好的布称原布或坯布,原布准备是染整加工的第一道工序,包括原布检验、翻布(分批、分箱、打印)和缝头等工作。

(1)原布检验

原布在前处理前都要进行检验,以便发现问题,及时采取措施,从而保证成品的质量和避免不必要的损失。由于原布的数量很大,一般只抽查10%左右,也可根据品种要求和原布的质量情况适当增减。检验的内容包括物理指标和外观疵点,物理指标有长度、幅宽、重量、经纬纱线密度、织物经纬密度和强度等;外观疵点指纺织过程中形成的病疵,如缺经、断纬、跳纱、棉结、油污纱、色纱、筘条、破洞等。

(2)翻布(分批、分箱、打印)

为了便于管理,常把同规格、同工艺的原布划为一类加以分批、分箱。分批的原则主要根据设备的容量、坯布的情况及后加工的要求而定。例如在后续加工中采用煮布锅煮练时,一般按煮布锅的容量为依据;若采用绳状连续练漂加工,一般以堆布池的容量为准。

为了在加工中便于布匹的输送,每批布又可分成若干箱。分箱的原则以布箱(布车)的容量为准,为便于绳状双头加工,分箱数应为双数。在将原布进行分箱时,采用人工将布匹翻摆在堆布板上,注意正反一致,同时拉出两个布头子,要求布边整齐。

为了便于识别和管理,每箱布的两头分别打上印记,印记应该打在离布头 10~20 cm 左右的地方,标明品种、加工工艺、批号、箱号、日期、翻布人代号等。打印用的印油必须能耐酸、碱、漂白剂等化学药品的作用,而且要有快干的特性。目前,各厂用的印油多用红车油和炭黑,按(5~10):1 的比例充分拌匀,经加热调制而成。

(3)缝头

染整厂的加工多为连续进行,下织机后的布匹长度一般为 30~120 m 左右,为了确保连续生产必须将布匹的头子加以缝接。缝接时应注意布匹的正反面,要求平整、边齐,以防止产生折皱,同时不能漏缝。

2. 烧毛

如果将原布拉平,举在眼前,沿着布面可以观察到布面上长短不一的绒毛。这种绒毛主要是由露在纱线表面的纤维末端形成的。布面上的绒毛过多会带来一些危害:影响织物的光洁美观;染色时易沾辊筒,造成染色不匀;影响织物的色泽,使色泽萎暗;印花时影响花纹的清晰度,还会造成印花疵点;织物易吸尘沾污等。

一般,棉织物(除绒布外)在染整加工开始时,都要进行烧毛。烧毛在烧毛机上进行,目的是烧掉织物表面的绒毛。

织物烧毛指将平幅织物迅速地通过火焰或擦过赤热的金属表面,这时布面上的绒毛很快升温而燃烧,而布身比较紧密,升温较慢,在未到着火点时,即已离开火焰或赤热的金属表面,从而达到既烧去绒毛又不使织物损伤的目的。

烧毛机的种类有气体烧毛机、圆筒烧毛机、铜板烧毛机等。目前应用最普遍的是气体烧毛机。气体烧毛机通常由进布、刷毛、烧毛、灭火和落布等装置组成。在烧毛前,先将织物通过刷毛箱,箱中装有数对与织物成逆向转动的刷毛辊,以刷去附着在织物表面的绒毛、尘埃和纱头等,并使织物上的绒毛竖立而利于烧毛。织物经烧毛后,布面还会有相当大的热量,甚至沾有火星,如不及时熄灭,便会引起燃烧,故烧毛后应立即将织物通过灭火槽或灭火箱,将残留的火星熄灭。

在织物强力符合要求的前提下,将织物放在光线充足的地方观察布面上的绒毛情况,并参照相关标准对烧毛质量进行评级。1级:未烧毛坯布;2级:长毛较少;3级:基本上没有长毛;4级:仅有较整齐的短毛;5级:毛烧净。

3. 退浆

为了减少断经,使织造得以顺利进行,织造前,经纱一般都要经过上浆处理,以便将纱中的纤维粘着抱合,并在纱线表面形成一层薄膜,从而增强经纱强力和耐磨性。但坯布上的浆料对印染加工不利,因为浆料的存在会影响织物的渗透性,从而阻碍化学药剂和染料与纤维的接触,影响印染产品的质量。因此,一般织物都要进行退浆处理。

经纱上浆的常用浆料有天然浆料和化学浆料两大类,天然浆料主要包括淀粉和一些天然胶类;化学浆料则有聚乙烯醇和聚丙烯酸酯类等。经纱上浆的浆液中除了主要含有起粘着作用的浆料外,还含有适量的其他成分,如防腐剂、柔软剂、润滑剂等。退浆必须去除原布上的大部分浆料,以利于煮练和漂白加工,同时也去除部分天然杂质。

退浆时要根据原布的品种、浆料的种类、退浆要求等采用适宜的方法,常用的退浆方法有:碱退浆、酶退浆、酸退浆和氧化剂退浆。

(1)碱退浆。淀粉或化学浆料在热碱作用下会发生剧烈溶胀,溶解度提高,易于用热水洗除,对棉纤维中的天然杂质也有一定的去除作用,对棉籽壳的作用较大,特别适用于含天然杂质较多的原布。碱退浆使用广泛,退浆成本低。其缺点是堆置时间较长,生产效率低。碱对化学浆料无降解作用,水洗槽中溶液粘度较大,浆料易重新沾污织物,因此退浆后水洗一定要充分。

(2)酶退浆。酶是某些动植物或微生物所分泌的一种蛋白质,是一种生物催化剂。酶具有专一性,对淀粉的分解有催化作用的酶称淀粉酶,淀粉酶只对淀粉浆料的降解起催化作用。酶退浆工艺简单,操作方便,且作用快速,对淀粉浆料的去除较完全,同时不易损伤纤维。缺点是不能去除浆料中的油剂和原布上的天然杂质,对化学浆料也无退浆作用。

(3)酸退浆。稀硫酸在适当的条件下,使淀粉等浆料发生一定程度的水解,并转化为水溶性较高的产物而被去除。但酸对纤维素也有较强的损伤,所以应严格掌握工艺条件。酸退浆工艺一般不单独应用,常与酶退浆、碱退浆工艺联合使用,作为酶退浆、碱退浆后的辅助退浆。

(4)氧化剂退浆。在氧化剂的作用下,淀粉等浆料发生氧化、降解直至分子链断裂,从而使溶解度增大,再经水洗后易于去除。常用的退浆氧化剂有双氧水、亚溴酸钠、过硫酸盐等。氧化剂退浆效率高,适应范围广,退浆后织物白度增加,手感柔软。其缺点是去除浆料的同时也会使纤维氧化降解,损伤织物,因此,氧化剂退浆要严格控制工艺条件。

4. 煮练

棉织物经过退浆以后,大部分浆料和部分天然杂质已经被去除,但是棉纤维中大部分天然杂质如蜡状物质、果胶物质、含氮物质、棉籽壳及部分油剂和少量浆料等还残留在织物中,使织物表面较黄、吸湿渗透性能较差,不能适应染色、印花的加工要求。为了使织物具有一定的吸水性和渗透性,便于印染加工中染料和助剂的吸附、扩散,因此在退浆以后,还要经过煮练,以去除棉纤维中大部分的残留杂质。

棉及棉型织物的煮练以烧碱（NaOH）为主,另外还加入一定量的表面活性剂、亚硫酸钠（Na_2SO_3）、硅酸钠（Na_2SiO_3 或称泡花碱、水玻璃）、磷酸钠等助剂。

烧碱能使棉纤维上的脂肪酸皂化,皂化后的产物生成脂肪酸钠盐,具有良好的乳化能力,能使不易皂化的蜡质乳化去除。另外,烧碱能使含氮物质和果胶物质水解成可溶性的物质而去除。棉籽壳在烧碱煮练中发生溶胀,变得松软,再经水洗而去除。

表面活性剂能降低液体表面张力,起润湿、乳化和净洗等作用,使煮练液易于润湿织物,并渗透到织物内部,有利于杂质去除,并提高煮练效果。常用的表面活性剂有肥皂、烷基苯磺酸钠、烷基磺酸钠和平平加 O 等。

亚硫酸钠能使木质素变成可溶性的木质素磺酸钠,有助于棉籽壳的去除;另外它还具有还原性,可以防止棉纤维在高温带碱情况下被空气氧化而损伤,并且还可以提高织物的白度。硅酸钠能吸附煮练液中的铁质,可防止织物产生锈斑,有助于提高棉织物的吸水性和白度。磷酸钠具有软水作用,能去除煮练液中的钙、镁等离子,提高煮练效果,节省助剂用量。

棉织物煮练工艺,按织物进布方式可分为绳状煮练和平幅煮练;按设备操作方式可分为煮布锅煮练和连续汽蒸煮练。目前应用较多的煮练工艺有:间歇式煮布锅煮练、连续式绳状汽蒸煮练、连续式平幅汽蒸煮练和高温高压连续平幅汽蒸煮练。

棉织物的煮练效果可用毛细管效应来衡量,即将棉织物一端垂直浸在水中,测量30min内水上升的高度。毛细管效应要求随品种而异,一般要求每 30min 达到 8～10cm。

5. 漂白

棉织物经过煮练后,绝大部分的杂质已被去除,吸水性有很大程度的提高,但纤维上还有天然色素存在,外观尚不够洁白,除少数品种外,一般都要进行漂白,否则会影响染色或印花色泽的鲜艳度。漂白的主要目的是在保证纤维不受到明显损伤的前提下,提高织物白度。

目前,用于棉织物的漂白剂主要是氧化剂,如次氯酸钠（简称氯漂）、过氧化氢（简称氧漂）、亚氯酸钠（简称亚漂）等。由于氧化剂的存在,棉纤维易受到损伤,因而应用上述漂白剂时,漂白工艺条件必须严格控制。

(1) 次氯酸钠漂白（氯漂）

次氯酸钠漂白成本低,工艺设备简单,对退浆、煮练要求较高。次氯酸钠漂白的主要成分是 HClO 和 Cl_2,处理后织物白度及手感差,易泛黄,对纤维损伤较重,劳动环境差。次氯酸钠漂白一般控制 pH 值在 9.5～10.5 之间,温度在 35℃ 以下。

(2) 过氧化氢漂白（氧漂）

过氧化氢（双氧水）溶液在碱性或强酸条件下不稳定，在 pH＝4 的弱酸性范围内最稳定。有些金属离子如铁、铜和它们的盐或氧化物对双氧水有强烈的催化分解作用，使纤维受到严重损伤。在双氧水漂白时，为了获得良好的漂白效果，又不使纤维损伤过多，必须在漂液中加入一定量的氧漂稳定剂，且对设备材质要求高（适用不锈钢）。漂白效果较好，白度好，贮存时不易泛黄，手感较好，使用范围广，同时对退浆和煮练要求较低，便于练漂过程的连续化生产，此外，劳动保护条件的要求低。

(3) 亚氯酸钠漂白（亚漂）

亚氯酸钠的水溶液在碱性介质中较稳定，在酸性条件下则不稳定，会发生分解反应。亚氯酸钠漂白的有效成分是 ClO_2，ClO_2 具有较强的氧化能力，且有毒，其含量随着溶液 pH 值的降低而增加。因此加工过程中常加入释酸剂，在开始浸轧漂液时近中性，在随后汽蒸时，该类物质在高温下释放出酸，使漂液 pH 值逐渐降低，促使亚氯酸钠快速分解出 ClO_2 而达到漂白目的。亚漂白度好，洁白晶莹、透亮，手感也很好，兼有退浆和煮练功能，对纤维损伤小，但成本高，对设备、劳动保护的要求高。

6. 开幅、轧水和烘燥

开幅、轧水和烘燥的目的是将经过练漂加工的绳状织物扩展成为平幅状态，压除织物上的部分水分，最后烘干，以适应丝光、染色或印花等加工需要，简称开轧烘。绳状织物扩展成平幅状态的工序叫开幅，在开幅机上进行，有立式和卧式。开幅后轧水能消除前工序绳状加工带来的大部分折皱，使布面平整。轧水后，织物含水均匀一致。棉织物经过轧水后，还含有一定量的水分，这些水分只能通过烘燥的方式才能去除，常用的烘燥设备有烘筒、红外线、热风等，其中开轧烘一般采用烘筒烘燥织物。开幅、轧水、烘燥机可连接在一起，组成开轧烘联合机，但必须将这三个单元的线速度调好，使其互相适应。

7. 丝光

丝光是指棉织物在一定张力的作用下，用浓烧碱（18～25℃，180～280g/L）或液氨（－33℃）处理，并保持所需要的尺寸，结果使织物获得丝一般的光泽。棉织物经过丝光后，因其发生了超分子结构和形态结构上的变化，使其强力、延伸度和尺寸稳定性等物理机械性能有不同程度的提高，同时纤维自身的化学反应性能和对染料的吸附性能也有了提高。

棉布丝光一般多安排在前处理的最后，即漂白以后进行，这样丝光效果较好，但织物白度稍差，因此，对白度要求高的织物，也可采用先丝光后漂白或丝光后再漂白一次的工艺。此外，丝光后棉织物比较硬挺，在以后的加工中容易产生表面擦伤，染色时上染较快，容易造成染色不匀的病疵。所以，对某些容易发生擦伤或不易均匀染色的品种来说，也可以在染色后进行丝光。

丝光在丝光机上进行，有布铗丝光机、直辊丝光机、弯辊丝光机等，但以布铗丝光机的使用最为普遍。液氨丝光需采用全封闭设备，处理成本也较高。

影响丝光效果的主要因素是碱液的浓度、温度、作用时间和对织物所施加的张力。检验丝光效果最常用的方法是衡量棉纤维对化学药品吸附能力的大小，可用棉织物吸附氢氧化钡的能力来表示，称为钡值：

$$钡值 = \frac{丝光棉纤维吸附 Ba(OH)_2 的量}{未丝光棉纤维吸附 Ba(OH)_2 的量} \times 100$$

钡值越高,丝光效果越好,一般丝光后棉纤维的钡值为130~150。

二、苎麻织物的前处理

苎麻可纯纺加工成麻织物,穿着挺括、吸湿散湿快、透气、凉爽、不贴身,是夏季服装的理想面料。

苎麻织物的练漂,基本上与棉织物相似,工艺流程为烧毛→退浆→煮练→漂白→半丝光等工序。与棉纤维相比,麻纤维的结晶度、取向度较高,导致其染色性能较差,因此,常对麻纤维进行物理或化学的改性,提高其染色性能。

三、毛织物的前处理

毛织物指纯毛织物、羊毛与其他纤维混纺或交织的毛型织物以及纯化纤仿毛织物等。

从羊身上剪下来的羊毛,称为原毛。原毛中含有大量的杂质,有碍于纺织加工。原毛中的杂质主要为羊脂和羊汗,还有附加杂质,主要为草屑、草籽及尘土等。

羊毛的初步加工就是对原毛按质量优劣分类,然后采用机械与化学的方法,去除原毛中的各种杂质,得到较为纯净的羊毛纤维,以满足毛纺生产的要求,实现这一目的要在不损伤和少损伤羊毛纤维优良性能的前提下进行。羊毛的初步加工主要包括选毛、洗毛和炭化等工序。对白度要求高的羊毛织物,则需进行漂白。

四、丝织物的前处理

丝织物除了蚕丝织物外,还包括蚕丝与化纤丝的交织物。

蚕丝中除了丝素外,含有丝胶等其他组分,而绸坯中含有织造时添加的油剂、浆料以及为识别捻向所用的着色染料和操作过程中沾上的油污等杂质,这些杂质如不去除,不但影响丝的柔软、光亮等性能,而且将影响染色、印花和整理等后加工。所以蚕丝织物,除特殊品种外,都要经过精练处理。

蚕丝织物的精练主要是去除丝胶,故又称脱胶。桑蚕丝所含的天然色素较少,大部分包含在丝胶中,故桑蚕丝脱胶后便很洁白,一般无需进行漂白处理。而对白度要求高的产品以及某些有色蚕丝的织物,需在精练后加以漂白。柞蚕丝的色素含量较高,不但存在于丝胶也存在于丝素中,所以精练后一般必须经过漂白,才能获得洁白的产品。

丝素和丝胶的化学稳定性不同,丝素在水中不发生变化,而丝胶在水中易溶胀、分解和溶解。常用的方法是皂碱精练法。

皂碱法常以肥皂为主练剂,碳酸钠、磷酸三钠、硅酸钠和保险粉为助练剂。皂碱精练的主要工艺流程为:预处理→初练→复练→练后处理。预处理使丝胶溶胀,有助于脱胶均匀和缩短精练时间。初练是精炼的主要过程,在较多的精练剂和较长的时间中除去大部分丝胶。复练是去除初练未去尽的丝胶和杂质。练后处理为水洗、脱水和烘干等,除去粘附在纤维上的肥皂和污物等。一般在精练时加入双氧水或保险粉进行漂白,不单独进行漂白。皂碱精练后的蚕丝织物手感柔软滑爽,富有弹性,光泽肥亮,但精练时间较长,不适用于平幅精练,且精练后的白色织物易泛黄。

五、化学纤维织物的前处理

化学纤维在制造过程中,已经过洗涤、去杂甚至漂白等加工,因此化学纤维比较洁净,但化学纤维织物在纺纱过程中要上油剂,在织造过程中要上浆,并且可能沾上油污等,因此,仍需进行一定程度的练漂。为了改善织物的服用性能,通常将化学纤维与天然纤维混纺或将一种化学纤维与另一种或多种化学纤维混纺,以便取长补短。

粘胶纤维的物理结构较天然纤维素纤维松弛,则化学敏感性较大,湿强较低,且易产生变形。因此加工时,应避免采用过分强烈的化学作用和机械张力,通常采用松式加工设备,以免织物受到损伤和发生变形。粘胶纤维织物的前处理通常有烧毛、退浆、煮练等几个工序,与棉织物基本相同。纯粘胶纤维织物一般不需要煮练,必要时可用少量纯碱或肥皂轻煮,而漂白有时也没有必要。粘胶纤维织物本身有光泽,由于其耐碱性能差,所以一般不经过丝光。

纯合成纤维织物的前处理其主要目的在于去除纤维制造过程中施加的油剂、织造时所粘附的油污及施加的浆料,使织物更加洁白。合成纤维织物的前处理较简单,退浆可用热水,精练常用纯碱和表面活性剂进行中、高温处理,一般不漂白。合成纤维是热塑性纤维,在湿热条件下会产生难以消除的皱痕,必须经过热定形。

混纺或交织织物的练漂,要考虑各组成纤维的性能及比例,相互兼顾,达到良好的练漂效果。

六、前处理半成品的常见病疵

练漂产品应洁白、柔软,具有良好的润湿渗透性,满足服用要求和染色、印花、整理等后加工要求。练漂产品的质量要求一般有两个方面:外观质量(白度、光洁程度、光泽、外观疵点等)和内在质量(强力、毛细管效应、织物缩水率等),织物品种不同,练漂的质量要求也有差异。

织物精练后,检验的主要质量指标是毛效、白度。退浆的主要检验指标是退浆率,一般测试退浆前后的失重率。棉织物漂白后,检验的主要质量指标是白度、毛效及纤维质量检验等。表4-1列出了棉型织物练漂的主要病疵及成因,前处理的质量好坏将影响染色、印花和整理效果。

表4-1 棉型织物练漂的主要病疵

工艺	主要病疵名称及病疵形态	主要原因
烧毛	烧毛不净,布面仍有过多的纤维绒毛。	烧毛温度不够,车速过快,烧毛次数不够。
	烧毛过度,布面烧焦,布幅收缩过多。	烧毛温度过高,车速过慢,烧毛次数过多。
	烧毛不匀,布面残留纤维绒毛长短不一,分布不匀。	火口阻塞或变形,铜板或圆筒表面不平或两端温度不一致,布面有折皱。
	烧毛破洞或豁边,布面有烧成的小洞,布边有烧成的豁口。	火星落在布面上,未及时熄灭,拖纱、边纱、棉结等燃烧后未及时熄灭,车速太慢。

续表

工艺	主要病疵名称及病疵形态	主要原因
煮练	棉籽壳残留。	加压煮练由于堆置不均匀,循环不畅,用料不足,煮练温度、压力和时间不够;或汽蒸温度、时间不够或用料不足。
	局部脆损。	煮布锅内空气未放尽,或使用过热蒸汽未给湿,或织物在汽蒸箱停留过久,或用碱浓度过高。
漂白	强力下降或脆损。	漂液浓度过高,漂白时间过长,汽蒸使用过热蒸汽。
	白度不足。	漂液浓度过低,堆置汽蒸时间不足,漂液 pH 值控制不当,煮练不透。
	泛黄。	煮练不透,漂后脱氯不净,漂后水洗的水质不纯,硬度高。
	手感粗糙。	双氧水漂白后,沉积在布上的硅酸盐未洗净。
	锈斑,严重时有破洞。	漂前织物上有铁锈,漂白过程中与铁器接触,化学品及水中带入铁质。

第二节 纺织品染色

纺织品的色彩是体现纺织品外观的重要因素。在纺织品的销售中,首先吸引消费者的是织物的色彩,然后才是织物的质地。通常,消费者是因为喜欢纺织品的色彩才决定购买的。色彩在织物上的效应是通过染色、印花工艺,或将色纱织入织物,或将不同色彩的原料混合纺纱织造而得,在织物表面经光线反射,以空间对比、空间混合的形式体现出来,形成色彩调和的优美图案。纺织品着色主要有两种方法:涂料着色和染料染色。

涂料着色:利用粘合剂将不溶于水的微小有色物质粘附在织物上,从而使织物得色。涂料染色一般只限于染中、浅色,染深色时水洗牢度和摩擦牢度较差,手感较硬。

染料染色:使染料在水溶液或其他介质中浸入纤维,使纤维得色,或者用化学的方法在纤维上合成染料而使纤维得色。目的在于用最有效的方法把纺织品染得匀透,以获得均匀、坚牢的色泽而保持织物原有的风格且不损伤纤维。

染色原理比较复杂,不同的纤维和不同染料之间的作用原理不同。各类纤维有其各自的染色特点,各类染料又有不同的染色方法,但它们都有一个共性:将纺织品放入染液中,染料从染液中转移到纤维上,并固着在纤维上,最终使纤维染上匀透的颜色,这一过程称为上染。上染过程一般分为三个阶段:

(1)吸附。染料在溶液中受范德华力、库仑力等作用向纤维表面吸附,并上染纤维表面。

(2)扩散渗透。被纤维表面吸附的染料在一定条件下,从纤维表面向纤维内部扩散渗透,进入纤维的无定形区,直至染液、纤维表面和纤维内部的染料浓度达到平衡。

(3)固着。进入纤维无定形区的染料借助化学作用力(离子键和共价键)、分子间引力和氢键与纤维大分子相结合,获得一定的染色牢度。

染色过程常用的专业术语：

上染百分率——吸附在纤维上的染料数量占初始投入染料总量的百分率。

平衡上染百分率——染色达到平衡时，吸附在纤维上的染料数量占投入染料总量的百分率。

上染速率——纤维上的染料浓度对上染时间的变化率。

上染速率曲线——上染率对时间的变化曲线。

半染时间——就是染料上染达到平衡上染百分率一半时所需要的时间。半染时间表示染色趋向平衡的速率。

一、染色方式

染色可以在纺织品制造过程中的任何阶段进行，染色方法按纺织品的形态不同可分为散纤维染色（用于粗纺毛织物）、纤维条染色（用于精纺毛织物）、纱线染色（用于色织织物）、布匹染色（应用普遍）和成衣染色。不同形态纺织品的染色各有其优缺点和适用范围，如表4-2所示。

表 4-2 染色方式的比较

染色阶段	特点及优点	局限及缺点	典型的染色织物
散纤维和毛条	①织物具有柔和的混色效果。②染料渗透性最高。	①最高成本的染色方法。②由于要比服装或面料的上市季节提前很久就对纤维和毛条染色，所以存在因流行色变化而落伍的风险。③后续纺纱工序会造成大量的有色纤维浪费。	粗纺厚呢 薄斜纹外套料 麦尔登呢 粗呢
纱线	用于条纹、格纹、格子花纹和其他多彩图案的织物。	①成本较高的染色方法。②同样冒流行色变化的风险，但比散纤维染色稍好些。	方格色织布 锦缎（花缎） 提花针织物
布匹	①成本最低的织物染色。②适用于所有机织物或针织物。③染色工艺接近色彩流行季节，色彩变换风险较小。	限于单色（交染除外）。	细薄织物 绒面呢 薄型平纹 毛织物 灯芯绒 缎纹织物
成衣	①色彩的选择最接近流行季节。②消除了来自前道工序材料（纱线和布匹）的浪费。	仅限于款式简单的成衣。	针织袜类 连裤袜 运动衫 T恤

根据把染料施加于被染物以及使染料固着在纤维中的方式不同，染色方法可分为浸染（或称竭染）和轧染两种。

1. 浸染。浸染是将纺织品浸渍于染液中,使染液不断循环或者使织物不断运转,经过一定时间使染料上染纤维并固着在纤维中的染色方法。适用于各种形态的纺织品的染色,属间歇式生产,生产效率较低;设备比较简单,操作较容易。散纤维染色、纱线染色、针织物染色、稀薄织物染色、成衣染色多采用这种方法。

浸染时染液重量与被染物重量之比称为浴比。

2. 轧染。轧染是将织物在染液中经过短暂的浸渍后,随即用轧辊轧压,将染液挤入纺织品的组织空隙中,并除去多余染液,使染料均匀分布在织物上,染料的上染是(或者主要是)在以后的汽蒸或焙烘等处理过程中完成的。属于连续染色加工,生产效率高,适合大批量织物的染色,但被染物所受的张力较大,通常用于机织物的染色。机织物染色多采用这种方法,效率高,可连续操作。

纺织品染色质量的好坏与诸多因素有关,如纤维的种类、染料的特性、染色方法、染色工艺条件、染色设备等。只有在掌握纤维性能和染料性质的基础上,选用适宜的设备和工艺,才能获得染色效果良好的染色产品。

二、纺织品的色牢度

在国际纺织品和服装贸易中,对产品的质量要求除了传统的实用性、美观性和耐用性等以外,同样重视安全性和环保性,对于纺织品色牢度的要求也是如此,提高纺织品的色牢度无疑可以降低技术壁垒所带来的风险。

染色牢度是指染色产品在使用过程中或染色以后的加工过程中,在各种外界因素的作用下,能保持其原来色泽的能力(或不褪色的能力)。保持原有色泽的能力高,则染色牢度高,反之称为染色牢度低。染色牢度是衡量染色产品质量的重要指标之一。

影响染色牢度的因素是多方面的,除染料的分子结构和化学性质、纤维的结构和化学性质外,周围环境和介质以及染料在纤维上的物理状态和结合形式等都有关系。例如衣服经常与日光接触,要经常洗涤,有些内衣会遇到汗渍,外衣则不可避免地受到摩擦等。这些外界条件会影响织物染色的坚牢程度。

染色牢度的评价,一般是模拟服用、加工、环境等实际情况,制订了相应染色牢度的测试方法和染色牢度标准。染色牢度的种类很多,随染色产品的用途和后续加工工艺而定,主要的染色牢度如表 4-3 所示。

表 4-3 主要的染色牢度

色牢度测试	定义
耐光牢度	在日光作用下染色织物的色泽或染料在其内的稳定程度的评定,称之为耐光牢度。
耐气候牢度	在周围气候条件(日晒、雨淋)侵蚀下染色织物的色泽或染料在其内的稳定程度的评定,称之为耐气候牢度。
耐洗牢度	常称之为耐皂洗牢度,染色织物的色泽经肥皂溶液或洗涤剂溶液洗涤后稳定程度的评定,称之为耐洗牢度。

续表

色牢度测试	定义
耐汗渍牢度	染色织物经人体的分泌物主要是汗渍后其色泽稳定程度的评定,称之为耐汗渍牢度。在评定耐洗牢度和耐汗渍牢度的同时,还要评定染色织物在白色织物上的沾色程度。
耐摩擦牢度	染色织物经受多次机械摩擦后其色泽稳定程度的评定,称之为耐摩擦牢度。
耐氯浸牢度	城市生活用水中含有不同含量的氯气,染色织物的色泽经此水浸渍或洗涤后其色泽稳定程度的评定,称之为耐氯浸牢度。
耐烟褪牢度	城市空气中常含有污染空气的酸性气体,如氧化氮、二氧化硫等,它们具有酸性,也可参与化学反应。染色织物经这类气体侵蚀后其色泽稳定程度的评定,称之为耐烟褪牢度。

染色牢度的评定除耐光牢度另有规定外,一般分成5个等级,其中5级最好,1级最差;而耐光牢度分成8个等级,8级最好。染色产品的用途不同,对染色牢度的要求也不同。染色牢度是一个相对的概念,不可能一种织物的所有色牢度都很高,要根据最终产品的用途进行选择,例如日常外衣要经受日光、洗涤、摩擦等,因此必须具有较高的耐光牢度、水洗牢度和耐摩擦牢度,而室内装饰织物因其不经常洗涤,所以可以选择水洗牢度一般的染料染色。

三、染料分类及其染色

染料大多是结构复杂的有机化合物,能溶于水或经过化学处理后溶于水,对纤维有亲和力,有一定的染色牢度。而颜料是一类不溶于水的有色物质,对纤维没有亲和力,靠粘合剂的作用机械地粘着于基质上,使织物得色,适用于所有纤维。

染料上染纤维的性能称为染料的直接性。直接性无严格的定量表示方法,一般可用染色平衡时染料的上染百分率表示。在相同条件下染色,上染百分率高的,称之为直接性高,反之为直接性低。

染料的种类很多,常用的分类方法有结构分类法和应用分类法。染整行业采用应用分类法,染料主要分为:直接染料、硫化染料、酸性染料、酸性媒染染料、酸性含媒染料、活性染料、分散染料、阳离子染料、还原染料等。

1. 直接染料

这类染料品种多、色谱全、使用方便、价格便宜,分子结构中大多含有磺酸基、羧基等水溶性基团,能溶解于水。在水溶液中,直接染料除可用于纤维素纤维的染色外,还可用于蚕丝、锦纶、维纶、羊毛等纤维的染色,但皂洗牢度差,日晒牢度差。除了染浅色织物,一般要进行固色后处理,以提高色牢度。

直接染料可用于各种棉制品的染色,可采用浸染、卷染、轧染和轧卷染色等方式。染液中含有染料、纯碱、食盐或元明粉。染料的用量根据色泽的浓淡要求而定,染色温度则根据染料性能而定。直接染料仅有少量用于棉织物的轧染,轧染时染液中一般含有染料、纯碱、润湿剂。

直接染料也可染粘胶纤维,其染色方法和工艺流程基本与棉相同。粘胶纤维的湿强力较低,在水中膨化较大,宜在松式绳状染色机或卷染机上进行染色,一般不宜采用轧染。由于粘胶纤维具有皮芯结构,其皮层较棉的外层结构更为紧密,阻碍了染料向粘胶内部的扩散。因此,为了使染色匀透,粘胶纤维的染色温度比棉高,染色时间也较长。

直接染料在蛋白质纤维上的应用,主要用于蚕丝。所染得的织物水洗牢度较好,但光泽、颜色鲜艳度、手感不及酸性染料染色的产品。因此,只是为了弥补酸性染料的色谱不足,采用直接染料染黑、翠蓝、绿等少数品种。蚕丝绸的染色宜在松式绳状染色机上进行。

2. 硫化染料

硫化染料的分子中含有两个或多个硫原子组成的硫键,不溶于水,染色时先用硫化钠将染料还原成可溶性的隐色体,才对纤维素纤维具有亲和力,上染纤维后再经氧化,在纤维上形成不溶于水的染料而固着在纤维上。这类染料色泽深暗、色谱不全(主要有黑、蓝、草绿、黄棕等颜色)、耐氯牢度差,但价格便宜、色牢度好。主要用于棉织物染色,也可用于维纶。

硫化染料的染色过程可分为四个阶段:

(1)染料还原成隐色体。硫化染料染色时用硫化钠作还原剂,硫化钠既是还原剂,又是强碱,其价格低廉。硫化钠的用量对硫化染料染色的影响较大。用量不足,染料不能充分还原、溶解,而且会使染色产品的摩擦色牢度降低;用量过多,影响染料上染,使染色产品的颜色变浅。

(2)染料隐色体上染。硫化染料隐色体染色时,温度一般较高,以增强硫化钠的还原能力,并提高染料的吸附和扩散速度,以提高上染率和匀染性。在染浴中加入食盐或元明粉也可提高上染率。

(3)氧化处理。上染纤维的硫化染料隐色体经氧化而固着在纤维上。氧化方法有两种,即空气氧化法和氧化剂氧化法。对于易氧化的硫化染料隐色体,适用空气氧化法;对于难氧化的硫化染料隐色体,选用氧化剂氧化。

(4)净洗、固色和防脆处理。硫化染料的染色产品在贮存过程中,染料周围的水分和氧会使染料逐渐氧化并生成硫酸而使纤维脆损。这种作用在潮湿和受热的条件下更为迅速。为了降低纤维的脆损程度,织物染色后应充分水洗,再用醋酸钠、尿素等碱性溶液对染色织物作防脆处理,使织物带有碱性物质,以中和贮藏过程中生成的酸性物质。其中,尿素处理后的防脆效果较好。

3. 酸性染料

酸性染料的分子中含有磺酸基和羧基等酸性基团,易溶于水,在水溶液中电离成染料阴离子。这类染料品种多、色谱全、色泽鲜艳、染色工艺简单。在酸性、弱酸性或中性染浴中能够对蛋白质纤维和聚酰胺纤维染色。根据染料的化学结构、染色性能、染色工艺条件的不同,酸性染料可分为三类,包括强酸性、弱酸性以及中性染浴染色的酸性染料。

强酸性浴酸性染料。主要用于羊毛的染色,因羊毛最外层有鳞片层,对染料的扩散有很大的阻力,因而纺织品一般只在沸腾的条件下染色,而且染色时间较长。染浴中含有染料、硫酸、元明粉。硫酸将染浴的pH值调节为2~4,染深色时,硫酸用量应适当提高,元明粉则起缓染作用。这类染料的匀染性能良好,色泽鲜艳,但湿处理牢度较低。

弱酸性浴酸性染料。可染羊毛、蚕丝和锦纶。羊毛染色过程是染料经冷水打浆后用较多的沸水稀释。染色时要严格控制染浴的pH值和升温速度,因为低温时染料聚集倾向较大,所以入染温度较强酸浴酸性染料高,而升温速度较慢。对于上色快、匀染性差的染料,酸可分两次加入,起染时先加入总量的一半,沸染 30min 后降温并加入另一半,升温后继续沸染。染毕降温、清洗出机。弱酸性染料染蚕丝时不宜沸染,因为过高的染色温度容易使纤维表面擦伤,失去光泽,甚至损伤丝的强力。染色时一般采用逐步升温的方法,以提高匀染效果。锦纶的染色用弱酸性染料居多,在染色温度较低时,锦纶的上染速率很慢;超过 70℃时,上染速率迅速提高。锦纶中的氨基含量比蛋白质纤维低得多,染色饱和值很低。当用两个或两个以上的染料拼染时,会发生染料对染色位置的竞争,即所谓的竞染现象。因而拼色时应选用上染速率相近的染料。

中性浴酸性染料。常用于羊毛和蚕丝染色。在上染过程中常加入元明粉起促染作用,用醋酸铵或硫酸铵调节染浴 pH 值为 6~7。这类染料溶解度小,并且对硬水和铁、铜离子反应敏感,所以宜使用软水溶解。中性浴酸性染料匀染性差,对碱敏感,并且由于移染性不好而很难补救,因此用这类染料染色时对染前织物的净洗要求高,要洗匀洗净,不能残留碱,否则容易产生染色病疵。

4. 酸性媒染染料

酸性媒染染料具有酸性染料的基本结构,含有能与金属离子络合的基团,染色过程中,酸性媒染染料、金属离子与纤维之间形成具有复杂结构的络合物,从而完成染料对纤维的固着。所用的金属盐叫媒染剂,金属盐不同,所得的颜色也不同。媒染后具有较高的日晒、皂洗、水洗牢度,并且具有良好的耐缩绒性,成本低,色泽丰满,是羊毛染色的重要染料,但色泽不如酸性染料鲜艳。但染色工艺耗时较长,产品色光不易控制,媒染处理时排出大量的含铬污水,给生产带来很多问题。

酸性媒染染料的染色方法,根据媒染剂处理和染料上染的先后次序可分为预媒法、同媒法和后媒法三种。预媒法:先媒染后染色(在染色前先经媒染剂处理);后媒法:先色后媒染(将纺织品染色后再以媒染剂处理);同浴媒染法:有些酸性媒染染料可以和媒染剂一起在同一染浴中对羊毛进行染色。

5. 酸性含媒染料

酸性含媒染料是从酸性媒染染料发展而来的。在生产染料时,染料分子中已经引入某些金属离子,以形成配位键,成为金属络合染料,所以称为酸性含媒染料。可直接用于羊毛纤维染色,无需再进行媒染剂处理。染色方法与酸性染料相似,操作简便,染料易于上染纤维,色泽比较鲜艳,染品的日晒牢度和水洗牢度较好,但匀染性差。根据染料分子和金属离子络合比例的不同,金属络合染料可分为 1:1 型和 1:2 型两类。1:1 型酸性含媒染料在强酸性条件下染色,而 1:2 型酸性含媒染料在弱酸性或近中性条件下染色。

6. 活性染料

活性染料是水溶性染料,分子中含有一个或一个以上的反应性基团(又称活性基团)。在适当条件下,能和纤维素纤维、蛋白质纤维及聚酰胺纤维的化学基团发生反应,在染料和纤维之间生成共价键,所以其水洗、皂洗牢度较好。这类染料品种多、色谱全、匀染性好、价格便宜、使用方便,但有些染料的日晒牢度差。大多数活性染料耐氯牢度差,由于染料的水解使得固色率不高。按活性染料活性基的种类进行分类,可分为:

X 型活性染料(即二氯均三嗪型染料):染料的化学性质活泼,反应能力较强,能在较低的温度和较弱的碱性条件下与纤维素反应。一般染色温度在40～45℃之间,pH值在11左右。同时,染料的稳定性较差,在贮存过程中,特别是中湿热条件下容易水解变质。

K型活性染料(即一氯均三嗪型染料):染料的化学活泼性较低,需要在较高温度下才能与纤维素纤维发生反应,染色温度一般为90℃左右,pH值在13～14之间。染液比较稳定,常温下,染料的水解损失较少。

KN型活性染料(即乙烯砜型活性染料):染料的化学活泼性介于X型和K型活性染料之间。一般在60℃、pH值为12左右的条件下进行染色。

卤代嘧啶型:根据嘧啶基中卤素原子的种类和数目的不同,可分为三氯嘧啶型、二氯嘧啶型和氟化嘧啶型等。活性基团的种类不同,其反应性能差异很大,其中氟化嘧啶和三氯嘧啶较为常用。

双活性基型:为了提高活性染料的固色率开发了双活性基染料,这类染料的结构上有两个活性基团。如两个卤代均三嗪活性基团或一个卤代均三嗪和一个乙烯砜型基团。

活性染料除了上述类型外,还有磷酸酯型、α-卤代丙烯酰胺型等。

活性染料浸染纤维素纤维,如同直接染料浸染纤维素纤维一样,都需要加入食盐或元明粉起促染作用,但盐的用量要比直接染料染色时多。活性染料与纤维的反应一般在碱性条件下进行。常用的碱剂有烧碱、磷酸三钠、纯碱、小苏打等。染色时,pH值太低,染料与纤维的反应速度慢,即固色速率慢,对生产不利;碱性增强,染料与纤维的反应速率提高,但染料的水解速率提高更多,染料的固色率降低。所谓固色率是指与纤维结合的染料量占原染液中所加的染料量的百分比。染料固色率的高低是衡量活性染料性能好坏的一个重要指标。

活性染料上染棉制品时,根据染料类型不同可选用浸染、卷染、轧染、冷轧堆等方法,一般用于中、浅色泽的染色。活性染料染丝绸可以获得鲜艳的色泽和较高的染色牢度,一般适用反应性高的活性染料,染色方法可以采用浸染、卷染、冷轧堆等。活性染料染羊毛制品时,一般采用毛用活性染料,其优点是鲜艳度高、染料利用率和固色率高、耐晒牢度和耐湿处理牢度高;但这类染料的移染性较差,不易匀染,而且价格贵,多用于高档毛纺产品。

7. 分散染料

分散染料是一类分子结构简单、不含水溶性基团的非离子型染料,难溶于水,染色时需借助分散剂的作用,使其以细小的颗粒状态均匀地分散在染液中。这类染料品种多、色谱全、色泽鲜艳,主要用于聚酯、醋酯及聚酰胺纤维的染色。

按分散染料上染性能和升华性能的不同,主要分为高温型(S型)、中温型(SE型)、低温型(E型)三类。E型:分子结构较小,扩散性和移染性较好,但耐升华牢度较低。S型:分子结构较大,移染性和扩散性能较差,耐升华性好。SE型:性能介于E型与S型之间。

由于涤纶分子结构紧密,分子间空隙小,无特定染色基团,是强的疏水性纤维,故吸湿性小,在水中膨化程度低,难与染料结合,因此染色性能差,不能用水溶性染料染色,只能用疏水性强的分散染料染色。常用染色方法有高温高压染色法、热熔染色法和载体染色法等。

高温高压染色法 指涤纶织物在密闭的高温高压设备中,温度采用130℃左右的染色方法。分散染料高温高压染色时,染浴中加入少量的醋酸、磷酸二氢铵等弱酸,以调节染浴的pH值在5～6之间。染色时,在50～60℃始染,逐步升温至130℃下保温40～60min,然后降温水洗,必要时在染色后进行还原清洗。

热熔染色法　即轧染加工,通过浸轧的方式使染料附着在纤维表面,烘干后在干热条件下对织物进行热熔处理,一般所用时间较短,温度较高,约在170～220℃之间。热熔染色的工艺流程为:浸轧染液→红外线预烘→热风烘干(或烘筒烘干)→焙烘→后处理。染液中含有染料、润湿剂、防游移剂。加入润湿剂,有利于染料颗粒透入织物内部。加入防游移剂,可减少烘筒烘干过程中织物上的染液随着织物表面水分的蒸发而发生迁移,在受热表面浓缩而造成色斑,即所谓的游移现象。在烘干过程中,采用红外线预烘再热风或烘筒烘干,也是为了防止染料的游移。热熔染色法可以连续生产,劳动生产率高,适用于大批量生产。

载体法染色　指涤纶在携染剂存在的条件下,采用100℃湿热条件的染色方法。携染剂对涤纶有膨化、增塑作用,使纤维的玻璃化温度降低,有利于分散染料上染。同时,携染剂对分散染料有较强的增溶作用,从而增加纤维表面携染剂中染料的浓度,使纤维表面和纤维内部造成较大的染料浓度差,加快染料的扩散速率。携染剂染色法适用于小批量染色,染色设备简单,但成本较高,得色量较低。某些携染剂有一定的毒性,对环境有污染,其废水必须经过处理才可排放。

8.阳离子染料

阳离子染料能溶于水,在水中电离为色素阳离子,通过离子键,能与染液中带阴离子的腈纶纤维结合。这类染料色谱齐全、色泽鲜艳、上染百分率高、得色量好,湿处理牢度和耐晒牢度比较高,但匀染性差,尤其染浅色时。

阳离子染料上染腈纶时,纤维上能被染料占有的染色位置是有限的。在进行染料拼染时,由于染料上染速率的不同,会产生竞染现象。所以在染色过程中,应选用配伍值相同的阳离子染料,使染后织物的色光始终一致。选用配伍值不相同的染料,染后织物的色光会因上染过程中染浴中不同染料浓度的不断变化而不同。

由于腈纶织物容易发生染色不均匀现象,一般都用染浴中加入缓染剂的方法使染色均匀。浸染染浴中一般含有染料、阳离子缓染剂、硫酸钠、醋酸、醋酸钠等。为了获得匀染效果,应认真控制染浴的升温速度和维持染液均匀循环。

9.还原染料及可溶性还原染料

还原染料不溶于水,染色时需在还原剂和碱性条件下,将染料还原成可溶性的隐色体钠盐而上染纤维,再经氧化后,使其重新转变为原来的不溶性色淀而固着在纤维上。这类染料色泽鲜艳、色谱全、价格贵,主要用于棉、涤棉混纺织物。染色牢度好,尤其是耐晒、耐洗牢度为其他染料所不及,但某些黄橙色染料有光敏脆损现象。

还原染料染色可采用浸染、卷染或轧染,主要染色过程包括:染料的还原溶解、隐色体的上染、隐色体的氧化及皂煮后处理四大工序。按染料上染的形式不同,还原染料的染色方法主要有隐色体浸染法和悬浮体轧染法两种。隐色体浸染法的匀染性和透染性较差,染色产品有白芯现象,而悬浮体轧染法具有较好的匀染性和透染性,可改善白芯现象。

可溶性还原染料是由还原染料衍生而来的,色泽鲜艳、价格贵,主要分为溶靛素和溶蒽素两种。可溶性还原染料可溶于水,对纤维素纤维具有亲和力,在酸性条件下对氧化剂不稳定,易发生水解、氧化而生成相应的还原染料,这个过程称为显色。

各种纤维各有其特性,染色时应采用适宜的染料。纤维素纤维可选用直接染料、活性染料、还原染料、可溶性还原染料、硫化染料等。蛋白质纤维和锦纶可选用酸性染料、酸性媒染染料等。腈纶可选用阳离子染料。涤纶主要用分散染料。一种染料可以染多种纤维,一种纤维也可以用多种染料进行染色。

四、特种效果的染色方法

(一)扎染

扎染是中国一种古老的防染工艺,古代称绞缬,是大理白族和彝族的民间传统手工艺,具有鲜明的民族特色。该法是将织物捆扎(用针线缝或绳子捆等)后再进行染色,在染色过程中被捆扎的织物受到不同的力,因此折叠处不易上染,而未扎结处容易着色,导致染料浸渗的程度不同而产生深浅、虚实、变化多端的色晕。染出的纹样神奇多变,图案简洁质朴,且有令人惊叹的艺术魅力。可以做扎染包、扎染帽、扎染围巾、扎染衣裙、装饰织物等,充满艺术特色。

(二)蜡染

蜡染是我国云贵地区少数民族传统的手工印花方法,那里的少数民族以蜡染布作为主要的装饰,女性的头巾、围腰、衣服、裙子、绑腿,都是用蜡染布制成,其他如伞套、枕巾、包袱、书包、背带等也都使用蜡染布。近几年随着旅游业和改革开放的发展,具有民族特色的蜡染产品广受国外游人的青睐,并不断开发出各种具有装饰性的蜡染产品(如壁挂、包、桌布、服装等)。蜡染所描绘的图案具有民族特色,风格各异,精彩无比,天然"冰纹",充满了艺术魅力。冰纹的形成,是已经画过蜡的坯布在不断的翻卷浸染中,蜡迹破裂,染液便随着裂缝浸透在白布上,留下了人工难以描绘的天然花纹,像冰花,像龟纹,妙不可言,展现出清新自然的美感。

蜡染所用材料包括:画蜡工具以蜡刀为主;熔蜡工具以炭炉为主;画蜡的蜡液以蜂蜡为主,有时也掺合石蜡;所用面料以民间自织的土布为主,也有采用机织白布、绵绸、府绸的;所用染料以天然靛蓝染料为主。

蜡染绘制方法十分简单,将棉布平铺于案上,置蜡于小锅中,加温熔化为液体状,用蜡刀蘸取蜡汁绘图案于棉布上,经过在靛蓝溶液(一种天然的还原染料)中多次浸染,便可得到蓝白相间的精美花纹,最后经高温皂煮、水洗等工艺,一件棉布单色蜡染作品便完成了。除蓝白二色以外,有的还加染红、黄、绿等色,成为明快富丽的多色蜡染。

五、色彩与测配色

人们对色彩的感觉是由于光线与物质的相互作用,物体吸收了日光中某一波段的光波,被反射的光进入人的眼睛,作用于人眼视网膜上而产生的。

物体的"颜色"不是物体本身具有的属性,它在人眼中的视觉会因三个重要的因素而不同:照射在物体上的光源的波长分布或者颜色;入射光被物体反射或透射的程度;观察者眼睛对来自物体反射光波长的视觉反应。

颜色可分为彩色和非彩色两类。黑、白、灰为非彩色,红、橙、黄、绿、青、蓝、紫等为彩色。每种色彩都具有三种基本属性:色相(色名)、明度(亮度)和纯度(饱和度)。

色相是区别色彩的名称,如红、橙、黄、绿、青、蓝、紫等。明度是颜色对光的反射量的大小,反射量越大,明度越高。非彩色中白色的明度最高,黑色的明度最低;彩色中黄色的明度最高,紫色的明度最低。任何一种颜色加白色,明度提高;加黑色,则明度变暗。纯度是色彩的纯粹程度。单色中未加入其他色,纯度就高。加白色,明度提高,纯度降低;加黑色,明度变暗,纯度降低。

两种以上不同的色相混合,会产生新的色彩,混合方式有:加法混合、减法混合。

色光的混合是加法混合,即两种或者两种以上的色光混合在一起,就会得到与原来的色光不同性质的色光,混合后的色光明度高于混合前的色光。色光的三原色为:朱红(波长700nm)、翠绿(波长546.1nm)和蓝紫(波长435.8nm)。

物色的混合是减法混合,即两种或者两种以上不同的色相相混,混合后的物色其明度低于混合前的两种物色。减法混合主要指色料的混合,如染料和颜料。染料对光的吸收不同,所呈现的颜色也不同。如果可见光全部被染料吸收,则该染料呈黑色;如果可见光全部被染料反射,则该染料呈白色;如果染料只吸收可见光中的蓝色,则该染料呈黄色。物色的三原色为品红、黄和青。

色彩组合会使人们产生不同的心理效应,表 4-4 所示为色彩的种类与心理效应。色彩本身没有冷暖的区别,因为冷暖是人们触摸物体后产生的感觉,而颜色则是眼睛看的视觉效果,但是生活经验使人们看到不同的颜色而产生不同的冷暖感觉。暖色:红、橙、黄,像火焰,像日出,像血液,给人以暖和感;冷色:青、蓝、紫,像湖水,像海洋,给人以凉爽感;浅放深收:浅色的面积有比深色面积大的假象。明度高、纯度低的浅色,给人以轻薄的感觉;明度低、纯度高的深色,给人以厚重的感觉。

相同的色彩,其背景不同或相邻色不同,会产生不同的感觉,这就是色彩的对比。互补色对比,两个颜色的纯度彼此增加;类似色对比,两个颜色的纯度彼此降低。明暗不同的色彩对比,明的更明,暗的更暗;纯度不同的色彩对比,纯度高的更高,纯度低的更低。色彩对比强烈的称为对比配色;色彩对比缓和的称为调和配色。色彩布局变化少,会给人呆板的感觉;色彩布局变化过多,会给人杂乱无章的感觉。

表 4-4　色彩的种类与心理效应

色彩种类	心理效应
红色	给人以紧张和扩张感,是热烈、冲动、强有力的色彩。
橙色	欢快活泼的色彩,是暖色中最温暖的颜色。
黄色	色彩中最明亮的颜色,具有灿烂、辉煌、太阳般的光辉。
绿色	传达清爽、理想、希望、生长的意象。
紫色	是色相中最暗的颜色,美丽又神秘,显得安静、孤独、高贵。
蓝色	是最冷的色彩,能表现出美丽、文静、理智、安详。
白色	明亮、干净、朴素、贞洁。
黑色	阴森、恐怖、忧伤、悲痛、消极、严肃、庄严。

纺织品的颜色可以用具有颜色特征的数字来表示,不同的颜色有不同的数字组合。随着计算机的发展,使颜色的测量和传递得到了极大的发展。确定染色配方的传统方法是采

用逐次逼近法试验,如今已经大部分由计算机来完成。现在,计算机和电子控制装置被广泛应用于确定和保持高标准配色及批染之间色光的一致性。这些控制系统使染色者能够快速地确定原始色样的配方,适应色彩流行的发展和客户的来样加工要求。同时可以让计算机提供最低染色成本的配方,或者提供任何所需色牢度的配方(如最好的耐光牢度)。计算机输出的不是具体可见的颜色,而是颜色特征值的数字或图形。然后买方和卖方就可以在世界的任何地方随时对该输出结果进行交流,通过传真或者电话进行确认或修改,并打样。一般几个小时内可交付,而不是像过去确认可见样品那样需花费几天或几周。

六、染色织物的病疵及其形态

染色产品的病疵是影响染整成品品质的一项重要因素,染色质量指标主要包括外观质量指标和内在质量指标。外观质量指标主要包括色泽和匀染性,而内在质量指标主要包括透染性和色牢度。总之,染色产品的色泽必须与来样一致,染色均匀,透染性好,并达到要求的染色牢度。

常见的染色病疵有:色差、色渍、色点、条花、色花、斑渍、色档、风印、水印、极光,如表4-5所示。

表 4-5 染色病疵及其形态

病疵名称	形态
色差	色泽深浅不一,色光有差别,同批色差,同匹色差。
色渍	在染色织物上有规律、形状和大小基本相似或无规律、形状和大小都不固定,与染色织物色泽为同类色的有色斑渍。
色点	在染色织物上无规律地呈现出色泽较深的细小点,一般发生在浅色织物上。
条花	染色织物色泽不均匀,呈现为直条形或雨状、羽状的条花,其实质是条状局部色泽不一的染色色差病疵。
色花	染色制品吸色不匀,表面呈不规则的色泽或色泽深浅不匀。
斑渍	在染色成品的单一色中夹杂着白色、色浅、色深或黑色等各种斑点或斑纹。
色档	染色织物上呈现纬向宽窄不一的横条状深、浅档及白档。
风印	织物在染色或染后存放的过程中,由于某些因素的影响,使色泽发生或深或浅、深浅不一的变化。
水印	染色过程中,织物滴上或溅上水滴,使有水滴部分的织物上的染料和化学助剂被冲淡、破坏,造成局部色浅而形成水印渍。
极光	染色织物布面的局部或全部呈现不悦目的光泽,形状有点状、线状、面状以及鸡爪状等,多发生在中厚织物上。

第三节 印花

印花是借助印花原糊的载递作用,将染料或颜料在织物上印制花纹图案的加工过程。印花和染色一样,都是染料和纤维发生着色作用,但染色是织物全部着色,而印花是局部着色。印花不能像染色那样在染色液中着色,为了使花纹清晰,避免花纹渗化,必须把染料加入到配好的印花原糊中,制成印花色浆,然后上染到织物上。所谓原糊是用诸如淀粉等糊料调制而成的稠厚流体。为了使色浆中的染料转移并上染纤维,必须进行后整理(蒸化和水洗)。蒸化时染料从色浆中转移到织物上,并向纤维内部扩散,完成上染,然后经充分水洗和皂洗,以去除织物上的糊料和浮色。残留糊料会使织物手感粗糙,浮色则会影响织物的色泽和色牢度。

纺织品印花绝大部分是织物印花,其中主要是纤维素纤维织物、丝绸和化学纤维及其混纺织物的印花,毛织物印花较少。纱线、毛条也有印花,纱线印花后可织出特殊风格的花纹;毛条印花后可织造混色织物。

印花色浆一般由染料或颜料、糊料、助溶剂、吸湿剂和其他助剂等组成。糊料是一种亲水性的高分子物质,如天然淀粉、海藻酸钠、合成糊料和乳化糊等。

织物的印花加工过程包括:图案设计、花筒雕刻(筛网制版)、色浆调制、仿色打样、花纹印制、蒸化、水洗等。印花方法可根据印花设备和印花工艺来分类。

一、印花方法

(一)按印花机械分类

可分为滚筒印花、筛网印花(包括平板筛网印花和圆筒筛网印花)、转移印花、数码喷射印花。

1.滚筒印花(机器印花)

利用刻有花纹图案的印花滚筒(凹纹和凸纹),凹纹里储存色浆,织物从印花滚筒和承压滚筒间通过时,色浆被挤压到织物上。

滚筒印花机由机头和烘干部分组成,滚筒印花机印花机头的型式可分为放射式、立式、倾斜式和卧式等数种,而以放射式最为普通。滚筒印花机的花筒紧压在一只大承压辊上,承压辊由生铁铸成,其表面绕有橡胶,使之有一定的弹性。在橡胶层外面还衬垫一层循环运转的无接头的印花衬布,防止多余的色浆沾污承压辊。承压辊的圆周方向上装有若干只花筒,此花筒由铜制成,并刻有凹形花纹。每只花筒印一种颜色,花筒数越多,花型的颜色越多,有几只花筒的印花机即称几套色印花机。

滚筒印花的主要特点:印制花纹轮廓清晰,线条精细,层次丰富,生产效率高,适合于大批量的生产。但劳动强度高,机械张力大,不适合轻薄及易变形织物如丝织物和针织物的印花。同时受花筒个数和花筒圆周长的影响,印花的套色数和图案大小受限制。如果生产某种花样的批量不是非常大,这种方法就不经济。在大多数情况下,滚筒制备和设备调整的成本高,使得这种印花方法不太经济。目前,滚筒印花已逐渐被圆网、平网印花所代替。

2. 筛网印花

图 4-1 平网印花

图 4-2 圆网印花

筛网印花是目前应用较普遍的印花方法,主要分为平板筛网印花(简称平网印花,如图 4-1 所示)和圆筒筛网印花(简称圆网印花,如图 4-2 所示)。筛网是主要的印花工具,有花纹处呈漏空的网眼,无花纹处网眼被涂覆,印花时色浆被刮过网眼而转移到织物上。

(1)平网印花

在筛框(方形框架)上绷着丝网(材料可以是涤纶、锦纶、蚕丝),花纹处镂空,能透过色浆;无花纹处用感光胶(高分子膜)封闭网眼。在这种工艺中,织物移至筛网下面,然后停下,筛网上的刮刀进行刮印,刮印以后,织物继续移至下一个网框下面,每一个网框可以得到一种颜色,属于间歇式而不是连续式工艺,生产速度大约每小时 457.2 米(500 码)。

平网印花设备有手工平网印花机、半自动平网印花机和全自动平网印花机三类,其基本组成为台板、花版和刮刀,不同点在于自动化程度不同。

平网印花的特点:对花型大小和套色限制较少,织物受张力小,制版时间短,适合小批量、多品种的各类织物印花,几乎是丝绸类及其他不耐大张力的织物的专用印花设备。

(2)圆网印花

圆网印花机的基本构成与全自动平网印花机相似,不同之处在于把平板筛网制成圆筒形金属镍网,将色浆装入圆网,当圆网旋转时,刮浆刀将色浆刮过镂空的网眼而印到织物上。属连续式生产工艺。

圆网印花兼具滚筒和平网印花的优点,生产效率高,劳动强度低。能获得花型活泼、色泽鲜艳的效果,但花纹精细度不高,对云纹、雪花等结构的花型受到一定的限制。

3. 转移印花

转移印花是先将染料用印刷方法印在纸上,制成转移印花纸,而后在一定条件下使转印纸上的染料转移到织物上的印花方法。它是根据一些分散染料的升华特性,选择在 150～230 ℃升华的分散染料,使分散染料转移到涤纶等合成纤维上并固着。传统的转移印花只适用于分散染料转印涤纶等化纤织物,局限性比较大。对于天然纤维可以通过特殊预处理,才能与分散染料固着,从而达到转移印花的目的。

转移印花的特点是颜色鲜艳,层次细腻,花型逼真,艺术性强,并能印制摄影和绘画风格的图案,工艺简单,投资小,生产灵活,无需水洗、蒸化、烘干等工序,是一种节能无污染的印花方法。

4. 数码喷射印花

数码喷射印花是一种电脑控制的非接触式印花技术，对花精度高，适应性强。喷射印花消除了雕刻滚筒和制作筛网所造成的延时和成本增加，由于减少了制版工序，大大缩短了生产周期，可最大限度地满足小批量（甚至单件）、快交货（甚至即时）的要求，这是一个在快速多变的纺织品市场上颇具竞争性的优势。喷射印花系统灵活且快速，能迅速从一种花样转到另一种花样。印花织物不受张力（也就是说，不会因为拉伸而导致图案歪扭），织物表面也不会被辗压，因而消除了织物起毛或起绒等潜在问题。而且占地面积很小，并极大地减少了传统印花中的环境污染，是印花技术的重要进步。然而，这种工艺不能印制精细图案，图案轮廓模糊，还存在印制速度慢、染料价格高等缺点。

常用印花方法的比较如表4-6所示。

表4-6　印花方法的比较

印花方法	重要特征和优点	局限性和缺点
手工筛网印花	适合小批量、多品种花色；可印大花回（304.8cm，即120英寸）；由于施加更多色浆，轮廓比滚筒印花更好；筛网制作快，花样更新快，可印衣片和小物品（毛巾、围巾等）。	不能印半色调；不能印线条精细的佩斯利涡旋花纹；不能印经向条纹；生产速度慢，不适合大批量生产。
自动筛网印花（平网）	可印大花回（304.8cm，即120英寸），与手工印花一样，轮廓比滚筒印花效果更好，适合所有机织或针织物，花样更新快，机器对花效果最佳。	筛网制作专业；安装成本高，不适合小批量；不能印半色调图案，不能印细线条的佩斯利涡旋花纹，不能印经向条纹。
圆网印花	能印大于101.6cm（40英寸）的花回，比滚筒印花的花回尺寸大，但比平网印花的花回尺寸小，能印经向条纹，适合所有机织或针织物，颜色比滚筒印花更清晰、更明亮，得色率高，但不如平网，花样更新快，适合大批量和中等批量（914.4m，即1000码）生产。	不能印细线条的佩斯利涡旋花纹，半色调图案不如滚筒印花，筛网寿命比滚筒短。
滚筒印花	同一花样需要大批量，最宜印细线条的佩斯利涡旋花纹，能印半色调和叠印效果。	除了特制设备，对于服装面料，花回尺寸最大为40.64cm（16英寸），对于室内装饰，可达50.8cm（22英寸），不适合小批量生产，生产周期长，花样更新慢，滚筒雕刻成本高。

续表

印花方法	重要特征和优点	局限性和缺点
转移印花	能生产鲜艳、清晰、精致的图案,可印衣片和小物品,适合大、小批量生产,花样更新快,设备简单,投资小,不需要汽蒸、水洗、干燥等工序(不需要后处理),在所有印花工艺中次品率最低,后道工序可不再热定形。	在高度时尚的市场上,转印纸的准备时间会引起一些问题,织物中至少含50%的合纤,不能印纤维素和蛋白质纤维织物,只能用于淡色或其他原色没有完全被覆盖的罩印。
数码喷射印花	省掉了传统印花筛网制作或滚筒雕刻等工序,缩短了生产准备时间,对花精度高,适应性强,减少了染料用量和污水排放。	印花速度慢,一般为 $4\sim 8 \text{ m}^2/\text{h}$,另外墨水价格昂贵,难以在批量生产中应用。

(二)按印花工艺分类

主要分为直接印花、防染印花、拔染印花和特种印花。

1. 直接印花

用染料调制成色浆,直接印在白色或浅色织物上,结果是印花之处染料上染,获得各种花纹图案,而未印花之处,仍保持白地或原来的地色。印染色浆用的化学药品与浅地色不发生化学作用,而印上去的染料颜色与地色发生拼色作用,该工艺简单、成本低、应用广。

直接印花分为:白地印花(白地大,印花小)、满地印花(白地小,印花大)、色地印花(先染地色,再印花纹)。并且,地花的大小、轮廓通常没有特别要求。

2. 防染印花

防染印花是在织物染色前进行印花,印花色浆中含有能阻止地色染料上染(或显色,或固色)的防染剂。印花以后,在染色机上进行染色(或进行显色,或进行固色),因印花处有防染剂,地色染料不能上染(不能显色或不能固色)。印花处呈白色花纹的称为防白印花。若在防白的同时,印花色浆中还含有与防染剂不发生作用的染料,在地色染料上染的同时,色浆中染料上染印花之处,则可得不被地色所罩染的另一种颜色的花纹,这就是着色防染印花(简称色防)。

3. 拔染印花

将印花色浆施加在先经染色或经染色而未固色的织物上(即先染色后印花)。印花色浆中含有能破坏地色染料的化学药剂,该药剂(称为拔染剂)在适当的条件下将地色染料破坏,而后将破坏了的染料洗除,印花处便成为白色(称为拔白);如果在破坏地色染料的同时印花色浆中的染料(该染料不为拔染剂所破坏)上染,印花处便为不同于地色的另一种染料着色(称为色拔印花),拔白和色拔通称为拔染印花。应用范围有不溶性偶氮染料、活性染料、直接染料、还原染料和苯胺黑染料等。拔染印花工艺繁杂,易产生印花疵点,成本较高,但印制效果好,花纹逼真,轮廓清晰。

4. 特种印花

将织物的最终成品显示出特殊效果的印花统称为特种印花。特种印花的种类如表 4-7

所示。

表 4-7 特种印花的种类

传统的特种印花	荧光涂料印花、渗化印花、蜡防印花、印经印花。
立体特种印花	发泡印花、起绒印花、静电植绒印花、烂花印花。
光泽特种印花	珠光印花、宝石印花、金银粉印花。
仿真特种印花	仿皮印花（仿麂皮、鳄鱼皮、蛇皮等）。
隐性特种印花	变色印花、夜光印花、消光印花。

二、各类织物的印花工艺

（一）纤维素纤维织物的印花

纤维素纤维织物可用多种染料印花，粘胶纤维织物尽可能采用低张力设备，印花工艺可采用直接印花、防染印花、拔染印花。

活性染料品种多，色谱齐全，色泽鲜艳，湿处理牢度好，适宜于印制中浅色花布，是棉纺织品印花应用最普遍的一类染料。适用于染色的活性染料并不都适用于印花，通常印花选用的活性染料要求直接性相对较低，亲和力要小，固色率要高，扩散速率要快，易洗涤性要好。此外，还应具有较好的溶解度、色泽稳定性和各项优良的染色牢度。

活性染料直接印花有一相法印花（含碱色浆印花法）和两相法印花（不含碱色浆印花法）两类，如表 4-8 所示。

表 4-8 活性染料直接印花分类表

印花方法	固色方法	工艺程序	固色温度	固色时间
一相法	蒸化固色	印花→烘干→蒸化→后处理	102～104℃ 130℃	2～10min 0.5～4min
	焙烘固色	印花→烘干→焙烘→后处理	150℃ 200℃	3～5min 1min
两相法	短蒸固色	印花→烘干→轧碱→短蒸→后处理	102～104℃	20～30s
	轧碱蒸化	轧碱→烘干→印花→烘干→蒸化→后处理	100～102℃	3～10min

活性染料固色通常需要在碱性条件下与纤维中的羟基、氨基进行共价键结合。一相法印花适用于反应性低的活性染料，印花色浆中含有碱剂，但所含碱剂对色浆稳定性影响较小，印花色浆通常由活性染料、尿素、防染盐 S、海藻酸钠糊、小苏打（或纯碱）组成。两相法印花适用于反应性较高的活性染料，色浆中不含碱剂，碱剂可先轧在织物上或印花后再经碱剂处理，在短时间里完成固色。

（二）真丝织物的印花

真丝织物大多光泽艳亮、柔和，质地轻薄，手感柔软。蚕丝织物对色浆的吸收力差，印花后色浆易浮在表面，印多套色时易造成相互"搭色"，织物较易变形，因此印花时尽可能采用低张力、快干设备，通常采用筛网印花机。常用的印花工艺有直接印花、拔染印花和防染印花。

蚕丝织物印花多用弱酸性染料、1∶2型金属络合染料、直接染料及活性染料。蚕丝织物印花色浆中的原糊，必须适应蚕丝织物吸收性能的特点，使调成的印花浆有较好的印透性和均匀性。蚕丝织物要求手感柔软，糊料应有良好的易洗性。

蚕丝织物的弱酸性染料印花实例：

工艺流程：印花→烘干→蒸化→后处理

印花色浆：

染料(g)	x
尿素(g)	50
硫代双乙醇(g)	50
水(g)	y
硫酸铵(1∶2)(g)	60
氯酸钠(1∶2)(g)	0～15
原糊(g)	500～600
总量(g)	1000

蚕丝织物印花时要控制好染料的最高用量，否则浮色将增多，易造成白地不白及花色萎暗。尿素和硫代双乙醇作为助溶剂，帮助染料溶解。硫酸铵是释酸剂，提高得色率。氯酸钠则抵抗汽蒸时还原性物质对染料的破坏。原糊对印花质量的影响很大，不同的设备，不同的丝织物所采用的原糊也不相同。

蚕丝织物还可以采取一些特殊的直接印花法，得到特有的风格。如渗透印花：使蚕丝织物正反面获得花型和色泽基本一致的印花方法，利用较薄色浆的渗透作用使其透过织物中纤维与纤维之间的间隙，达到双面效果，主要用来印制头巾、裙料及领带等。还有渗化印花：采用低粘度色浆加入大量渗透剂，使色浆渗化，造成花纹边缘花色呈浓淡梯度，由于花色间的相互渗化、相互渲染，使花型具有色泽层次复杂、浓淡色彩自然的感觉。

(三)毛织物的印花

印花工艺与真丝织物基本相同。但羊毛纤维表面具有鳞片层，有缩绒倾向，不利于染料的上染，因此毛织物印花前需要经过氯化处理，改变鳞片层，使纤维易于润湿和溶胀，缩短蒸化时间，提高染料的上染率，防止毛织物的毡缩现象。

羊毛纺织品除织物印花外，还有毛条印花和纱线印花。毛条印花采用凸纹印花机，印花后经纺、织可制成混色织物；纱线印花主要用于生产花式毛线或用于织造地毯。毛织物印花常采用酸性染料(印制艳亮色泽)和1∶1型或1∶2型金属络合染料(印制深色花纹)，也可采用毛用活性染料，印花浆中不必加染料助溶剂；还可采用涂料印花，选择自交联粘合剂。羊毛织物除直接印花外，还可以进行拔染印花。

羊毛织物印花前的氯化处理通常在含有0.018～0.3g/L有效氯和1.4～1.5g/L盐酸的氯化液中浸渍10～20s，然后充分水洗，拉幅烘干。毛织物的氯化处理应均匀，否则影响印花质量。羊毛织物印花的蒸化条件通常为过热蒸汽，羊毛织物进入蒸化室前其含潮率对汽蒸所能达到的温度起很重要的作用，一般应达到自然回潮率，烘干时避免过烘。

(四)涤/棉混纺织物的印花

涤/棉混纺织物的直接印花有"单一染料"和"混合染料"两种印花工艺。单一染料工艺应用较多的是涂料印花,混合染料工艺普遍使用的是分散/活性染料同浆印花。

分散/活性染料同浆印花特别适合于涤/棉混纺织物的中、深色印花,具有色谱齐全、色泽鲜艳、工艺简单的特点。存在的主要问题是虽然两种染料各自上染一种纤维,但会相互沾色,染料用量越高,固色越不充分,则沾色越多,因此印花前要对染料进行筛选。

在染料的选用上,对活性染料应选择色泽鲜艳、牢度好、对涤纶沾色少的品种;对于分散染料应选择升华牢度好且具有一定的抗碱性和耐还原性并对棉纤维沾色少的品种。

工艺流程:织物印花→烘干→热熔(180~190℃,2~3min)→汽蒸、水洗→皂洗→水洗→烘干。

分散/活性染料同浆印花也可采用二相法工艺,即色浆中不加碱剂,在分散染料固色后进行活性染料的碱固色。碱固色的方法有面轧碱液、快速蒸化、快速浸热碱和轧碱冷堆法等。此工艺可避免分散染料的碱性水解,减少分散染料对棉的沾污,但碱固色时花纹易渗化,染料在轧碱液中溶落,影响白地洁白。

三、常见印花病疵及其形态

印花产品质量有外观质量和内在质量,与印花加工有直接关系的是印花图案清晰、色彩鲜艳、整体对样无疵点。印花病疵种类很多,不同的加工织物,不同的工艺方法,不同的加工设备,产生的病疵也不尽相同,常见病疵归类如:露白、印花色泽不匀(斑点)、渗色(化开)、搭色污斑(搭色)、花版接头不良(接版印)、花版错位(套歪、套版不准)、刀线等。常见印花病疵如表4-9、4-10、4-11所示。

表4-9 平网印花中常见病疵及其形态

病 疵	形 态
对花不准	在印制两套或两套以上印花织物时,全部或部分花型中的一个或几个颜色脱开或重合
塞煞(堵版)	布面上所印花型残缺不全,颜色断续不匀,如轮廓不清、断茎、块面模糊等。
砂眼	布面上呈现有规律的、如砂子大小的异色点子,与塞煞的形态相反。
多花与漏花	布面上呈现与原稿不完全相符的花样,比原稿花样多的即为多花,比原稿花样少的即为漏花。
叠版印	花版接版处的花型重叠,呈现深色的接版痕迹。
色点	布面上呈现不应有的同色或异色点子。
地色不匀与花色不匀	布面地部或花部有色泽深浅的斑渍。
糊花(溢浆、渗化)	花纹轮廓不清,花型周边毛糙,不光洁,色与色之间互相渗溢,胖花发糊,与原样不符。
漏浆	布面上每隔一定距离就呈现有规律的异色色条、色块或色斑。
搭色	布面上呈现花或地色部分无规律地相互沾染的疵点。

表 4-10　圆网印花中常见病疵及其形态

疵病	形态
刀线	在印花织物的某个经向部位,呈现深浅宽条状刀线。
露底	印花织物上某些花纹处色浅或深浅不匀,甚至露白。
渗化	色浆从花型轮廓的边缘向外渗出,花纹外缘毛糙不清。
压浅印	布面上呈现有规律的色浅斑痕,斑痕间距与圆网周长相等。
搭开或拖色	织物上呈现一定形状的花纹影印。
对花不正	在多套色印花中,织物上全部或部分花型中的一种或几种花色不在应有的位置上。
多花(砂眼)	印花织物上出现间距与圆网周长相等、形态一致的相同色斑。
糊边和白边	织物的一边或两边的边缘上,呈现花型模糊或超过允许范围的留白。

表 4-11　滚筒印花中常见疵点及其形态

病疵	形态
刮伤印和刀线印	刮伤印是印花织物上平行于布边和不变动的印痕;刀线印是印花织物上的波浪形线条。
拖浆或抬刀	在花布上跑出两条深的连续条子。
罩色	花筒的光面上带有一层不应有的色浆薄膜并传给印花织物所引起的疵点。
印花深浅不匀	在花布的门幅方向上,呈现印花色泽深浅不匀,检查花布的反面很容易发觉。

第四节　织物整理

从织物的染整加工过程看,织物整理包括织物经过练漂、染色、印花以后的所有加工过程,是染整加工的最后一道工序。其目的是通过物理或化学的方法来改善织物的外观、手感及内在质量,提高织物的服用性能或赋予织物某些特殊功能。但并不是所有的整理都能符合织物的各项要求,有时可能带来某些性能的改变,例如对织物进行抗皱整理后,织物的手感和强力可能变差。整理对织物具有非常重要的作用,因为相同的坯布经过不同的整理工艺可以得到不同类型和效果的织物。

通常把织物整理分为物理机械整理和化学整理两大类,物理机械整理是指织物在整理时通过填充剂、水分、温度、压力和机械的作用,来改善织物的外观和某些物理性能的方法。而化学整理是指织物浸轧某些化学药剂,经过烘干或焙烘,来改变织物的物理化学性质的方法。整理还可以根据整理效果的耐久程度分为永久性整理、耐久性整理、半耐久性整理和暂时性整理。按照被加工织物的纤维种类,可分为棉织物整理、毛织物整理、化纤及混纺织物整理等。无论哪种分类法,都不能把织物的整理划分的十分清楚。

织物整理的内容丰富多彩,其目的大致可归纳为以下几个方面:

(1)定形整理。改善织物尺寸、形状、结构稳定性的整理,如定(拉)幅、防缩、防皱、热定形等。

(2)手感整理。改善织物手感的整理,如柔软、硬挺、轻薄(碱减量)、厚重、砂洗等。

(3)外观整理。改善织物外观的整理,如增白、轧光、电光、轧纹、起毛、剪毛、缩呢等。

(4)功能整理。赋予织物特殊功能的整理,如拒水拒油、阻燃、抗静电、防污易去污、抗菌、防霉、抗紫外线、防电磁波整理等。

一、棉织物的整理

印染加工后,棉织物本身所具有的优良性能还不能完全展现,为了改善和提高织物的服用性能,通常要经过物理机械和化学整理,如拉幅(定幅)整理、增白、轧光、电光、轧纹、柔软、预缩和防皱整理等。

1. 拉幅

织物在印染加工过程中,经向所受张力较大,而纬向所受张力较小,因而织物纵向(经向)被拉长而横向(纬向)收缩变狭,在松弛状态下浸湿后,织物的幅宽将变宽而经向将缩短。因此成品出厂前应先行拉幅,以减少织物在使用时幅宽发生变化,同时还可纠正经纬纱的歪斜和弯曲等病疵,使织物具有整齐均一且形态稳定的门幅。一般棉织物在出厂前都需要进行拉幅整理。

拉幅整理利用棉纤维在湿热条件下具有可塑性,在湿热和外力作用下,将织物的门幅缓缓拉至规定尺寸,逐渐烘干,并调整经纬纱在织物中的状态,从而使织物幅宽达到规定尺寸,使布边整齐,纠正纬斜,提高织物的尺寸稳定性。

拉幅的工艺流程:进布→浸轧整理液(清水或柔软剂、浆液、增白液等)或喷湿→(预烘)→拉幅烘干。

织物拉幅在拉幅机上进行。拉幅机一般由给湿、拉幅和烘干三个部分组成,并附有整纬等辅助装置。拉幅机有布铗拉幅机和针板拉幅机等。棉织物的拉幅多采用前者,而后者多用于毛织物、丝织物和化学纤维织物等。

2. 轧光、电光及轧纹

轧光、电光整理属于光泽整理,是利用机械压力、温度和水分的作用,使织物具有平滑光洁或细密平行线条的表面而产生光泽。

轧光整理的原理是织物在一定的湿热条件下,通过机械压力的作用,将织物表面的纱线压扁压平,将竖立的绒毛压伏,从而使织物表面变得平滑光洁,以减少光线的漫反射,从而提高织物的光泽。图 4-3 所示是织物轧光前后的纱线状态,其中,图(1)表示轧光整理前,图(2)表示轧光整理后。织物轧光整理是在轧光机上进行的,轧光机主要由辊筒和加压装置等组成,辊筒分软辊筒和硬辊筒两种,软、硬辊筒交替排列或者连续排列。轧光时,经过给湿的织物环绕轧光机的各辊筒,在辊筒之间受到湿、热及压力的作用,使织物平滑光洁。轧光时,可以利用织物行进的线速度与摩擦辊筒的转动速度之差,使织物受到摩擦轧压作用,从而获得更加强烈的光泽。

(1) 轧光整理前

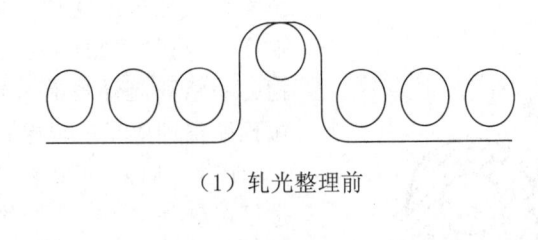

(2) 轧光整理后

图 4-3　轧光整理前后的纱线状态

电光整理的原理和加工过程与轧光整理相似，区别是电光整理不仅将织物轧平，而且利用特殊的硬辊筒（表面刻有与辊筒轴心成一定角度的平行细斜纹，这些斜纹肉眼几乎看不见），在织物表面上压成很多细密平行线条，掩盖了织物表面纤维或纱线不规则的排列现象，对光线产生规则的反射，而获得明亮夺目的光泽。

轧纹整理（或称轧花整理）是利用刻有花纹的热金属辊筒，轧压含有适量水分的织物，从而产生凹凸花纹的表面效果。轧纹整理由一只可加热的硬辊筒和一只软辊筒组成，硬辊筒表面刻有阳纹（凸纹）花纹，软辊筒则刻有与之相吻合的阴纹（凹纹）花纹。织物轧纹时，软、硬辊筒保持相同的线速运转，在织物上轧压出花纹。

因为仅采用机械方法进行轧光、电光或轧纹等整理加工，其整理效果的耐久性能较差。可与树脂整理及涂层整理相结合，从而提高整理效果的耐久性。

3. 柔软整理

织物经过印染加工后，其手感变得粗糙发硬，为了改善织物的手感和悬垂性，常需进行柔软整理。织物柔软整理有机械整理和化学整理两种方法。机械整理是通过对织物进行多次揉搓弯曲来实现的，其效果是暂时性的。化学整理是在织物上施加化学试剂（柔软剂），降低纤维和纱线间的摩擦系数，从而获得柔软和平滑的手感。最有效和最常用的柔软剂是有机硅化合物，同时还可以利用表面活性剂、石蜡及油脂等物质沉积在织物表面形成润滑层，使织物具有柔软感，但它们均不耐洗，效果不持久。

有机硅柔软剂可分为非活性、活性和改性有机硅等。非活性有机硅柔软剂自身不发生交联反应，也不与纤维反应，其柔软整理效果不耐洗涤。活性有机硅柔软剂含有反应性基团，能与纤维发生化学反应，形成薄膜，耐洗性较好。改性有机硅柔软剂是新一代的有机硅柔软剂，其中最突出的是氨基有机硅柔软剂，可大大改善织物的柔软性，也称为超级柔软剂。

4. 机械预缩整理

织物在印染加工过程中持续受到经向张力，如果织物在松弛状态下再次被水浸湿，便会发生比较明显的收缩，这种现象称为织物缩水。为了避免织物缩水给消费者带来不必要的经济损失，通常在织物出厂前先对织物进行预缩整理，使织物中的经纱基本回缩到原来的平衡弯曲状态，减少织物在以后使用过程中的缩水，这样的整理就是机械预缩整理。

预缩整理是指用物理机械方法提高织物的松弛度,以消除织物的弛放收缩作用,同时对织物的手感和光泽也有一定的改善。常用的机械预缩整理机是三辊橡胶毯预缩整理机,如图4-4所示。通常,织物在进入预缩装置前,先经过给湿装置给湿,使纤维较柔软并具有可塑性。织物紧贴橡胶毯进入预缩机,当橡胶毯绕于承压辊时其表面呈收缩状态,织物也随橡胶毯同步收缩,由于承压辊提供的热量烘去部分水分,使收缩后的织物结构得到基本稳定。

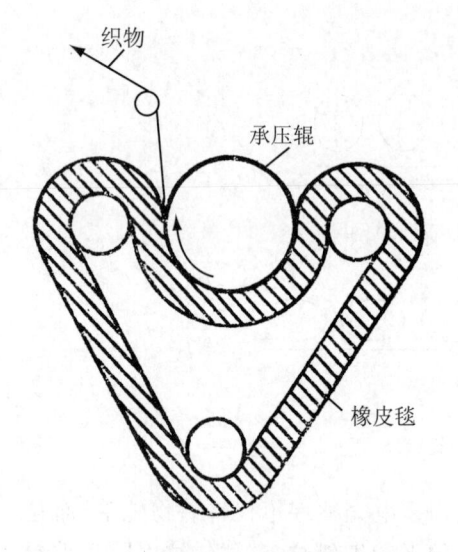

图 4-4 三辊橡胶毯预缩机

5. 防皱整理

纤维素纤维织物,尤其是棉织物,具有许多优良性能,但弹性较差,穿着时容易产生折皱和变形走样。防皱整理是利用树脂整理剂来改变纤维和织物的物理化学性能,从而提高织物防缩、防皱性能的加工过程,习惯上也称作树脂整理。从树脂整理发展过程看,其经历了一般防缩防皱、免烫(或称"洗可穿"整理)、耐久压烫(简称 PP 或 DP 整理)和低甲醛无甲醛整理四个阶段。检验防皱整理效果的方法是测定整理后织物的折皱回复角。国际标准规定织物回弹性分为五级:一级 180°,二级 200°,三级 210°~240°,四级 240°~280°,五级 280°。

防皱整理剂的种类很多,如脲醛树脂(尿素甲醛树脂,简称 UF)、三聚氰胺甲醛树脂(简称 MF)、二羟甲基乙烯脲树脂(简称 DMEU)和二羟甲基二羟基乙烯脲树脂(简称 DMDHEU 或 2D 树脂)。其中以 2D 树脂整理效果最好,应用也最广泛。但是这类整理剂存在释放游离甲醛和吸氯脆损的问题。为了解决防皱问题和释放游离甲醛问题,科研工作者正加强无甲醛整理剂的研究,如采用多元羧酸进行防皱整理,已受到普遍关注。

防皱整理的工艺流程:浸轧树脂整理液→预烘→拉幅烘干→焙烘→皂洗→水洗→烘干。

树脂整理虽然能够提高织物的防皱性能,但是也存在一些缺点,如织物的耐磨性、断裂强力和撕破强力明显下降等。

二、毛织物的整理

毛织物按加工工艺不同可分为精纺毛织物和粗纺毛织物。精纺毛织物组织结构紧密,纱线较细。整理后要求毛织物表面光洁平整,织纹清晰,手感丰满、挺括、滑爽。为了达到整理要求,精纺毛织物的整理内容主要有煮呢、洗呢、剪毛、蒸呢及电压等。粗纺毛织物的纱线较粗,组织结构稀松,经过整理后要求毛织物紧密厚实,织物表面覆有均匀整齐的绒毛,保暖性好。粗纺毛织物的整理主要有缩呢、洗呢、剪毛和蒸呢等。

毛织物在湿、热条件下,借助于机械力的作用而进行的整理称为湿整理,主要工序有洗呢、煮呢、缩呢和烘呢等工序。毛织物在干燥状态下进行的整理被称为干整理,主要包括起毛、刷毛、剪毛、电压和蒸呢等工序。此外,赋予毛织物一些特殊性能的整理称为特种整理,如防毡缩整理、防蛀整理和阻燃整理等。

1. 煮呢

毛织物以平幅状态在一定的张力和压力下,在热水中处理从而达到织物定形作用的加工过程称为煮呢。煮呢可使织物呢面平整、尺寸稳定、外观挺括、光泽佳、手感滑挺且富有弹性,多用于薄型织物及部分中厚型织物加工。常用的煮呢设备有单槽煮呢机和双槽煮呢机。加工时,织物经张力架、扩幅辊后平幅卷绕于煮呢辊筒上并在水槽中缓缓转动,煮呢辊筒由加压辊加压。

2. 缩呢

缩呢是用于羊毛织物的一种永久性整理。毛织物在一定的湿、热和张力作用下产生缩绒、毡缩的加工过程称为缩呢,是粗纺毛织物的基本加工过程之一。由于羊毛纤维的表面具有特殊的鳞片结构,羊毛纤维在水中经无定向的外力作用会产生定向摩擦效应,使羊毛纤维缠结起来,产生缩绒或毡缩。缩呢使毛织物收缩,质地紧密厚实,强度提高,弹性、保暖性增加。缩呢还可使毛织物表面产生一层绒毛,从而遮盖织物组织,改进织物外观,并获得丰富、柔软的手感。如用于外套的麦尔登等粗纺织物经过重缩呢后,需要仔细检查才能与真正的毛毡区别开来,而纱线是区分的关键。经缩呢整理后,粗纺毛织物的经向缩率一般为10%~30%,纬向缩率为15%~35%;精纺毛织物的经向缩率一般为3%~5%,纬向缩率为5%~10%。

3. 防毡缩整理

毛织物中的纱线在纺织染整加工中受到一定张力的作用而伸长,存在潜在的收缩,当毛织物在松弛状态下浸入水中时,将产生松弛收缩,从而改变织物的尺寸。生产中常将织物在湿、松弛状态下,使毛织物预先自然收缩,来防止毛织物的松弛收缩。

毛织物在洗涤过程中,除了内应力松弛等因素而发生收缩现象外,还会因羊毛纤维的缩绒性,使织物面积收缩变形,形状改变,织纹不清,弹性降低,手感粗糙,影响织物外观和服用性能。因此,需要对羊毛织物进行防毡缩整理。防毡缩整理有降解法和树脂法两种,其目的都是减小羊毛纤维的定向摩擦效应。

降解法也称为"减法",通过破坏羊毛表面的鳞片层来降低其定向摩擦效应,使毡缩性降低,达到防毡缩的目的。常用的防毡缩剂有高锰酸钾、次氯酸钠等。应用次氯酸钠对羊毛进行防毡缩处理,其优点是方法简单,成本低;缺点是纤维损伤较大,强度下降,纤维易泛黄,手感粗糙,影响染色和服用性能,而且氯化过程中存在严重的环境污染。因此采用蛋白酶、等离子体等无氯防毡缩整理已引起人们的关注。

树脂法也称"加法",其防毡缩原理与降解法不同。少量树脂通过"点焊接"形成纤维与纤维间的交联,或者在纤维表面形成一层树脂薄膜把鳞片遮蔽起来,使纤维的定向摩擦效应减小,从而获得防毡缩效果。树脂法处理后,羊毛手感较硬,通常都要经过柔软处理。

羊毛防毡缩整理可以采用"降解法"和"树脂法"相结合的方法,选择合适的处理剂,可获得良好效果,达到毛织物机可洗或超级耐洗水平。

4. 防蛀整理

毛织物属于蛋白质纤维,易受虫蛀而造成不必要的损失。防蛀整理的目的是防止蛀虫在织物上生长。常用的羊毛防蛀剂有熏蒸剂、触杀剂和食杀剂三种。

熏蒸剂常用对氯二苯、萘和樟脑等,利用挥发性物质杀死蛀虫,常用于密闭容器保存羊毛制品。当它们逐渐挥发完后,即失去防蛀作用。触杀剂常用氯苯乙烷,溶于汽油或乳化剂乳化后喷洒到织物上,杀虫力强,但不耐洗,且会引起公害。

目前生产中常用的防蛀剂有尤兰类、灭丁类、除虫菊酯类。除虫菊酯对人体无害,幼虫食后不消化而死亡,其发展较快。

三、丝织物的整理

丝织物的整理一般要经过轧水、拉幅、干燥、轧光等。丝织物的特种整理有真丝绸砂洗整理、合纤绸碱减量仿真丝整理。

丝织物经脱胶后失重较多,约为25%,为了弥补重量损失,可采用增重整理。此外,增重对改善真丝织物的防皱性和悬垂性也是一项有效的措施。目前,增重整理主要用于真丝领带和妇女的高级上衣等厚织物。

增重方法有锡盐增重、单宁增重和树脂整理增重等,其中锡盐增重是国内外普遍采用的一种方法。加工工序是将织物先经 $SnCl_4$ 溶液处理,水洗后用 Na_2HPO_4 溶液处理,再在 Na_2SiO_3 溶液中处理,最后皂洗。反应过程中形成的锡硅氧化物沉积于丝纤维中而引起增重。

四、织物功能整理

1. 拒水和拒油整理

防水整理指在织物表面涂有一层不溶于水的连续薄膜,用物理方法阻挡水的透过,但处理后的织物既不透气,也不透湿,不宜用于衣着用品,常用于工业用遮盖布、防雨篷布等。拒水整理是改变纤维表面性能,使纤维表面由亲水性转变为疏水性,则织物不易被水湿润,但仍保持良好的透气和透湿性,常用于制作雨衣及其他衣用面料等。

研究表明有机物表面的可润湿性由固体表面原子或暴露的原子团的性质和堆集状态所决定,与内部原子或分子的性质和排列无关。拒水剂和拒油剂是具有低表面能基团的化合物,用它们整理织物,可在织物的纤维表面均匀地覆盖一层拒水剂或拒油剂分子,并由它们的低表面能原子团组成新的表面层,使水和油均不能润湿。拒水剂一般选用烷基为拒水基团,而拒油剂则必须选用全氟烷基为拒油基团。

2. 阻燃整理

常见的纺织纤维在300℃左右会发生裂解,生成可燃性气体并与空气混合,遇到明火就会燃烧。某些特殊用途的织物,如冶金、消防工作服等,要求具有一定的阻燃功能,因此需对织物进行阻燃整理。经过阻燃整理的织物,在火焰中并不是完全不会燃烧,而是燃烧速度缓慢,离开火焰后能自行熄灭,不发生阴燃。

棉纤维经阻燃整理后,改变了裂解机理,在300℃左右开始脱水炭化,抑制能产生可燃性气体的左旋葡萄糖的生成,如含磷阻燃剂。涤纶燃烧一般认为是连锁反应,经阻燃整理后,其裂解温度和产物基本不变,阻燃作用按气相机理进行,如含卤素阻燃剂,卤原子与可燃性气体反应生成卤化氢,抑制链的支化而产生阻燃作用。

3. 抗静电整理

合成纤维吸湿性差,往往容易因摩擦产生静电。静电对纺织品的生产及使用会带来很大的影响,如带静电的服装易吸附灰尘,带静电织物常有放电现象,若在爆炸区易发生爆炸事故,所以对纺织品进行抗静电整理很有必要。消除静电的方法一般有物理法和化学法。物理抗静电法可以利用纤维的电序列,将相反电荷进行中和来消除或减弱静电量。化学抗静电法是用抗静电剂进行整理来消除静电,如用亲水性的非离子表面活性剂或高分子物质进行整理,提高纤维的吸湿性;用离子型表面活性剂或离子型高分子物质进行整理,降低静电积聚。

【本章小结】

1. 纺织品的染整加工过程包括前处理、染色、印花、整理等主要工艺过程,不同的织物其染整加工特点不同。
2. 按染料的应用分为直接染料、硫化染料、酸性染料、活性染料、分散染料、阳离子染料、还原染料。
3. 染色方法按纺织品的形态不同可分为散纤维染色(粗纺毛织物)、纤维条染色(精纺毛织物)、纱线染色(色织棉织物)、织物染色(应用普遍)、成衣染色。
4. 退浆的主要检验指标是退浆率,一般测试退浆前后的失重率。棉织物漂白后检验的主要质量指标是白度、毛效及纤维质量检验等。
5. 染色牢度的种类、染色牢度的评级除耐日光牢度另有规定外,一般分成5个等级,其中5级最好,1级最差,而耐光牢度分成8个等级,8级最好。
6. 按照印花工艺分为直接印花、防染印花、拔染印花、特种印花;按印花设备分为滚筒印花、筛网印花、转移印花、数码喷射印花。
7. 后整理的种类有尺寸稳定(如拉幅)、手感整理(如柔软)、外观整理(如轧光、电光)、功能整理(如拒水拒油、抗静电)。

【思考题】

1. 棉织物前处理的一般工艺过程有哪些?
2. 染料按其应用分为哪些种类?
3. 拔染印花和防染印花的区别是什么?
4. 什么是功能整理?你希望自己的服装有什么功能性?
5. 染色和印花的区别是什么?
6. 为什么说传统的前处理存在严重的污染问题?
7. 染料和颜料的区别有哪些?
8. 你所知道的染色方法有哪些?

9. 什么是染色牢度？请列举出染色牢度的种类。对于游泳衣来说，哪项色牢度最重要？
10. 蜡染、扎染的基本原理是什么？
11. 扎染和蜡染有哪些独特的风格？
12. 染色常见的病疵有哪些？你能否区分各种病疵？

【练习题】

1. 请指出棉织物可以用哪些种类的染料来染色。
2. 拒水整理和防水整理的区别在哪里？
3. 手感整理的种类有哪些？怎样去实现这些整理效果？
4. 滚筒印花和筛网印花的区别在哪里？
5. 什么是散纤维染色、纱线染色、织物染色、成衣染色？这些染色方法各自的特点是什么？适合开发什么样的产品？

第五章 纺织品的品种、质量和分等

【教学目标】
1. 掌握常见的棉织物、毛织物、丝织物、麻织物、化纤织物的风格特征;
2. 了解服用纺织品的分类和特点;
3. 了解装饰用纺织品的分类和特点;
4. 了解产业用纺织品的分类和特点;
5. 了解织物的质量指标。

第一节 纺织品的品种

纺织品是纺、织、染工业的成品,又是服装工业的原材料。纺织品按生产方式分为机织物、针织物、非织造布和编结物。纺织品按原料分为纯纺织物(棉织物、毛织物、丝织物、麻织物、化纤织物、矿物纤维织物、金属纤维等)、混纺织物(两种或两种以上不同纤维混纺的织物)、交织织物(不同纤维的经、纬纱线交织的织物)。纺织品按织物的用途分为服用纺织品、装饰用纺织品和产业用纺织品。中国与发达国家的纺织品结构如表5-1所示。

表5-1 中国与发达国家纺织品结构　　　　　　　　　　　　　单位:%

纺织品种类	发达国家	中国
服用纺织品	40	70
装饰用纺织品	30	19
产业用纺织品	30	11

从表5-1可以看出:我国的纺织品主要是服用纺织品,而发达国家中装饰用和产业用纺织品所占比例较大。我国目前是一个纺织大国,要想成为纺织强国,必须大力发展装饰用纺织品和产业用纺织品。

一、棉织物类

用棉纤维或棉型化学短纤维作原料而成的纯纺、混纺、交织的纺织品称为棉织物(俗称棉布)。常用的纤维有棉、彩色棉、粘胶短纤、涤纶短纤、维纶短纤等。棉布有本色布、色织布、染色布、印花布等。

(一)棉织物的特点

(1)吸湿性强,缩水率较大,约为4%~10%。

(2)耐碱不耐酸,棉布对无机酸极不稳定,即使很稀的硫酸也会使其破坏,但有机酸的作用微弱,几乎不起破坏作用。棉布较耐碱,一般稀碱在常温下对棉布无损伤,但经强碱作用后,棉布强力会下降。

(3)耐光性、耐热性一般,在阳光与大气中棉布会缓慢地被氧化,使强力下降。长期高温作用会使棉布遭受破坏,但其可耐受125~150℃的短暂高温处理。

(4)微生物对棉织物有破坏作用,不耐霉菌。

(二)棉织物的品种

棉织物在服用、家用纺织品中所占比例较大,下面介绍一些常见的棉织物。

1. 棉平布。棉平布是机织物,是我国传统的大宗产品。以纱线粗细不同分为粗平布(32tex以上)、中平布(31~20tex)、细平布(19~9.5tex)和特细平布(9.5tex以下),特细布也称细纺。

棉平布的经、纬纱线密度相等,经、纬向紧度在45%~60%之间,经、纬向紧度比≈1。棉平布的风格特征因厚度而不同,粗平布的布身厚实,坚牢耐磨,可做外衣、鞋里布等。中平布的布身平整、均匀、丰满,可做被里布、服装用布、工业用底布、人造革衬里等。细平布的布身平整、光洁、柔软,可做夏季衣料、窗帘等。特细布轻薄、细洁、滑爽如绸。是棉织物中仿丝绸的高档产品,适宜于夏季服装。

2. 府绸。府绸是机织物,是应用广泛的棉织物。府绸的经纬纱均为低线密度纱,一般经纬纱线密度相等,经向紧度为60%~80%,纬向紧度为30%~50%,经、纬向紧度比为5∶3~2∶1。府绸的风格特征是低线密度高经密,织物表面具有清晰的菱形颗粒状,可概括为滑、挺、爽。府绸有纱府绸、线府绸、半线府绸等。

3. 防羽布。防羽布是机织物,是制作羽绒服的面料,织物的密度更高,防止羽绒从内部钻出。

4. 巴厘纱。巴厘纱是机织物,是一种低线密度、低密、轻薄的织物。巴厘纱的经、纬纱均为低线密度强捻纱或股线,经、纬采用同一捻向,股线采用Z—Z捻。织物紧度小,经、纬向紧度在20%~35%之间。巴厘纱的风格特征是质地轻薄、手感滑爽、外观透明。

5. 斜纹布。斜纹布是机织物,有纱斜纹、半线斜纹、全线斜纹。斜纹布是$\frac{2}{1}$斜纹,经纬纱线密度相等或略有差异,经纬向紧度不大,经向紧度65%~75%,纬向紧度45%~50%,经、纬向紧度比≈3∶2。斜纹布的风格特征是织物正面的斜纹纹路明显,质地松软,光泽与弹性较好,透气性适中。细斜纹布可做夏季衣料、床上用品等;粗斜纹布可做秋冬季衣料、鞋面料、金刚砂布的基布等。

6. 卡其。卡其是机织物,有纱卡、半线卡、全线卡。纱卡组织一般为$\frac{3}{1}$↗,是单面卡其。半线卡和全线卡多采用$\frac{2}{2}$↗,是双面卡其;也有采用$\frac{3}{1}$↗的单面卡其。卡其的风格特征是正面纹路粗壮而突出,布身厚实,质地紧密而硬挺,耐磨性能较好。

第五章 纺织品的品种、质量和分等

7. 直贡。直贡是机织物,采用$\frac{5}{3}$经面缎纹,经密大于纬密,经纱采用Z捻。一般采用中线密度纱(29tex左右)。直贡的风格特征是布身密实丰厚,纹路清晰突出,具有仿毛直贡的风格。常用作外衣裤面料、鞋面料等。

8. 横贡。横贡是机织物,组织为$\frac{5}{3}$纬面缎纹,经密小于纬密,纬纱采用Z捻。纱较细(一般14.5 tex以上)。横贡的风格特征是细密、平滑、柔软、光泽好,具有仿丝绸的风格。经树脂整理、压光、电光整理,是棉织物中的高档品种。常用作女外衣面料、装饰织物等。

9. 牛仔布。牛仔布是机织物,是采用有色经纱和白色纬纱交织的$\frac{3}{1}$斜纹色织物,所用纱线较粗。现在,牛仔布品种繁多,有弹力牛仔布、全棉金银丝弹力牛仔布、涤棉牛仔布、彩色闪光牛仔布、弹力竹节牛仔布、全棉大提花牛仔布等等。从产品风格来看,牛仔面料在保留其坚固、耐磨、粗旷特征的同时不断地发生变化,并且可以白织后再染色。

10. 泡泡纱。泡泡纱是机织物,是棉织物中具有特殊外观特征的织物,采用轻薄平纹细布加工而成。布面呈现均匀密布凸凹不平的小泡泡,穿着时不贴身,有凉爽感,适合做夏季的各式女士服装。用泡泡纱做的衣服,洗后不用熨烫。

11. 灯芯绒。灯芯绒(又称条绒)是机织物,可织成粗细不同的条绒,其绒面较紧密而平坦,绒条丰硕饱满,耐磨性好,保暖性好,外型美观,主要用作外衣面料,可做男女各式服装。

12. 毛巾。毛巾织物是机织物,是采用毛圈组织织造的具有特殊外观的织物。毛巾织物质地厚实、手感柔软、吸水性好。常用作面巾、枕巾、浴巾、毛巾被等家用纺织品。

13. 汗布。汗布属针织面料中的薄型织物,多由最简单的基本组织——纬平针组织——制成。一般采用富有吸湿性和良好贴身性的纯棉中、细线密度纱,也有采用真丝及棉与化纤的混纺纱,主要用于缝制汗衫、T恤衫、汗背心。

14. 棉毛布。又称双面针织布,采用罗纹、双反面等组织,是缝制棉毛衫裤的主要材料。可由纯棉、棉混纺及纯化纤纱制得。具有弹力好、手感柔软、穿着保暖、舒适等特点。

15. 针织绒布。是一种保暖性强的起绒织物,有细绒、薄绒和厚绒之分。一般采用中线密度纱作底纱,粗线密度纱作绒纱,多用以缝制针织绒衫裤。其原料多采用纯棉纱或涤/腈、腈/棉等混纺纱,织物具有手感柔软、质地厚实轻便、绒毛均匀细密等特点。近年来,常见有薄绒布与机织布镶拼的各式时装,具有华贵、潇洒的服用效果。

16. 涤盖棉针织物。是采用化纤与天然纤维交织而成的双面针织物。织物正面为涤纶丝,反面为涤棉混纺层或棉纱层,具有吸汗性能好、外观挺括的优点。被广泛用于制作登山服、训练服等。

17. 粘纤或富纤与棉混纺织物。一般采用33%的棉纤维、67%的粘纤或富纤。这类织物具有耐磨、强度高于粘纤织物、吸湿性优于纯棉布、湿强下降较少、手感柔软、光洁的特点。主要品种有粘棉布、富纤棉织品。

18. 涤棉织物。通常采用35%的棉与65%的涤混纺。这种织物主要采用细线密度纱以平纹组织织成,多用于轻薄的衬衫布、细平布、府绸等。涤棉布俗称"的确良",它既保持了涤纶纤维强度高、弹性恢复性好的特性,又具备棉纤维吸湿性强的特征,易染色且洗后免烫快干。涤棉布品种规格较多,有漂白布、色布、印花布及色织布等。

二、麻织物类

用麻纤维作原料织制的纺织品称为麻织物，也包括麻与其他纤维混纺、交织的纺织品。常用的纤维有苎麻、亚麻、黄麻、大麻、剑麻等。

(一)麻织物的特点

(1)麻纤维属纤维素纤维，其织物拥有与棉相似的性能。

(2)麻织物具有强度高、吸湿性好、导热强的特性，尤其强度居天然纤维之首。

(3)麻布染色性能好，色泽鲜艳，不易褪色。

(4)对碱、酸都不太敏感，在烧碱中可发生丝光作用，使强度、光泽增强；在稀酸中短时间作用(1~2min)后，基本上不发生变化。但强酸能对其构成伤害。

(5)抗霉菌性好，不易受潮发霉。

(二)麻织物的品种

麻织物的品种较少，下面介绍一些常见的麻织物。

1. 爽丽纱。苎麻细薄型织物，是制作抽纱制品的上好面料。

2. 夏布。夏布是用土法生产的苎麻布，有的纱细布精，有的纱粗布糙，全由手工操作者掌握。夏布质地轻薄而坚牢，硬挺而凉爽。适用于夏季衣用、蚊帐等。

3. 亚麻细布。亚麻细布是采用中线密度纱和低线密度纱生产的平纹机织物。亚麻细布的布身硬挺，透气凉爽，布面上散布的竹节条纹是麻类织物的特有风格。

4. 黄麻布。黄麻织物在服装上很少使用，多用于包装袋、渔船绳索等。

5. 罗布麻。罗布麻是一种新型的麻织物，具有抗菌保健作用，主要用作保健服饰、床上用品。

6. 涤麻布。指涤纶与麻纤维混纺纱织成的织物或经、纬纱中有一种采用涤麻混纺纱的织物，包括涤麻花呢、涤麻色织布、麻涤帆布及涤麻细纺、涤麻高尔夫呢等品种。涤麻布兼有涤纶与麻纤维的性能，挺括透气、毛型感强。适合制作西服、时装、套裙、夹克衫等。

7. 麻棉混纺交织织物。麻棉混纺布一般采用55%的麻与45%的棉或麻、棉各50%的比例进行混纺。外观上保持了麻织物粗犷、挺括的独特风格，又具有棉织物的柔软特性，改善了麻织物不够细洁、易起毛的缺点。棉麻交织布多采用棉作经、麻作纬，质地坚牢爽滑，手感软于纯麻布。麻棉混纺交织织物多为轻薄型，适合夏季服装。

8. 毛麻混纺织物。采用不同毛麻混纺比例纱织成的各种织物，其中包括毛麻人字呢和各种毛麻花呢。毛麻混纺布具有手感滑爽、挺括、弹性好的特点，适合制作男女青年服装、套装、套裙、马夹等。

9. 丝麻混纺织物。丝麻砂洗织物是近年来利用砂洗工艺开发的新产品。它兼有真丝织物和麻织物的优良特性，同时还克服了真丝砂洗织物强度下降的弱点，产生了爽而有弹性的手感。此面料适合制作夏令服装。

三、丝织物类

用蚕丝或化学长丝为原料织制的纺织品称为丝织物(俗称丝绸)。常用的纤维有桑蚕丝(生丝、绢丝、绌丝)、柞蚕丝、粘胶长丝、涤纶长丝、锦纶长丝等。

第五章 纺织品的品种、质量和分等

(一) 丝织物的分类

丝织物按原料大体可分为真丝绸、人丝绸、合纤绸、交织混纺绸四大类。

1. 真丝绸。是采用天然蚕丝纤维织成的织物,可分为桑蚕丝绸、柞丝绸、绢纺绸等。其中,桑蚕丝绸指经、纬全部采用桑蚕丝织成的织品,如塔夫绸、双绉、电力纺等,具有光泽柔和、质地柔软、手感滑爽、穿着舒适有弹性等特点,是理想的夏季高档服装面料。柞丝绸是指经、纬均采用柞丝织成的丝绸,如柞丝纺、柞丝哔叽等,具有质地平挺滑爽、手感厚实、弹性好、坚牢耐用等特点,比桑蚕丝绸价格便宜,但光泽和颜色不如桑蚕丝绸。绢纺绸则是指用绢丝织成的织品,如绢丝绸、绵绸等,绢纺绸也是高档的服装面料,具有光泽柔和、手感柔软、吸湿悬垂性好的优点。不过绢纺服装穿着后有易泛黄、发毛的缺点,多用于制作男女衬衫、睡衣、睡袍等。

2. 人丝绸。是采用粘胶人造丝织成的织物,如立新绸、美丽绸、有光纺等。这类面料具有质地轻薄、光滑柔软、色泽鲜艳的特点,但由于粘胶丝的湿强低,弹性较差,故人丝绸湿强低、弹性差、易起皱,穿着时衣服易变形。人丝绸的缩水率较大。

3. 合纤绸。是采用合纤长丝织成的织品,包括涤丝绸、锦丝绸、涤丝绉、涤纶乔其纱等。这类织物具有天然丝织物的外观,但其绸面更平挺、身骨更坚牢、耐磨性和弹性更好,缺点是光泽不太柔和、吸湿、透气性差,穿着有闷热感。

4. 交织绸与混纺绸。是用人造丝或天然丝与其他纤维混纺或交织而成的仿丝绸织品,如织锦缎、羽纱、线绨、涤富绸等。这类面料的特点由参与混纺或交织的纤维性质决定。

(二) 丝织物的特点

(1) 蚕丝织物具有较好的强伸性和弹性,但抗皱性能差。

(2) 蚕丝织物具有很好的吸湿性、染色性和光泽。

(3) 蚕丝织物耐酸不耐碱。对无机酸具有一定的稳定性(浓的无机酸可使丝绸水解),对碱反应敏感,但比羊毛稳定。洗涤时应用中性或弱酸性洗涤剂。

(4) 蚕丝织物耐热性优于棉与呢绒,在120℃时几乎不受影响。

(5) 丝织物的耐光性很差,注意防晒,以免泛黄。

(6) 蚕丝织物的抗霉菌性好于棉、呢绒和粘纤织物。

(三) 丝织物的品种

丝织物有纺、绫、缎、绉、绸、绢、绡、纱、罗、绨、葛、锦、绒、呢等十四大类,下面介绍一些常见的丝织物。

1. 电力纺。电力纺是丝织物中的纺类产品。纺类产品的结构特点是采用桑蚕生丝平经平纬制织,再精练或印花,成为平整缜密而又轻薄的花、素织物。电力纺绸面平挺洁净,组织缜密,光泽自然柔和,手感柔中有刚,富有弹性。

2. 杭纺。杭纺是采用桑蚕生丝织成的纺类产品,因产地在杭州而得名。织品无正反面之分,质地粗犷厚实、手感柔挺,穿着舒适凉爽。

3. 绢纺。以纯桑蚕绢丝为原料织成的丝织物。具有质地丰满柔软、织纹简洁、光泽柔和、触感宜人的特点,并有良好的吸湿、透气性。

4. 富春纺。由粘胶丝和人造棉交织而成的纺类织物,分素色、印花、漂白等品种。质地丰厚、手感柔软,布面呈现有横向细条(原因是经纱细、纬纱粗)。

5. 真丝斜纹绸。也称真丝绫，是用纯桑蚕丝织成的绫类丝织物，一般为 $\frac{2}{2}$ 斜纹组织。面料具有质地柔软光滑、光泽柔和、色彩丰富、轻薄飘逸等特点。多用来制作衬衫、连衣裙、睡衣及方巾、长巾等。

6. 绢纬绫。采用 $\frac{2}{2}$ 斜纹组织以桑蚕丝与桑绢丝交织的绫类丝织物。产品质地属中型偏薄，绸面微亮，纹路清晰，适合用作服装或领带面料。

7. 采芝绫。采用桑蚕丝与粘胶丝交织的起花绫类丝织物，其中经纱用两组纱，一组为桑蚕丝，一组为有光粘胶丝，纬纱用一组有光粘胶丝，以 $\frac{1}{3}$ 破斜纹组织织成。这种面料质地中型偏厚，地纹星点隐约可见，适合作妇女春秋装、冬季棉衣面料及儿童斗篷等。

8. 美丽绸。又称美丽绫，属纯粘胶丝绫类丝织物，用 $\frac{3}{1}$ 斜纹织成。具有绸面光亮平滑、斜纹纹路清晰、反面暗淡无光的特点，是高档的服装里料。也可将其归为绸类。

9. 素软缎。由桑蚕丝织成或桑蚕丝与人造丝交织而成的缎类织物，具有经、纬密差异很大、质地柔软、缎面光亮、素静无花的特点，主要用作被面、妇女及儿童服装，或加工成工艺品、戏装等。

10. 花软缎。以真丝与人造丝为原料织成的提花缎类织物，具有质地柔软、光滑、花纹鲜明突出、精致细巧的特点。花软缎根据花型大小分为大花与小花两类，主要用作妇女、儿童服装及少数民族服装。

11. 九霞缎。是平经绉纬的纯桑蚕丝提花缎类织物，即经纱采用两根并合丝，纬纱用强捻丝并以 2S2Z 捻交替织入的交织缎。具有绸面色泽光亮柔和、质地柔软、富有弹性等特点，尤其地组织呈现绉纹效应，光泽较暗淡，因此花纹显得格外鲜艳明亮、灿烂夺目。

12. 花广绫。是单经单纬的纯桑蚕丝提花缎类织物。这种面料在八枚经缎纹地上显出八枚纬缎纹花，具有绸面光滑、质地柔软、花型分布均匀的特点。

13. 双绉。采用平经绉纬，以平纹组织织成的绉类织物。它采用两种不同捻向的强捻纬纱以 2S2Z 的排列交替织入，在布面上形成隐约可见的均匀闪光细鳞纹，别具风格。具有手感柔软、富有弹性、轻薄凉爽等特点。双绉有漂白、染色、印花等品种，用途很广，适宜制作衬衫、裙子、绣衣等。

14. 碧绉。采用与双绉相似的织法，只是纬纱由三根并合强捻丝与呈螺旋状的单丝相互抱合成线，从单方向织入，也称单绉。碧绉绸面呈现细小的螺旋状闪光绉纹，光泽和顺，质地柔软轻滑，坚牢耐穿，绸身比双绉略厚。碧绉的品种也有素色、条、格之分，适宜制作春、秋、夏装。

15. 桑波缎。是采用平经绉纬织成的纯桑蚕丝提花绉类丝织物，在五枚纬面缎纹地上提出五枚经面缎纹花，具有爽挺舒适、弹性好、缎面光泽柔和、地部略有微波纹的特点。用作男女衬衫或妇女裙料等。由于缎纹浮线较长，织物易起毛。

16. 塔夫绸。采用平纹组织和高于一般绸织物的密度织成的高档绸，具有质地紧密、绸面细洁光滑、平挺美观、光泽柔和自然、不易沾污等特点，缺点是易折皱，折叠重压后折痕不易回复，适用于夏季服装衣料及服饰配件头巾等。

17. 双宫绸。纬纱采用双宫丝的纯桑蚕丝素色绸类平纹织物。因经细纬粗,绸面呈现均匀而不规则的粗节,质地紧密挺括、色光柔和,有色织与白织之分。双宫绸宜作西装面料和装饰用绸,也可用于贴墙装饰。

18. 天香绢。以桑蚕丝为经、粘胶丝为纬的平纹提花绢类织物。因有两组纬纱,故又称双纬花绸。具有绸面细洁雅致、织纹层次较多、质地紧密、轻薄柔软、花纹明亮多彩的特点。主要用来制作妇女服装。

19. 塔夫绢。一般采用纯真丝色织而成的提花绢类丝织物,也可采用人丝或涤丝制织而成,用平纹组织。具有质地平挺滑爽、织纹紧密细腻、花纹光亮突出的特点。人丝、涤丝塔夫绢还具有价格低廉的优势。一般用作妇女服装、礼服及伞面、鸭绒服装面料等。

20. 格夫绸。采用桑蚕丝和金银丝交织的色织绢类丝织物,在素塔夫绢地上有规律地嵌入少量金银丝。织物质地平挺滑爽,格纹银光闪烁,是一种高级塔夫织物。宜作妇女春秋服装及夜礼服。

21. 真丝绡。采用纯桑蚕丝织成的平纹绡类织物。因为使用半精练纱线,故具有丝身刚柔糯爽、织物孔眼清晰、质地轻薄平挺的特点。主要用作夜礼服、宴会服、舞台装等。

22. 素丝绡。采用纯锦纶丝织成的变化平纹组织绡类织物,其质地轻薄透孔,适合作头巾或装饰料。

23. 烂花绡。采用锦纶丝与有光粘胶丝交织的经起花烂花绡类织物。因为锦纶丝和粘胶丝具有不同的耐酸性能,经烂花后,花、地分明,织物具有绡地透明、花纹光泽明亮、质地轻薄爽挺的特点。主要用作窗纱、披纱、裙料等。

24. 乔其纱。经纬纱均采用强捻丝,其中经纱以2S2Z相间而纬纱以2Z2S相间排列,织成经纬密均较稀疏的平纹织物。具有质地轻薄稀疏、表面呈现细微均匀绉纹、纱孔明显、悬垂飘逸的特征。适宜作夏季女衣裙、衬衫及婚礼服等。

25. 芦山纱。为浙江湖州市的传统产品,采用纯桑蚕丝织制的平纹提花织物。经、纬丝采用加捻丝,经丝以8S8Z间隔排列,且经密是纬密的两倍多。所织织物具有绸面绉纹明显、色彩素洁、直条清晰并略有细小纱孔、手感轻薄爽挺、透气性好的特点。适于作夏季衬衫或长裤。

26. 杭罗。原产于杭州,由纯桑蚕丝织制的罗织物,故名"杭罗"。以平纹和纱罗组织联合构成,其绸面具有等距排列的直条或横条状纱孔,孔眼清晰,质地刚柔滑爽,穿着舒适凉快,多用作夏季衬衫、便服面料。

27. 素绨。采用铜氨丝作经、蜡光棉纱作纬交织而成的平素绨类织物,其经密约为纬密的两倍,以平纹组织构成。具有质地粗厚缜密、丝纹简洁清晰、光泽柔和的特点,是制作男女棉袄的适宜面料。

28. 明华葛。采用纯粘胶丝织成的经细纬粗、经密纬疏、平纹地上经起花的葛类织物。其绸面具有明显的横凸纹效应,且隐约呈现花明地暗的效果,质地较柔软。主要用作春秋服装或冬季棉袄面料。

29. 文尚葛。采用粘胶丝与棉纱交织的葛类织物,以联合组织织成,外观具有明显的横凸纹,质地精致紧密而较厚实,色光柔和。大多用作春、秋、冬季服装,还可用于沙发面料、窗帘等。

30. 蜀锦。原产于四川的一种缎面提花织物,分经锦和纬锦两类。其质地坚韧丰满,纹样风格秀丽,配色典雅,富有民族和地方特色。常作为高级服饰和装饰用料及民族服装用料。

31. 宋锦。模仿宋朝锦缎风格的传统产品,是采用纯桑蚕丝或桑蚕丝与有光粘胶丝交织的纬起花锦类织物,具有锦面平挺、结构精细、光泽柔和雅致、色彩图案古色古香等特点。宋锦产品专供名人书画和贵重礼品的高级装贴用。

32. 云锦。云锦同蜀锦、宋锦一起称为中国的三大名锦,原产于南京,是由桑蚕丝与金银皮、粘胶丝交织而成的传统提花多彩特色锦类织物。由于织物图案中多配以祥云飞霞,犹如天空中多彩变幻的云霞,故名云锦。云锦具有质地紧密厚重、风格豪放饱满、典雅雄浑、色彩富丽等特点,适宜作少数民族服装和各种装饰材料。

33. 织锦缎。为传统的熟织提花丝织物。采用真丝加捻丝作经、有光粘胶丝作纬而织成的经面缎纹提花织物,花纹精细、质地厚实紧密、缎身平挺、色泽绚丽(少则三色、多则十色),是高档丝织物。一般适于作旗袍、便服、礼服及少数民族节日盛装等高档服用衣料。

34. 乔其绒。采用桑蚕丝和粘胶丝交织的双层经起绒织物,由双层分割形成绒毛。其起绒部分采用有光粘胶丝,而地经地纬均采用强捻桑蚕丝,故具有绒毛耸密挺立、呈顺向倾斜、手感柔软、富有弹性、光泽柔和等特点。乔其绒可经割绒、剪绒、立绒、烂花、印花等整理,得到烂花乔其绒、烫漆印花乔其绒等品种。宜作妇女晚礼服及少数民族礼服等。

35. 立绒。采用桑蚕丝和人造丝交织而成的双层经起绒织物,织造方法同乔其绒,区别在于立绒毛密、短而平整,挺立不倒。具有绒身紧密、手感柔软丰满、光泽柔和、质地坚韧等特点。适合作妇女服装、节日盛装等。

36. 大伟呢。为仿呢织物,属平经绉纬小提花类。正面织成不规则呢地,反面为斜纹变化组织,呢身紧密、手感厚实、光泽柔和,绸面暗花纹隐约可见,犹如雕花效果的特征。适合制作长衫、短袄等。

37. 纱士呢。采用粘胶丝以平经平纬织成的平纹小提花呢类织物,具有质地轻薄、平挺、手感滑爽、外观呈现隐约点纹的特征。常用作夏令或春秋服装。

38. 天鹅绒。也称作漳绒,因起源于福建漳州而得名,是表面具有绒圈或绒毛的单层经起绒织物。具有绒圈或绒毛浓密耸立、光泽柔和、质地坚牢耐磨等特点。常用作高档服装面料、帽子和沙发、靠垫面料等。

四、毛织物类

采用羊毛或其他动物毛(马海毛、兔毛、牦牛毛等)及化学短纤维,通过纯纺、混纺或交织的纺织品,称为毛织物(俗称呢绒)。常用的纤维有绵羊毛、山羊绒、马海毛、兔毛、牦牛毛、粘胶、涤纶、腈纶等。

(一)毛织物的特点

(1)毛织物吸湿性很好,染色性能优良,但色泽以深色居多。

(2)毛纤维具有天然卷曲,结构蓬松,因此毛织物弹性大,导热系数小,保温性能好。

(3)毛织物耐酸不耐碱。羊毛属蛋白质纤维,因此对酸较稳定,一般稀酸对其不起破坏作用,在有机酸中也不会造成不良影响。但对碱较敏感,在5%苛性钠溶液中煮几分钟就可使之溶解。

(4)毛织物不耐高温,在100～105℃温度下长时间放置会使纤维受到破坏,颜色变黄,甚至强力下降。

(5)毛织物的耐光性较差,紫外线对羊毛有破坏作用,故不宜曝晒。

(6)毛织物的防虫蛀性差,易被蛀食,强力下降,甚至在呢面形成破洞。

(二)毛织物的品种

毛织物主要用于外衣、家纺等,下面介绍一些常见的毛织物。

1.凡立丁。凡立丁属传统的轻薄精纺毛料,为线经线纬织物,纱细、密度小,面密度为$175～195g/m^2$。凡立丁呢面光洁平整,质地细洁、轻薄滑爽、柔糯、富有弹性。一般是匹染素色,以浅米色、浅灰色为多。

2.派力司。派力司也是轻薄精纺毛料,多为线经纱纬织物,纱比凡立丁更细,织物更轻薄,面密度为$135～168g/m^2$。派力司的呢面呈散布均匀的混色雨丝状,光泽自然柔和,轻薄滑爽、富有弹性。通常为条染混色,颜色以中灰、浅灰居多。

3.华达呢。华达呢是精纺毛织物,采用$\frac{2}{2}$斜纹组织,斜纹纹路的倾角为63°左右,经密与纬密的比值大约是2∶1。华达呢的呢面平整光洁,纹路清晰,呢身厚实紧密,有身骨,挺括富有弹性,通常为匹染单色。常用作西服套装、制服等的衣料。

4.哔叽。采用$\frac{2}{2}$斜纹组织织成,与华达呢相比,其经纬密基本一致,纱较细,故织品呈现50°左右的斜纹纹路,纹路间隔宽于华达呢,呢面比华达呢平坦,光泽柔和,手感润滑,有弹性。

5.啥味呢。啥味呢是精纺毛织物,采用条染混色,色泽以混色灰为主,以合股精梳毛纱$20tex×2(50/2公支)$左右为原料,轻缩绒,常用$\frac{2}{2}$斜纹组织,面密度为$230～330g/m^2$。啥味呢的呢面平整,有短而均匀的绒毛,织纹隐约可见,手感柔软丰满,弹性好,光泽自然。适宜制作春秋男女西服、中山装及夹克衫等。

6.马裤呢。是精纺毛织物中最重的织物,采用纹路倾角为70°左右的急斜纹组织,因其过去常用作骑马狩猎的裤料,故称"马裤呢"。马裤呢具有质地厚实、呢面光洁、正面斜纹粗壮、反面纹路扁平、手感挺实有弹性的特点。颜色以军绿为主,常用作军服、猎装材料。

7.女式呢。也称女衣呢,采用精梳单纱或股线织成的平纹或斜纹及其变化组织、提花组织织物。具有质地细洁松软、轻薄、富有弹性,外观花纹清晰、色泽艳丽高雅、品种丰富、适应性强的特点。适于作各类女用服装和时装。

8.花呢。属精纺毛织物中品种变化最多的织物。常用于服装的花呢面料有单面花呢、薄花呢、中厚花呢。单面花呢一般采用纯毛或混用55%的涤纶纺成精梳毛纱后织成斜纹变化组织织物,其呢面具有凹凸条纹或花纹,正反面花纹明显不同,手感厚实,富有弹性。全毛花呢光泽柔和,膘光足;混纺花呢防缩耐磨,成衣保形性好,适合于制作西服套服,尤其高档牙签条花呢是单面花呢的特色品种。薄花呢是采用平纹组织织成的浅色花呢织物,经纬向捻度较大,具有质地轻薄、手感滑爽、穿着舒适挺括的特点。中厚花呢比薄花呢厚重,纱较粗,一般为斜纹或斜纹变化组织,具有色泽鲜艳、呢面光洁滑润富有弹性的特点,如海力蒙、礼服呢等,适合制作春秋装、西服、裙衣等。

9. 驼丝锦。驼丝锦是细洁紧密的中厚型素色毛织物,有精纺和粗纺之分。原料用细羊毛,精纺驼丝锦的纱较细,采用缎纹组织及其变化组织制织,织物面密度为 $321\sim370g/m^2$。驼丝锦的呢面平整,织纹细致,手感结实柔滑,紧密而有弹性,适宜制作礼服。

10. 麦尔登。麦尔登属高档粗纺毛织物,用细线密度羊毛为原料,重缩绒,不经过起毛。常用组织有 $\frac{2}{2}$ 斜纹、$\frac{2}{2}$ 破斜纹、$\frac{2}{1}$ 斜纹,面密度为 $376\sim500g/m^2$。麦尔登的呢面丰满不露底,细洁平整,质地紧密,富有弹性,不起球,耐磨。适宜制作冬季长短大衣和中山装等。

11. 海军呢。是质量仅次于麦尔登的高级粗纺呢绒织品,所用原料以一、二级毛为主,混有少量精梳短毛,仍以 $\frac{2}{2}$ 斜纹组织织成。具有质地紧密、呢面丰满平整、手感挺立、有弹性、不露底、耐磨性好及色光鲜艳等特点。因其多染成海军蓝、军绿及深灰色,故主要用于海军制服、海关人员工作服等。

12. 大衣呢。是粗纺呢绒中较高档的品种,采用的织物组织不同,可得到各种织品。大衣呢的基本特点是质地厚实、保暖性强。主要有平厚大衣呢、立绒大衣呢、顺毛大衣呢、拷花大衣呢、银枪大衣呢等品种。适宜制作大衣。

13. 制服呢。是粗纺呢绒中较低档的品种,纱中混有短毛或再生毛。具有呢面粗糙、色光较差、身骨较松软、露底纹,但织物较厚实、保暖性好等特点。一般适宜制作上装。

14. 粗花呢。是粗纺呢绒中花色品种规格最多的一类。常用两种或两种以上的色纱合股织成平纹、斜纹或各种变化组织织物。具有花纹丰富(混色、夹花、显点等)、质地粗厚、结实耐用、保暖性好等特点。适宜制作男女春、秋、冬三季服装。粗花呢中值得一提的是钢花呢,也称作火姆斯本,呢面具有明显的散布状的彩色粒点特征,给人以赏心悦目、素雅之感。

15. 法兰绒。是粗纺呢绒中的混色缩绒品种,常以平纹或斜纹织成。具有绒毛丰满细洁、混色均匀、不起球、手感柔软有弹性、悬垂性和保暖性均较好的特点。多以灰色为主,适合制作春秋服装。

16. 长毛绒。又名海虎绒或海勃龙,为起毛立绒织物。由两组经纱(地经与毛经)与一组纬纱用双层组织织成,经割绒后可得到两片具有同样长毛绒的织品。具有绒面平整、毛长挺立丰满、手感柔软蓬松、质地厚实有弹性等特点。长毛绒通常是用棉线作为地经与纬纱,只有毛经才用毛纱。可分为素色、夹花、印花、提花等品种。适用于冬季女装、童装、衣里、衣领、帽子及沙发等。

17. 驼绒。也叫骆驼绒,属针织拉绒产品,因羊毛染成驼色而得名,采用棉纱编织地布,粗纺毛纱织成绒面,经拉毛起绒而形成毛绒。驼绒具有绒身柔软、绒面丰满、伸缩性好、保暖舒适等特点。适宜制作各种衣、帽、鞋的里料。不过,裁剪时应注意驼绒绒毛的顺向,以免拼接不当,影响外观。

五、化纤织物类

化纤长丝类织物,一般归到丝织物,如涤丝绸、尼丝纺等,也有仿毛织物、仿麻织物。化学短纤维一般与其他天然纤维混纺或交织。

第二节　服用纺织品

一、服用纺织品的特点

服用纺织品是应用最早的纺织品。这类纺织品要求有良好的服用舒适性（即透气性、透湿性、保暖性、弹伸性等），还要根据其穿着的场合具有一定的柔软性、挺括性、耐磨性、防护性等。

二、服用纺织品的分类

服用纺织品可分为内衣用纺织品、外衣用纺织品、劳动工作服用纺织品。

1. 内衣用纺织品

内衣用纺织品直接与人体接触，对人体不应有刺激性。因此，这类织物要求手感柔软，吸湿透气，耐洗涤，耐日晒。这类织物采用针织物较多，用棉织物、丝织物、粘胶织物较好。

2. 外衣用纺织品

外衣用纺织品要经受外界的摩擦、拉伸、日晒等，所以要有较好的强力。织物的结构要稳定，抗折皱，耐摩擦，多采用机织物。夏季穿着的外衣要轻薄凉爽，易洗快干，常用棉、麻、丝、化纤织物及其混纺交织织物。冬季织物要求保暖性好，不易沾污，挺而不糙，柔而不皱，常用棉、麻、毛、化纤织物及其混纺交织织物。外衣用织物还可细分为西服用纺织品、夹克用纺织品、裤子用纺织品、裙子用纺织品、礼服用纺织品、运动服纺织品。

3. 劳动工作服用纺织品

劳动工作服应便于四肢活动，能够迅速吸收和散发劳动过程中产生的汗液，同时要有较高的强力和耐磨性。对一些特殊的劳动工作环境，还要求有耐酸碱性、耐火性、耐寒性、抗静电性、抗菌性、防辐射功能等。常用棉、化纤织物及其混纺交织织物，必要时采用高功能、高性能纤维织物。

第三节　装饰用纺织品

一、装饰用纺织品的特点

装饰用纺织品主要属于消费领域，这类纺织品比较注重产品的外观质量、图案花色、舒适性和功能性等，使用的纺织纤维涵盖面较广。

装饰用纺织品属实用艺术性的纺织品，在设计生产时要考虑其艺术性、实用性、舒适性和配套性。艺术装饰性主要通过产品的图案、纹样、色彩、款式和加工工艺（如绣花、捻花、流苏、花边等）来体现。实用性是在款式新颖的基础上通过产品的内在质量和技术性能并兼顾产品价格的竞争能力来体现。舒适性的要求是室内装饰用品应具备卫生性能和服用性能,而产品的视觉效应也会增加产品的舒适性。配套性应与室内装潢设计构成不可分割的整体,室内装潢的格调与色彩是多样化的,总的格调与色彩要协调,达到美观、实用、舒适的效果。配套的装饰用纺织品能指导消费者更好地布置生活环境和提高生活质量。

二、装饰用纺织品的分类

装饰用纺织品按照其使用的环境和用途分,可大体归纳为八大类。

1. 地面装饰用纺织品

地面装饰用纺织品主要是地毯。地毯为软质的铺地材料,具有吸音、保暖、行走舒适和艺术装饰的作用。地毯的种类很多,目前使用较广的有手织地毯、机织地毯、簇绒地毯、非织造布地毯、编结地毯等。

2. 墙面贴饰用纺织品

墙面贴饰用纺织品主要指墙布,具有吸音、调节室内温湿度、改善并美化环境的作用。宾馆、居室、饭店、歌厅等使用的墙面软包装材料就是墙布。常见的墙布有黄麻墙布、印花墙布、非织造墙布、编织墙布等,还有高档的丝绸墙布、静电植绒墙布、仿麂皮绒墙布等。

3. 挂帷遮饰用纺织品

挂帷遮饰用纺织品指窗帘、帷幕、伞、条幅等,具有隔音、挡光、遮蔽、美化环境、广告宣传、分割室内室外空间等作用。常见的有各式窗帘(包括汽车、火车、飞机、轮船等交通工具使用的窗帘)、门帘、舞台帷幕、屏风、雨伞、遮阳伞、条幅(横幅)等。

4. 家具覆盖用纺织品

家具覆盖用纺织品指覆盖于家具之上的各种织物,具有保护和装饰的双重作用。主要有沙发布、沙发套、椅垫、椅套、台布、台毯等,还包括汽车、火车、轮船、飞机等交通工具使用的椅套、座垫、台布、车罩等。

5. 床上用纺织品

床上用纺织品是家用装饰织物中最主要的种类,具有保暖、舒适、美化室内环境的作用。主要包括床垫套、床单、床罩、被子、被罩、褥子、枕头、枕套、枕巾、毯子、毛巾被等,以及汽车、火车、轮船、飞机等交通工具使用的卧具织物。

6. 卫生盥洗用纺织品

卫生盥洗用纺织品主要指巾类织物,具有柔软、吸湿、保暖、舒适的作用。这类纺织品主要有毛巾、浴巾、浴衣、浴帘、地巾等。

7. 餐厨用纺织品

餐厨用纺织品在家用装饰织物中,虽然用量不多,但是必不可少。它具有实用和卫生的作用。一般指餐巾、围裙、洗碗布、揩布、厨帽、防烫手套、保温罩、购物袋(发达国家重视环境保护,购物袋采用可降解的纯棉纺织品)等。

8. 工艺美术装饰用纺织品

工艺美术装饰用纺织品是以各种纤维为原料编结或制织的艺术品,具有艺术欣赏和美化环境的复合作用,如中国结、挂毯、丝绸像景、工艺包装盒等。

第四节 产业用纺织品

产业用纺织品是在传统纺织品的基础上发展起来的高性能纺织品,已广泛用于各行各业。随着社会的进步和科学技术的发展,使用产业用纺织品的行业和领域也越来越多。目前一些非常尖端的科技领域都离不开产业用纺织品。

一、产业用纺织品的特点

产业用纺织品属于生产资料领域,这类纺织品更注重产品的内在质量和功能整理,使用的纺织纤维大多是合成纤维和高功能、高性能纤维。

产业用纺织品与服用、装饰用纺织品存在较大的差别,主要表现在以下几个方面:
(1)使用领域不同(用于各行各业,直接面对消费者);
(2)性能要求不同(性能要求高);
(3)所用材料不同(多使用高功能、高性能的纤维);
(4)测试方法不同(测试要求高,需模拟现场使用情况);
(5)加工方法和使用的设备不同(特阔幅织机、重型织机);
(6)使用寿命不同(两个极端,耐用性和用即弃性)。

二、产业用纺织品的分类

产业用纺织品按其最终用途可分为以下几类。

1. 过滤用纺织品

利用一种介质对气固、液固等混合物进行分离,用于过滤的介质就被称为过滤材料。过滤材料的种类很多,常用的有陶瓷、金属丝网、塑料多孔板、过滤纸、过滤布等。而其中发展最快、应用领域最广的过滤材料就是纺织过滤材料——过滤布。过滤布已广泛应用于食品、制糖、制药、医疗、化工、冶金、钢铁、石油、陶瓷、造纸、除尘、环保等各行各业。

2. 土工布

土工布主要用于土木技术工程、大型结构设施、建筑物和路面建造、水文地质和环保工程,如铁路地基、建筑物地基、沥青路面的修补、挡土墙、隧道、桥梁、地铁、临时道路、机场跑道、土壤的改良、排水管道、农机井、油田、水库堤坝、电场灰坝、矿山矿坝、矿井的支柱成形、固定沙丘和保护植被、治理水土流失、治理环境污染、港口、水池壁、充水坝等建设中的应用。土工布同水泥、钢材、木材一起,称为"四大建筑材料"。

在各种使用环境中的土工布,其主要功能为增强稳定功能、过滤功能、隔离功能、排水功能、防水(渗)功能(防潮)、防护功能六种,以及由此引伸而来的应力分散、张力平衡、防渗、控制侵蚀和容装成形及抗冻保温作用。

3. 医疗卫生用纺织品

医用纺织品多种多样,按其应用可分类如下:
(1)非移植用纺织品:如绷带、伤口敷料、膏药布等。

(2)移植用纺织品:如缝合线、血管移植物、人造关节、心脏瓣膜及修复用织物。

(3)体外装置用纺织品:如人工肾、人工肝、人工肺等。

(4)保健和卫生用品:如床上用品、防护服、外科手术大衣、手术巾等。

4. 安全与防护用纺织品

安全防护用品一般都采用特种功能的纺织品,它涉及到新材料、新工艺等许多新技术,是目前科研与生产的前沿领域。

(1)用于高温的作业环境,如冶金、炼钢等工种的高温防护服。

(2)用于发生火灾的作业环境,如消防队员、森林防火员等的防火服。

(3)用于高寒区和野外作业及低温环境,如极地考察人员的服装、冷库工作服等。

(4)用于防止危害的防静电服、防弹服、防辐射服、防菌服等。

5. 建筑与设施用纺织品

目前,纺织品被广泛地用于一些大型建筑设施的外壳,如运动场、机场、展览厅、体育馆、陈列厅以及仓库等。因为合纤具有强度高、疏水(拒水)性好、耐腐蚀、防霉等特性,而这些性能正是建筑和设施用材料必不可少的。

纺织品用于建筑结构材料的优点有:

(1)纺织品材料的重量轻,可节省支撑结构和加强材料,降低造价。

(2)纺织品结构材料方便建造大跨度建筑。

(3)纺织品材料和常规结构材料相比,织物外壳层的建造时间可显著缩短。

(4)织物外壳轻巧,很容易取下而移置别处。

(5)织物不易裂开,由于其结构特点,外壳磨损或受撞击产生的损伤只限于较小部位,损伤处修复很方便,能较好承受地震等严重破坏力。

(6)纺织材料结构方便造型设计。

6. 运输用纺织品

运输用纺织品主要用于汽车、火车、飞机和船舶等交通运输工具,如座席、车顶篷、侧面板、地毯、行李箱、轮胎、消声器、隔热器、安全带、安全气囊等。

7. 农业用纺织品

人们正在改变农业"靠天吃饭"的传统生产方式,农副产品打破了季节性,这其中农业栽培用材料起了重要作用。农作物生长离不开阳光、温度、湿度,同时要预防风、雪、霜、虫等自然灾害的侵袭。利用农业栽培用材料来改变微气候条件,调节植物的生长期,能生产出更多且更富有营养的高质量农副产品。早期用于农业的栽培材料是塑料薄膜,目前的农业栽培用材料有农用非织造布、寒冷纱等纺织品。

8. 体育及娱乐用纺织品

体育和娱乐用纺织品主要包括运动服、体育器材等。运动服的发展方向主要是向高性能方向发展,比如可以改变微气候条件:温度和湿度。体育器材正向复合结构材料方向发展,因为复合材料的强度高、耐用,这一类产品有复合材料轮滑滑板、自行车架、高尔夫球杆、网球拍、滑雪和冲浪器材等。

9. 航空航天用纺织品

航空、航天用纺织材料根据用途不同,可分为如下几类:

(1) 个体防护装备用纺织材料。包括航天服(太空行走服、舱内服、升空和重返大气层服及空间站用防护服)、飞行员服(代偿服、抗荷服、抗浸服)。由于其用途不同,其纺织材料的特点也不完全相同。总的来说,这类纺织材料应具有重量轻、强度高、阻燃、透气但不透水和耐辐射等特点。

(2) 降落伞用纺织材料。主要指伞衣和伞绳等,其主要特点应是轻薄、柔软、强质比(强度/质量)高,具有较高的抗撕裂强力、抗灼伤、耐老化和防霉变等。

(3) 其他航空装备用纺织材料。包括拦阻网、空靶等所用的纺织材料。

10. 其他产业用纺织品

如造纸、合成革基布以及各种绳、带、缆等。

第五节　纺织品的质量和分等

要确定纺织品的质量必须对织物进行分析和检验。织物分析包括原料分析、纱线结构分析(线密度、捻度、捻向等)、织物结构分析(组织、面密度、厚度、密度、紧度、幅宽等)。织物的质量检验主要是外观质量检验和内在指标检验。

一、织物的结构分析

(一) 织物正反面的鉴别

(1) 织物正面平整、光滑、细致,花纹和光泽清晰、美观。

(2) 按织物特征确定正反面。

(二) 织物密度

1. 机织物密度。织物单位长度中所排列的纱线根数,称织物密度。标准计量单位是"根/10cm"或"根/cm",英制计量单位是"根/英寸"。织物密度有经密(织物单位长度中所排列的经纱根数)和纬密(织物单位长度中所排列的纬纱根数)。

2. 针织物密度。针织物的密度用横向密度、纵向密度和总密度来表示。横向密度是指5cm内的线圈纵行数,纵向密度是指5cm内的线圈横列数,总密度是指横向密度和纵向密度的乘积。

(三) 织物纱线的线密度

线密度的表示方法有定重制(公制支数、英制支数)和定长制(特克斯、旦尼尔)。

棉产品一般用特克斯、英制支数;毛、麻产品一般用特克斯、公制支数;丝绸产品一般用特克斯、旦尼尔。测定织物经纬向线密度的方法有两种。

1. 比较测定法:把纱线与已知线密度的纱线进行比较来确定,这种方法简单易行。

2. 称重法:从样品中拆取单位长度的纱线,用天平称重,换算得出线密度。

(四) 鉴定织物原料

鉴定织物原料的方法通常有手感目测法、燃烧法、显微镜鉴别法、溶解法、染色法、比重法、折射法、X衍射法、红外吸收光谱法等(详见第一章第五节)。

二、织物的机械性能指标

1. 断裂强力和断裂伸长率

断裂强力表示规定尺寸的织物拉伸到断裂时试样所承受的力。不同品种的织物,其试样尺寸的要求也不一样,国家标准中有规定,如棉织物的尺寸是 5cm×20cm,毛织物的尺寸是 5cm×10cm。断裂伸长率表示织物受拉伸至断裂时的伸长百分率。

影响织物断裂强力的因素很多,主要有纤维的种类、纤维的质量、纱线的粗细、纱线的结构、织物的密度、织物组织、染整加工方法等。

2. 撕裂强力和顶破强力

撕裂强力是织物的局部被握持,以致被撕成两片时所承受的力。顶破强力是将一定面积的织物四周固定,从织物的一面给予垂直的顶压以致织物破坏所承受的力。

3. 耐磨性

耐磨性是织物抵抗摩擦损坏的性能,有平磨、折边磨、曲磨等。

三、织物的服用性能指标

1. 织物的起毛、起球性能

织物受摩擦后表面的纤维头端露出而呈现许多毛茸的现象,称为"起毛";毛茸互相纠缠在一起,形成毛球,即为"起球"。毛纤维、合成纤维易起球,粘胶纤维易起毛。

2. 悬垂性和刚挺性

悬垂性是指织物在自然悬垂下形成平滑曲面的性能。悬垂性好,则刚挺性差。

3. 缩水率

织物经水洗后尺寸发生变化的现象称为缩水。缩水量和试样原长的比值,称为缩水率。

4. 吸湿性

吸湿性指织物吸收水分子的能力。天然纤维和人造纤维素纤维的吸湿性较好,合成纤维的吸湿性较差。

5. 透气性和透湿性

透气性指织物透过空气的能力。透湿性指织物透过湿汽的能力。

6. 保暖性

保暖性是指织物的热传递性能。导热系数小,保暖性好。空气的导热系数最小,水的导热系数最大。各种纤维的导热系数如表 5-2 所示。

表 5-2 纺织材料的导热系数

材料	棉	羊毛	蚕丝	粘胶纤维	醋酸纤维	氯纶
$\lambda[W/(m\cdot℃)]$	0.071~0.073	0.052~0.055	0.05~0.055	0.055~0.071	0.05	0.042
材料	涤纶	锦纶	腈纶	丙纶	空气	水
$\lambda[W/(m\cdot℃)]$	0.084	0.244~0.377	0.051	0.221~0.302	0.026	0.697

四、织物的染色指标及外观疵点

织物的染色指标主要指织物的颜色和色光的纯正程度、光泽、色差和色牢度等。

(一)织物的色泽和色牢度

1. 织物的颜色和色光

各种颜色和色光的测试是根据标准色样,利用对比法进行的。对漂白织物还用白度计进行测试。

2. 织物的光泽

织物的光泽表示织物对光线的反射能力。织物表面平整的反光好,缎纹织物反光好,烧毛后的织物反光好。

3. 织物的色差

织物的色差指印染织物各部位之间的色差、匹与匹之间的色差、织物与样布之间的色差。

4. 织物的染色牢度

织物的染色牢度是指织物的色泽耐外界影响的坚牢程度,分为日晒牢度、洗涤牢度(水洗牢度、皂洗牢度、干洗牢度)、摩擦牢度(干摩擦牢度、湿摩擦牢度)、汗渍牢度等。

(二)织物的外观疵点

织物的外观疵点分局部性疵点和散布性疵点。局部性疵点如破损、织疵、横档、色条等。散布性疵点如棉结、杂质、缺经、染色不匀、错花、歪斜等。

五、织物的质量标准和分等

在纺织品的标准中,技术要求、分等规定、测试方法、包装标志与验收规则等都作了具体规定。各种织物有相应的国家标准,还有部颁标准、地方标准、企业标准。如:

GB/T 5325—1997	精梳涤棉混纺本色布
GB/T 406—1993	棉本色布
GB/T 5326—1997	精梳涤棉混纺印染布
GB/T 411—1993	棉印染布
GB/T 14311—1993	棉印染灯芯绒
GB/T 14310—1993	棉本色灯芯绒
FZ/T 13007—1996	色织棉布
FZ/T 13001—2001	色织牛仔布
GB 4580—1984	无衬里消防水带
GB 8690—1988	毛织物耐磨试验方法
FZ/T 20018—2000	毛纺织品中二氯甲烷可溶性物质的测定
FZ/T 34001—2003	苎麻印染布
FZ/T 34004—2003	涤麻(苎麻)混纺印染布
FZ/T 33008—1999	亚麻凉席
GB/T 15551—1995	桑蚕丝织物

GB 9127—1988	柞蚕丝织物
FZ/T 43014—2001	丝绸围巾
FZ/T 43007—1998	丝织被面
GB/T 17253—1998	合成纤维丝织物
GB/T 16605—1996	再生纤维素丝织物
GB/T 9102—2003	锦纶6轮胎浸胶帘子布
FZ/T 62006—2004	毛巾
GB/T 8878—2002	棉针织内衣
FZ/T 73018—2002	毛针织品
FZ/T 73001—2004	袜子
GB/T 18885—2002	生态纺织品技术要求
GB 8685—1988	纺织品和服装使用说明的图形符号

【本章小结】

1. 纺织品是纺、织、染工业的成品，又是服装工业的原材料。

2. 纺织品按生产方式分为机织物、针织物、非织造布、编结物；按原料分为纯纺织物、混纺织物、交织织物；按织物的用途分为服用纺织品、装饰用纺织品、产业用纺织品。

3. 用棉纤维或棉型化学短纤维作原料纯纺、混纺、交织的纺织品称为棉织物。

4. 用麻纤维作原料织制的纺织品称为麻织物，也包括麻与其他纤维混纺、交织的纺织品。

5. 用蚕丝或化学长丝作原料织制的纺织品称为丝织物。

6. 用羊毛或其他动物毛（马海毛、兔毛、牦牛毛等）及化学短纤维作原料纯纺、混纺、交织的纺织品称为毛织物。

7. 服用纺织品可分为内衣用纺织品、外衣用纺织品、劳动工作服用纺织品。

8. 装饰用纺织品按其使用的环境和用途可归纳为八大类：(1)地面装饰用纺织品；(2)墙面贴饰用纺织品；(3)挂帷遮饰用纺织品；(4)家具覆盖用纺织品；(5)床上用纺织品；(6)卫生盥洗用纺织品；(7)餐厨用纺织品；(8)工艺美术装饰用纺织品。

9. 产业用纺织品按其最终用途可分为：(1)过滤用纺织品；(2)土工布；(3)医疗卫生用纺织品；(4)安全与防护用纺织品；(5)建筑与设施用纺织品；(6)运输用纺织品；(7)农业用纺织品；(8)体育及娱乐用纺织品；(9)航空航天用纺织品；(10)其他产业用纺织品。

10. 织物的质量检验主要是外观质量检验和内在指标检验。

11. 在纺织品的标准中，技术要求、分等规定、测试方法、包装标志与验收规则等都作了具体规定。

【思考题】

1. 服用纺织品采用哪些纤维较好?
2. 高功能、高性能纤维一般用于哪些纺织品?
3. 纺织品的标准中有哪些具体规定?

【练习题】

1. 叙述府绸的风格特征。
2. 叙述纱卡的风格特征。
3. 叙述夏布的风格特征。
4. 叙述毛华达呢的风格特征。
5. 区别双绉和乔其纱的风格特征。
6. 服用纺织品分为哪几类?
7. 装饰用纺织品按照其使用的环境和用途来分有哪几大类?
8. 产业用纺织品按其最终用途可分为哪几大类?
9. 织物的机械性能指标有哪些?并说明各项指标的含义。
10. 织物的染色指标主要有哪些?

第六章 服装设计与生产

【教学目标】
1. 了解服装成品及各细节部位的名称；
2. 掌握我国和其他国家的服装号型的含义及其表达方式；
3. 掌握制作成衣各类面料的性能、鉴别方法及选择方法；
4. 了解服装生产的工艺流程、各工艺流程的质量要求及其检验标准和方法。

第一节 服装成品名称

1. 上装

西服：也叫西装，指西式上衣。按钉纽扣数，可分为单排扣西服、双排扣西服等；按驳头不同，可分为平驳头西服、戗驳头西服等。

中山服：也叫中山装，是根据孙中山先生曾穿着的立领、贴袋的衣服式样演变而成的上衣。

军便服：仿军服式的上衣。

青年服：立领、三开袋或三贴袋式样的上衣。

夹克衫：衣长较短、宽胸围、紧下摆式样的上衣。

猎装：原指打猎时穿的服装，现在发展为日常生活穿着的多口袋、开背式上衣，有短袖、长袖之分。

衬衫：穿在内外上衣之间，也可单独穿用的上衣。男衬衫通常胸前有口袋、袖口有袖头。

中西式上衣：中式领、装袖的上衣。

中式上衣：中式领、连袖的上衣，有单、夹之分。

牛仔服：原指美国西部牛仔穿的上衣，现在已发展为日常生活的上衣，多用坚固呢制作。主要有牛仔夹克衫、牛仔衬衫、牛仔背心等品种。

棉袄：内絮棉花、化纤棉、驼毛等保暖材料的上衣，有中式棉袄、中西式棉袄之分。

羽绒服：内充羽绒的上衣，具保暖性，用于寒冷地区穿着。

防寒服：内絮化纤棉等保暖材料的上衣，款式不拘。

背心：也叫马甲、坎肩，为无袖上衣。可穿于外衣之内，也可穿在外面，便于双手活动，主要有西服背心、棉背心、羽绒背心等品种。

2. 下装

西裤：裤管有侧缝，穿着分前后，与体型相协调的裤型。

西短裤：工艺上与西裤基本相同，裤长在膝盖以上的短裤。

中式裤：传统的大裤腰，无侧缝、无前后之分的裤型。

马裤：骑马时穿的裤腿收紧的裤型。

灯笼裤：裤管宽大、外观似裙的裤型。

裙裤：裤管展开宽大、外观似裙的裤型。

牛仔裤：由美国拓荒时期以帆布制成的坚牢工作裤演变而来，现多用坚固呢制成的裤。

喇叭裤：裤腿呈喇叭状的裤装。

棉裤：内絮棉花、化纤棉、驼毛等保暖材料的御寒裤。

羽绒裤：内充羽绒的御寒裤。

连衣裙：上衣下裙连成一件式的服装。

背心裙：无领、无袖的背心状连裙装。

斜裙：由腰部至下摆斜向展开呈A字形的裙。

喇叭裙：裙体上部与人体腰臀紧贴，由臀线斜向下呈展形，形状如喇叭的裙。

超短裙：也叫迷你裙，一种下摆在大腿中部或以上的短裙。

褶裙：整个裙身由有规则的褶形组成的裙。

节裙：也叫塔裙，裙体以多层次的横向多片剪接，外形如塔状的裙。

筒裙：也叫直裙，从腰开始自然垂落的筒状或管状裙。

旗袍裙：左右侧缝开叉的裙。

西服裙：与西服上衣配套，通常采用收省、打褶等方法使裙体合身，长度在膝盖上下的裙子。

3. 全身装

风雨衣：防风防雨两用单、夹长外衣。

风衣：防风单、夹长外衣。

披风：无袖、披在肩上的防风外衣。

斗篷：有帽的披风。

大衣：为了防御风寒而穿在一般衣服外面的外衣，款式按流行时尚而变化，主要有毛呢大衣、棉大衣、羽绒大衣、裘皮大衣、人造毛皮等品种。

旗袍：立领、右大襟、紧腰身、下摆开叉的中国传统女袍。

睡袍：包含上衣和裤子的两件式睡衣。

套装：上下装配套穿用的服装，由同色同料或造型格调一致的衣、裤、裙等相配而成。

4. 礼服

新娘礼服：源于欧美地区，举行婚礼时新娘所穿的礼服。

燕尾服：男士在特定的场合穿的礼服，前身短，后身如燕尾形并呈两片开叉。

夜礼服：女士在夜间社交场合所穿的华丽裙服。

职业服：行业人员从业时按规定穿着的具有标识性的专用服装，有邮电服、铁路服、海关服、海运服、民航服、税务服、交通监督服、工商管理服等。

劳动保养服：特殊行业人员工作时提供便利和保护人体的服装，有矿工服、炼钢服、石油工人服、养路工作服。

第二节　服装规格

一、我国服装号型标准

《服装号型》标准是国家技术监督局颁布的国家技术标准。它是经全国性抽样测体调查，在取得大量数据的基础上进行统计分析，并结合实际经验和需要得出的一种具有线性规律的人体尺寸。号型是确定批量生产成衣规格的依据，也是购买服装选择大小的参考依据。"号"指身高，以"厘米"为单位，是确定服装长度及各控制部位长度值的依据；"型"指净胸围或净腰围，以"厘米"为单位，是确定服装围度规格及各控制部位围度值的依据。

《服装号型》标准根据调查的数据，对男体和女体各区分成 Y、A、B、C 四种体型，以胸围和腰围差值的大小来确定，如表 6-1 所示。

表 6-1　体型分类的代号和范围

体型分类代号	男体胸腰围差(cm)	女体胸腰围差(cm)
Y	22～17	24～19
A	18～14	18～14
B	11～7	13～9
C	6～2	8～4

服装号型表示的形式：上装是身高(号)/净胸围(型)，下装是身高(号)/净腰围(型)，在型后加体型分类代号。例如 170/88A 是上装号型，170 号表示适用于身高 168～172cm 的人，88A 型表示适用于胸围 86～89cm 及胸腰差在 16～12cm 之间的人。

《服装号型》标准分男、女、童三大系列（其中儿童不区分体型）。每一系列中，身高均以 5cm 分档（其中身高在 80～130cm 之间的儿童以 10cm 分档），胸围以 4cm 或 3cm 分档，腰围以 2cm 或 2cm 分档。此外，男、女体身高与净腰围的搭配各组成 5.4 系列和 5.3 系列两种。身高在 80～130cm 之间的儿童的身高与净胸围的搭配组成 10.4 系列，身高与净腰围的搭配组成 10.3 系列；身高在 135～160cm 的儿童的系列组成基本上与成人相同（下装没有 5.2 系列）。例如男、女装 5.4A、5.3A 号型系列和儿童装（身高在 80～130cm 之间）号型系列如表 6-2 至 6-7 所示。

表 6-2　男装 5.4A 号型系列　　　　　　　　　　　　　　　　　　　　单位：cm

胸围\腰围	身　高																				
	155			160			165			170			175			180			185		
72	—	—	—	56	58	60	56	58	60	—	—	—	—	—	—	—	—	—	—	—	—
76	60	62	64	60	62	64	60	62	64	60	62	64	—	—	—	—	—	—	—	—	—
80	64	66	68	64	66	68	64	66	68	64	66	68	64	66	68	—	—	—	—	—	—

续表

胸围＼身高(腰围)	155			160			165			170			175			180			185		
84	68	70	72	68	70	72	68	70	72	68	70	72	68	70	72	68	70	72	—	—	—
88	72	74	76	72	74	76	72	74	76	72	74	76	72	74	76	72	74	76	72	74	76
92	—	—	—	76	78	80	76	78	80	76	78	80	76	78	80	76	78	80	76	78	80
96	—	—	—	—	—	—	80	82	84	80	82	84	80	82	84	80	82	84	80	82	84
100	—	—	—	—	—	—	—	—	—	84	86	88	84	86	88	84	86	88	84	86	88

表6-3　男装5.3A号型系列　　　　　　　　　　　　　　　　　　　　　单位:cm

胸围＼身高(腰围)	155	160	165	170	175	180	185
72	—	58	58	—	—	—	—
75	61	61	61	61	—	—	—
78	64	64	64	64	—	—	—
81	67	67	67	67	67	—	—
84	70	70	70	70	70	70	—
87	73	73	73	73	73	73	73
90	—	76	76	76	76	76	76
93	—	79	79	79	79	79	79
96	—	—	82	82	82	82	82
99	—	—	—	85	85	85	85

表6-4　女装5.4A号型系列　　　　　　　　　　　　　　　　　　　　　单位:cm

胸围＼身高(腰围)	145			150			155			160			165			170			175		
72	—	—	—	54	56	58	54	56	58	54	56	58	—	—	—	—	—	—	—	—	—
76	58	60	52	58	60	52	58	60	52	58	60	52	58	60	52	—	—	—	—	—	—
80	62	64	66	62	64	66	62	64	66	62	64	66	62	64	66	62	64	66	—	—	—
84	66	68	70	66	68	70	66	68	70	66	68	70	66	68	70	66	68	70	66	68	70
88	72	74	70	72	74	70	72	74	70	72	74	70	72	74	70	72	74	70	72	74	
92	—	—	—	74	76	78	74	76	78	74	76	78	74	76	78	74	76	78	74	76	78
96	—	—	—	78	80	82	78	80	82	78	80	82	78	80	82	78	80	82	78	80	82

表6-5　女装5.3A号型系列　　　　　　　　　　　　　　　　　　　　　单位:cm

胸围＼身高(腰围)	145	150	155	160	165	170	175
72	56	56	56	56	—	—	—
75	59	59	59	59	59	—	—
78	62	62	62	62	62	—	—
81	65	65	65	65	65	65	—
84	68	68	68	68	68	68	68

续表

胸围＼腰围	身高						
	145	150	155	160	165	170	175
87	—	71	71	71	71	71	71
90	—	74	74	74	74	74	74
93	—	—	77	77	77	77	77
96	—	—	—	80	80	80	80

表6-6　身高80～130cm的儿童上装号型系列　　　单位：cm

号	型				
80	48	—	—	—	—
90	48	52	—	—	—
100	48	52	56	—	—
110	—	52	56	—	—
120	—	52	56	60	—
130	—	—	56	60	64

表6-7　身高80～130cm的儿童下装号型系列　　　单位：cm

号	型				
80	47	—	—	—	—
90	47	50	—	—	—
100	47	50	53	—	—
110	—	50	53	—	—
120	—	50	53	56	—
130	—	—	53	56	59

二、其他国家的服装号型简介

我国的服装号型标准基本上已与国际标准接轨，但与发达国家的成衣号型标准相比，在表示方法和内容上仍然存在很大差异。为了便于服装行业技术人员和消费者掌握和比较，下面对日、英、美等国的服装号型及其对应关系予以简单介绍。

（一）日本服装号型

日本服装号型与我国服装号型的表示方法相似，由胸围代号、体型类别代号、身高代号三部分组成。如9Y2为女装号型，其中9为胸围代号，Y为体型类别代号，2为身高代号；92A5为男装号型，其中92为胸围代号，A为体型代号，5为身高代号。

胸围是成衣规格的重要尺寸。日本女装胸围号型系列如表6-8所示，其成衣规格常常仅用胸围号型表示，如9、11号等。男装胸围号型则用胸围净尺寸表示，如86、88、90等。男装的体型类别代号以胸围和腰围之差划分，共分为7种；女装按不同年龄段的女子臀腰围特征划分，共分为4种。男、女装的体型类别代号及含义如表6-9和6-10所示。身高代号共分9个等级，无男女之分，如表6-11所示。日本女装号型系列如表6-12所示。比如，女装号型9Y2表示适用于胸围为82cm左右、身高为155cm左右的少女体型女子，与我国的155/82Y号型相对应；男装号型92A5表示适用于胸围为92cm左右、身高为170cm左右的普通体型男子，与我国的170/92B号型相对应。

在有特别要求的成衣类型中,则以特定尺寸加上体型代号来构成特定服装的号型。例如,男衬衫号型是将领围尺寸加上体型代号而构成,如38Y、40A、41AB等。

表6-8 日本女装胸围号型系列

代 号	3	5	7	9	11	13	15	17	19	21
胸围(cm)	73	76	79	82	85	88	91	94	97	100

表6-9 日本女装体型分类

代 号	A	Y	AB	B
类 别	小姐型	少女型	少妇型	妇女型
体型特征	一般体型	较瘦高体型	稍胖体型	胖体型
臀腰围特征	臀腰围比例匀称	比A型臀围小2cm 腰围尺寸相同	比A型臀围大2cm 腰围大3cm	比A型臀围大4cm 腰围大6cm

表6-10 日本男装体型分类

代 号	Y	YA	A	AB	B	BE	E
体型特征	瘦体型	较瘦体型	普通型	稍胖型	胖体型	肥胖体型	特胖体型
胸腰围差(cm)	16	14	12	10	8	4	0

表6-11 日本服装身高分级

代 号	0	1	2	3	4	5	6	7	8
身高(cm)	145	150	155	160	165	170	175	180	185

表6-12 日本女装号型系列表   单位:cm

体型	身高	部位	胸围									
			73(3)	76(5)	79(7)	82(9)	85(11)	88(13)	91(15)	94(17)	97(19)	100(21)
A	150(1)	臀围			87	89	91					
	155(2)		84	86	88	90	92	94	96	98		
	160(3)		85	87	89	91	93	95	97	99		
	165(4)				90	92	94					
		腰围	56	58	60	63	66	69	72	75		
Y	150(1)	臀围	81	83	85							
	155(2)		82	84	86	88						
	160(3)				85	87	89	91				
	165(4)					88	90	92	94	96		
	170(5)						91	93	95			
		腰围	56	58	60	63	66	69	72			

续表

体型	身高	部位	胸围									
			73(3)	76(5)	79(7)	82(9)	85(11)	88(13)	91(15)	94(17)	97(19)	100(21)
AB	145(0)	臀围				90	92	94				
	150(1)					91	93	95	97			
	155(2)				90	92	94	96	98	100	102	
	160(3)					93	95	97	99			
	165(4)						96	98				
		腰围			63	66	69	72	75	75	81	
B	150(1)	臀围					95	97	99			
	155(2)					94	96	98	100	102	104	106
	160(3)					95	97	99	101			
	165(4)						98	100	102			
		腰围				69	72	75	78	81	84	87

日本一些有权威的服装企业在上述号型系列的基础上又创立了独具特色的女装标准尺寸系列,如文化式,它的号型以 S、M、ML、L、LL 表示,其规格如表 6-13 所示。

表 6-13 日本文化式女装规格系列表　　　　　单位:cm

部位	号型				
	S	M	ML	L	LL
胸围	76	82	88	94	100
腰围	58	62	66	72	80
臀围	86	90	94	98	102
身高	150	155	158	160	162

(二)英国服装号型

英国女装号型用数字表示,共 13 个等级,按胸围和臀围的范围确定。其表示方法虽与日本女装规格中仅用胸围号型的表示法相似,但其规格等级更多,而且所对应的胸围和臀围尺寸有一定范围,更加灵活,适应范围更大。

对身高等级的划分,英国女装号型系列规定:身高在 160~170cm 范围内,其号型仅用一个数字表示,如"16";身高不超过 160cm 时,号型后面加上 S 表示,如"16S";身高超过 170cm 时,在号型后面加上 T 表示,如"16T"。英国女装号型系列如表 6-14 所示,其规格尺寸均指人体的净尺寸,中间号型为:胸围 97cm,臀围 102cm,身高 165cm。

英国男装号型系列分为两大类:一类是青年型,指 35 岁以下运动型身材的号型;另一类是成年男子一般体型的号型。这两类号型系列身高均为 170~178cm 之间,胸围差以 4cm 分档。对身高过矮或过高的男士,应对这两类号型的长度尺寸进行修正。

表 6-14　英国女装号型系列　　　　　　　　　　　　　　　　　　　　单位：cm

部位	型	号											
		8	10	12	14	16	18	20	22	24	26	28	30	32
胸围	起	78	82	86	9	95	100	105	110	115	120	125	130	135
	止	82	86	90	94	99	104	109	114	119	124	129	134	139
臀围	起	83	87	91	95	100	105	110	115	120	125	130	135	140
	止	87	91	95	99	104	109	114	119	124	129	134	139	114

（三）美国女装号型

与日本女装号型的按体型分类方法相似，美国女装号型也按不同体型分成若干系列，如表 6-15 所示。女青年、成熟女青年、妇女和少女规格系列如表 6-16 所示。

表 6-15　美国女装号型系列

体型分类	号型系列
女青年	6,8,10,12,14,16,18,20 等
瘦型女青年	6mp,8mp,10mp,12mp,14mp,16mp 等
少女	5,7,8,11,13,15,17 等
瘦型少女	3ip,5ip,7ip,9ip,11ip,13ip 等
成熟女青年（半号尺码）	10.5,12.5,14.5,16.5,18.5,20.5,22.5 等 $(10\frac{1}{2}),(12\frac{1}{2}),(14\frac{1}{2}),(16\frac{1}{2}),(18\frac{1}{2}),(20\frac{1}{2}),(22\frac{1}{2})$ 等
妇女	34,36,38,40,42,44 等

表 6-16　美国女装规格系列　　　　　　　　　　　　　　　　　　　　单位：cm

分类	号型	胸围	腰围	臀围	身高
女青年	12	82.5	64.7	87.6	165
	14	85	68.6	91.4	165.7
	16	88.9	72.4	95.2	166.3
	18	92.7	76.2	99.0	167
	20	96.5	80.1	100.3	167.6
成熟女青年	14.5	91.4	73.7	98.9	157
	16.5	96.5	78.8	99.0	157
	18.5	101.6	83.9	104.1	157
	20.5	106.6	88.9	109.2	157
	22.5	111.7	94.0	114.3	157
妇女	36	95.2	75.0	99.0	169
	38	100.3	80.1	104.1	169
	40	105.4	85.1	109.2	169
	42	110.4	90.2	114.3	169
	44	115.6	95.3	119.4	169

续表

分类	号型	胸围	腰围	臀围	身高
少女	9	78.7	61.0	82.5	152
	11	81.2	63.5	85.1	155
	13	85.0	66.7	88.2	157
	15	88.9	69.9	91.4	160
	17	92.7	73.7	95.2	164

(四)服装号型的其他表示方法

1. 半胸围尺寸

法国、意大利等国以及美国一些企业的服装号型均以半胸围尺寸表示,如美国某服装企业的成衣号型(如表 6-17 所示)。

表 6-17 美国某服装企业的服装号型系列　　　单位:cm

号型	S		M		L		XL	
	44	46	48	51	52	54	56	58
胸围	88	92	96	100	104	108	112	116

2. 年龄

童装,特别是幼儿的服装号型,各国家标准常以年龄表示,如 2,3,4,5,6 等,其中 4X 和 6X 分别表示适合于 4 岁和 6 岁儿童的大号服装;再如 $\frac{7/8}{S}$,$\frac{10/12}{M}$,$\frac{14}{L}$ 等,其中 $\frac{7/8}{S}$ 表示适合于 7 至 8 岁儿童的小号服装。

3. 月份

婴幼儿服装号型,许多国家标准中以月份表示,如 9,12,18,24;12MOS,18MOS,24MOS;6～9M,9～12M 等。其中 9、12MOS、6～9M 分别表示适合于 9 个月、12 个月、6 至 9 个月婴儿的服装。

第三节　服装设计

一、成衣服装廓型与结构的关系

成衣服装的整体造型主要是通过廓型和主体结构关系(立体与平面的关系)的把握而实现的。廓型决定着结构线的设计方式和加工工艺难易,结构线也决定着廓型的状态,因此,结构线的变化设计是成衣服装整体造型的主要内容。

成衣设计一般不突出其前卫性,而主要考虑其实用价值、经济价值等内容,其时尚性和流行性大都是通过面料和局部变化来体现的。所以,在实际生产中,成衣整体的廓型变化较小。一般将整体廓型分为六种:S 型、X 型、H 型、A 型、Y 型、O 型。

S 型为人体的基本型服装,如旗袍、直尾连衣裙等;X 型以夸张肩和下摆、收缩腰部为特色,这是古典服装造型的特点,故亦称古典型,多用在礼服设计中;H 型为箱形或筒形服装造型,多用在外套和套装中;A型为梯形服装造型,多用于披风和裙子,喇叭裤也属此类;Y型与A型相反,为倒梯形服装造型,多用在创意套装外套中,锥型裤也属此类;O型表现为收缩边口、膨胀中间的服装造型,常表现出与X型相反的特征,多用于运动服、工作服、防寒服等功能性强的服装设计,如夹克。

服装廓型与结构的关系如下:

1. S型紧身结构

这种结构在所有廓型中是最复杂的,要通过具有省功能的曲线分割来完成,其设计的变化重点是通过省移、省缝变断缝、断缝和褶的组合而产生的。此类服装设计时要考虑到结构线应根据人体曲面特征而定,否则就失去了S廓型服装造型的意义。

2. H型半紧身结构

H型结构整体上以直线为主,设计效果突出中性、稳定的特点,分割的曲线特征较保守。

3. A型和Y型同属宽松结构

A型结构设计是利用面料的活络感、悬垂性,使下摆产生自然流动的效果。Y型与A型相反,利用面料的硬挺度并结合宽肩窄摆的结构设计,使其产生刚性(男性感)。因此,Y型的主体设计不宜用轻柔性材料。

4. X型和O型结构

X型是在S型的基础上夸张肩部和下摆完成的,其造型重点部位是S型与A型结合的产物。O型则相当于在H型基础上收紧边口,主要在袖口和衣摆处,故O型的衣长受到限制,一般以短上衣、夹克为主。

但是,服装廓型的区分并没有严格界限,像H型与A型或Y型,都有相近之处。

二、成衣服装款式设计的步骤

1. 确定服装的整体造型,在把握当时流行和适合目标消费群特点的基础上,体现出整体廓型与主体结构线的关系。

2. 根据服装整体造型要求,设计各局部造型,包括领、袖、袋等。局部设计要注意体现和加强整体造型。

3. 根据服装整体和局部的要求,设计最小局部的造型,包括省、褶、扣、袢等。

总之,要时刻注意整体和局部的关系,整体特色是由各局部特点集合而成,局部特点又是在整体创意中派生的。

三、服装款式设计的要点

服装款式设计受服装造型设计三大要素中的面料和工艺技术制约,其制约程序为面料→工艺技术→款式。在服装款式设计中,不能不考虑这些条件的限制随便创意,否则设计出来也可能实现不了。

四、针织成衣的结构设计特点

由于针织面料的弹性、悬垂性好,柔软贴体,因此,对于针织物而言,不需用机织物的省、褶等多种处理形式,也可产生很好的立体效果。同时,针织面料的特性(如卷边、脱散性)也不宜采用复杂结构,这就使得针织成衣的结构设计具有某些特性。

1. 结构线简单。针织服装结构线的形式,大多是直线、斜线,有时也用一些简单的曲线,如图6-1所示。

2. 分割线、省尽量省略,如图6-2所示(其中,1为梭织物,2为针织物)。

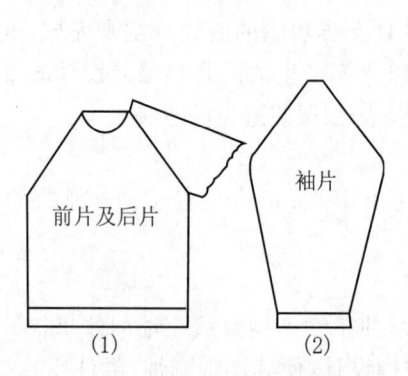

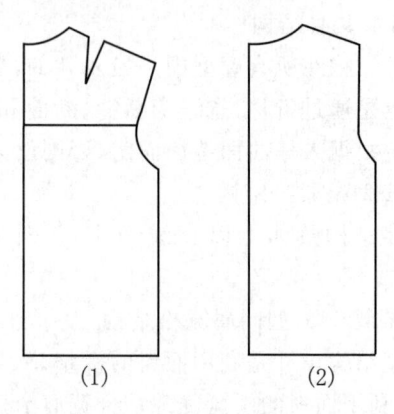

图 6-1 针织服装的结构线形式

图 6-2 针织服装的分割线设计

3. 围度放松量较小。
4. 样板尺寸设计主要依据规格尺寸进行。
5. 样板设计应充分考虑缝制回缩率、悬垂性、拉抻扩张性及缝纫损耗等因素,防止成品规格小于设计规格尺寸。

五、各类成衣的面料选择

1. 外衣类成衣的面料选用如表6-18所示。

表 6-18 外衣类成衣的面料选用

服装种类	图例	服装特点	选料要点	选用种类
礼服		符合礼节、民族和风俗习惯。	服装体现端庄高雅、雍容华贵。	多用素色深色精纺纯毛、毛混纺等(如礼服呢、华达呢等)。化纤材料用于低档礼服。礼服(除男礼服外)还常用悬垂性强的面料,也多是素色,但深浅均可,像真丝、人造丝或混纺丝绸。

续表

服装种类	图例	服装特点	选料要点	选用种类
日常生活装		体现人们的文化、道德、生活的审美、情趣和个性,流行性和装饰性强。	颜色、花型、款式、材质、风格和价格要多种多样。	选料范围很广,可选用真丝绸、丝光棉、人造棉布、涤纶绸等。外出旅游装可选用棉/氨、棉/涤混纺或化纤纯纺面料等。外衣套装可用纯毛、重磅丝绸及混纺织物。
休闲装		自然、舒适、轻松活泼。	材料要柔软、舒适,便于活动,且易洗涤和保管、携带。	夹克可用纯棉或涤棉斜纹布、灯芯绒、丝光棉、免烫精梳棉织物等。T恤可用纯棉、涤棉、涤麻、腈纶、粘胶针织物。这类服装的选材范围很广。

2.内衣和童装的面料选用如表6-19所示。

3.功能性服装的面料选用

功能性服装有防寒服、防水服、保暖内衣、防弹服、防化服、防蚊虫服等。其中,除防寒服采用普通防风保暖面料制作,其余都为特殊研制的材料织物。因在常规成衣生产中不常见,这里就不详述。

表6-19 内衣和童装的面料选用

服装种类	图例	服装特点	选料要点	选料种类
装饰内衣		装饰功能,也可作居家服,常见的是衬裙。	轻薄、柔软、光滑,且有吸湿透气性能。	真丝电力纺、人造丝、涤纶、锦纶常用作低档产品。

续表

服装种类	图例	服装特点	选料要点	选用种类
卫生内衣		以卫生和保暖为目的,直接与身体接触。	柔软、吸汗、透气舒适,色牢度要好,且具有耐洗、耐晒、防霉、防菌等性能,残留化学品含量低。	以纯棉布、棉绒布、棉针织汗布、棉毛布及针织拉毛薄绒布为佳,也可用涤棉混纺布。
矫形内衣		抬胸、束腰、收腹、提臀的作用。	吸湿透气,弹性好。	弹力锦纶、涤纶针织物、氨纶混纺织物。
童装		舒适、易穿脱、活泼可爱。	表现趣味性,安全性和耐用性良好。	棉、涤/棉、粘胶、涤/粘等梭织物或针织物。

六、针织成衣的分类和特点

针织成衣按其服用功能分为针织外衣、针织内衣、毛衫,其中针织外衣和针织内衣又分成几小类,如表6-20所示。

表6-20 针织外衣和针织内衣的分类

种类			设计特点	图例
针织外衣	针织运动服装	运动服装	·以适应各项体育运动为设计目的 ·款式上注重实用性和美观性相结合 ·原料选用上要充分考虑吸湿性、透气性、耐磨性及延伸性等	
		运动便装 T恤衫	·具有内衣和外衣的双重功能 ·服用方便	
		外套棉毛衫裤	·以内衣棉毛衫裤为基础,在款式结构、面料质地、工艺装饰等方面采用了外衣的设计元素	
		外套绒布衫裤	·适于春秋季节的运动服装 ·在保暖用的内衣式衫裤基础上综合了外衣设计元素	
	针织休闲服装		·适于工作时间外穿的服装 ·款式上宽松舒适、穿脱方便 ·原材料的选用注重弹性和质感	
针织内衣	贴身内衣		·直接与人体皮肤接触,以保健卫生为目的 ·常采用低线密度棉纱织成的单面平针、单罗纹、双罗纹组织 ·原材料要求柔软贴身,具有吸汗、舒适、调节体温、卫生保健等作用	
	修形内衣		·具有调整服装造型,弥补身体缺陷,增加身体曲线等作用 ·常采用经编织物	
	装饰内衣		·贴身内衣外面的内衣 ·方便外衣穿脱、装饰、保持服装基本造型 ·女裙中的衬裙	

第四节 服装生产

一、服装生产技术及文件编制

服装生产技术文件主要包括技术标准、技术标准的制定及贯彻、工艺规程和技术岗位责任制四个部分。

（一）技术标准

技术标准，简称为标准，是国家在现有条件下，为了取得最大经济效果，在总结经验和调研、协商的基础上，对某种产品做出统一规定，并经一定的批准程序颁发的技术法则。

1. 技术标准种类

标准按其作用不同可分为基础、产品、工艺、工艺装备、零部件及原材料毛坯等六种标准。服装企业常用的主要是前三项标准。基础标准是指具有一般共性和广泛指导意义的标准，如服装号型系列、服装专业用术语名称、服装裁剪制图等标准，它们是制定其他标准的前提。产品标准是指国家及有关部门对某一大类产品及特定产品的造型款式、规格尺寸、技术要求、质量规定、产品检验、包装、储运等方面所作的统一规定。我国目前已有五个服装规格和十多个服装技术标准，此外还有五项服装测试标准。工艺标准是指产品质量要求，把产品加工工艺过程、特点、要素及有关工艺文件，结合企业具体情况及客户要求加以统一而形成的标准，此类标准多为企业标准，数量很多，变化频繁。

2. 技术标准适用范围

技术标准按其适用范围不同，一般可分为四个层次：国际、国家、专业及企业标准。国际标准化组织（ISO）中有一个"服装规格系统及其技术委员会"，简称 133 技术委员会（ISO/TC133），现已公布了六项规格名称标准、三项草案及计划完成的三项标准。国际标准可在全世界范围内参考使用并在相关会员国内必须执行。国家标准，我国代号为"GB"，是指在我国范围内必须贯彻执行的技术标准，它一般对全国经济技术发展有重大意义，目前服装工业系统中已有近二十项国家标准。专业标准，我国代号为"ZB"或"FZ"，也称部门或行业标准，是指在有关工业部门范围内必须贯彻执行的技术标准，也可以是国家标准的预备标准，目前国内已有十余项专业标准，由企业自行规定，也可由客户提出要求，企业酌情制定，亦可成为专业标准的预选标准。

3. 技术标准的基本内容

服装标准通常由以下几个部分组成：

（1）标准名称。标准名称应简明，能准确地反映标准的核心内容并与其他标准相区别。

（2）适用范围。规定本标准适用或不适用的领域，因服装产品款式色泽相同，规格一样，但材料不同，其有关规定均有相应调整，有的差别还很大，故应说明适用范围。

（3）规格系列。通常包括以下内容：号型设置，国内销售服装就以 GB1335－97 为依据。成品主要部位的规格，一般上衣至少应给出衣长、胸围、领大、袖长和肩宽五个部位，下装应有腰围、臀围、裤长或裙长三个部位。此外，还可根据生产实际情况及客户要求来选定成品规格尺寸。成品规格的测量方法及公差范围应规范统一,明确具体,必要时可附图说明。公差范围应按要求确定上下限,量化单位也应一致。材料要求,技术标准中要注明材料的各项要求,特别是面料、里料、衬垫料、缝纫线等等均应注明,并在工艺色卡上用小样标本;对材料用量、使用部位、辅料及装饰材料的使用,均应详细指明。

(4)技术要求。服装产品的技术要求,是为满足使用要求而必须具备的技术决策指标和外观质量要求。通常包括以下内容:面料丝绺方向规定,明确不同服装产品、不同部位衣片允许倾斜及其范围的规定;面料衣片缝合时,布面花纹图案、条格对准及允许偏差程度、面料正反面及纹理倒顺方向规定;色差规定,不同服装不同部位的色差程度规定;外观疵点名称及部位允许存在不同程度规定,必要时应附图说明;衣片允许拼接部位及范围的规定;缝制技术质量要求,如针码密度、缝迹要求等;成衣外观质量要求平整、对称、圆顺、整洁。

(5)等级划分规定。说明产品计数单位(件或套)和成品质量的评等划级细则,主要根据成衣规格尺寸、缝制质量、外观形象等不同因素综合评定。

(6)检验规则。包括检验项目、内容及类别、检验所用工具及方法、抽样或取样方法、检验结果评定等。

(7)包装、标志、储存要求。对包装容器、材料、规格、方法提出要求,内外标志应明显清晰,正确齐全,储存及搬运应连续、集中、经济,要保证产品在送达消费者之前一切完好无损。

(8)其他及附加说明。

4.技术标准的作用

由于服装产品的生产加工可简可繁,同样的产品,不同企业、不同时期的生产加工方法不同,客户要求各异,企业生产规格及生产技术与设备先进程度差异很大。但是有了技术标准便可协调生产,稳定和提高产品质量,有利于开发新产品,合理利用企业资源,推广及积极使用先进技术。由于产品开发、生产、品质要求标准化,对产品销售及方便消费者选用均有指导作用。

(二)技术标准的制定和修订

凡成批正常生产的服装产品,均应遵循有关标准规定或客户要求,否则企业可自行制定企业相关标准。通常,任何个人或企业都可提出标准草案建议稿,属于国家或专业标准的必须由标准化技术对口单位负责审理;标准建立后应用于实践试行,然后进行修订,在修改补充后经有关部门审批即可成为技术标准。

技术标准的制定与修订应贯彻"多快好省"的精神,体现国家经济及技术政策,要适应市场需求,立足现状,并具有一定的先进性;技术标准的制定与修订一定要在充分调研和广泛协商的基础上进行,对国际通用标准和国外先进标准要认真研究,积极采用,以便能与国际贸易生产体系接轨。

(三)工艺规程

工艺规程是企业对其生产的具体产品在整个生产环节中所制定的工艺方面的技术规则,它是工艺生产、组织管理、劳动定额、经济核算的重要依据。

1.工艺规程的作用

工艺规程是用于指导生产的技术文件,其作用有三方面:它是实现产品设计、贯彻技术标准的依据和保证;是决定产品技术经济效果的重要手段;是组织生产、制定生产计划的基础。

2. 工艺规程分类

工艺规程可分为流程工艺及工序工艺,流程工艺多用于事务管理的非量化加工程序,如服装产品开发、原材料采购、材料检验、裁剪、财务、销售等;工序工艺主要用于服装生产加工过程中的量化加工程序,尤其在缝制及整烫生产过程中。

3. 制定工艺规程的原则

服装工艺规程的制定应以技术标准为依据,从实际出发,有良好的操作性,充分采用先进技术、保证工艺统一、合理、效率高等原则。

(四)技术岗位责任制

将企业的技术管理工作分别落实到具体工作岗位上,并使之制度化,即为技术岗位责任制。服装企业通常分为董事会、厂长(经理)负责制、职能部门责任制,人员操作制度化。不同企业应根据自身实际情况,制定切实可行的技术岗位责任制。

(五)工业纸样

1. 纸样和排料图制作

排料的效率受纸样的纸质、纸样的储存、对称纸样的准备等因素的影响。

(1)纸样的纸质　纸样在排料时,纸样边缘易受磨损,如果纸质太柔软,难以用铅笔或画粉沿着纸样的边缘将它勾画出来。因此,对于一定批量的服装订单,纸样应该采用优质坚韧的厚纸来制作,经多次使用后,其形状、边缘、有角位也不易磨损。

(2)纸样的储存　如果纸样储存不当,可能会受到损坏或遗失。损坏了的纸样在排料时不易控制,影响裁片的质量。正规的纸样储存应该将纸样集合成套,用挂钩挂在横杆上,储存在柜里,锁放在指定的纸样保存室里。

(3)纸样的准备　服装裁片很多都是左右对称的,例如左袖和右袖,为了节省时间和人力,通常只预备对称纸样其中的一块,然后在上面写明需要裁剪的数量,如裁2块或裁4块。但对排料工来说,一片裁片,对应一个纸样最好,否则会增加排料的难度,还容易出错。

2. 生产纸样设计和省料

生产纸样是按照初版纸样绘制的。初版纸样用于缝制样衣,模特儿穿上样衣并展示给客户。样衣在确认和签订购货合同后,需进一步修改初版纸样,才能制成生产纸样。

根据初版纸样制作生产纸样的过程中,应注意以下几项:

(1)初版纸样一般根据模特儿的体型制作,生产纸样则应根据销售区域的号型标准设计制作;

(2)样衣主要由一位样衣缝纫工缝制而成,而大货生产的服装是在生产车间流水操作中分工制成的,两者的制作工艺极不相同,生产纸样要考虑大货生产的具体工艺;

(3)样衣纸样的结构设计未必是最合理、最省料的,生产纸样的设计要顾及在不改动样衣款式外形的基础上节省面料;

(4)设计人员要更改样衣纸样上不太重要部位的分割线,使生产纸样在排列时节省面料。

虽然生产纸样必须修改,但修改时需与设计师、排料工互相沟通,使服装的设计达到工艺和客户的要求。

3.纸样记录登记

服装厂应保存一份纸样,并记录登记,记录每一套纸样裁片的状况,并对以下各项资料进行登记:

(1)纸样编号;

(2)服装类别;

(3)纸样裁片的数量;

(4)绘制纸样的日期;

(5)客户名称;

(6)纸样发送至裁剪部的日期;

(7)纸样从裁剪部收回的日期;

(8)负责人签署,证实所载资料正确无误;

(9)关于纸样破损或遗失等状况,是否需要再补制,用备注形式登记。

二、服装生产工艺流程

服装生产工艺流程为:样衣制作→裁剪方案→排料画样→铺料→剪裁→验片→打号、捆扎→缝制→整烫→成衣检验→整理包装。

(一)样衣制作

1.样衣的分类

一般情况下样衣分为款式样衣、批板样衣、确认样衣(封样/大货产前样),有的还有推销样衣(船样)。

(1)款式样衣。一般由客户提供,也作为谈判时报价用。通常用同类布料,允许辅料代用。对生产工艺来说,这个样衣及其规格尺寸仅供报价参考,以便争取到生产订单。

(2)批板样衣。一般是生产工厂拿到订单后,根据工厂的加工方式和习惯对款式样衣(或款式图)中的某些部分进行改动(或不改动),用正式的主辅料进行制作,这种制作可能会在反复修改后才能得到客户方认可,这种样衣是为了向客户提供批核确认样板。

(3)确认样衣。一般指由生产工厂制作经客户方批核认可的那件样板衣。这个样衣必须用百分之百的正确材料,正常情况下不允许再用代用品。被客户批准合格认可后,生产工厂方可进行生产。而此样衣也就作为一个标准来检验生产厂生产的成衣。

(4)推销样(船样)。一般是大批量生产后经检验合格的成品,作为销售或装船大货的参照标准。

2.样衣的制作方式

① 单件样衣制作,类似于单量单裁的制作过程。

② 小批量样衣制作,一般是在单件样衣制作的基础上,经过鉴定和修改,选择10件左右样品在流水线上生产,以验证产品造型样板结构、规格、组合搭配和生产工艺是否适合生产条件和订单要求。

3.样衣制作的工艺流程

分析来样→绘制结构图及推板→裁剪→缝制→辅助工序→后整理。

(二)样衣的检验和确认

样衣制作完成并得到客户方认可后,生产工厂才可进行批量生产。样衣得到客户方认可须经过检验,一般检验内容包括穿着后效果、尺寸、加工质量等各方面的内容。

1. 穿着效果检验

样衣穿着后,首先要看其效果与款式图或效果图是否一样,然后再看合体效果。这里主要从样衣造型、服装结构、材料组合等几方面检查,看是否符合设计要求或订单要求。

2. 尺寸检验

测量样衣及样衣关键零部件尺寸是否符合要求,主要鉴定样衣尺寸规格、号型设置是否符合订单要求。

3. 外观质量检验

(1)衣服左右是否对称,包括左右领尖、左右衣片、左右口袋等。
(2)线迹和缝型是否符合要求,看有无线头残余、有无跳线,针距大小是否合适。
(3)衬的粘合是否平服,衣服表面是否有渗胶等。
(4)色差检验,看色差是否符合等级要求。

4. 内在质量检验

(1)衬的剥离强力检验:剪取衬布试样 17cm×7cm(经、纬向)和面料 18cm×8cm(经、纬向)各 5 块。将衬粘合于面料后,把试样一端剥开 5cm,用强力机测试其剥离强力值。
(2)缝合强力检验,主要检验穿着后常受力的部位如后袖窿处、后背中缝处、裤子后裆及侧缝处等。检验方法可用人工手拽法和强力试验机。

5. 样板、工艺审核

主要鉴定服装样板是否齐全,各组部件是否吻合;样板标注及说明是否清晰完整,各档档差及推档是否有误;生产工艺是否符合厂内生产条件。

6. 封样(样衣确认)

服装样品鉴定合格后,须封样。封样时若发现有些部分需要作修改,有时为简便处理,可采用封样。这些修改须以文字形式在双方共同确认的有关封样条文中加注。

样衣一经双方同意确认后,应作好产品封样单,如表 6-21 所示。封样在封样条文经双方盖封样章后生效,并产生法律效力。

表 6-21 首件产品封样单

产品名称		型 号	
销往地区		商 标	
规 格		生产批量	
封样记录			
封样结论			
			签名: 年 月 日

(1)封样对象

凡与产品质量有关的所有部门,包括联管厂、合资厂、加工协作厂及本厂内部各车间、班组等部门生产的首件合格产品,均应列为首件封样对象。

(2)封样范围

生产全过程中都可封样,包括裁剪、印花、刺绣、缝纫、锁钉、熨烫、折叠、包装等全过程。其中对一些难度高、工艺复杂的部件,可以实行部件封样。

(3)封样标记

凡是经过封样认可的首件产品,必须由主管部门在首件封样的产品上,挂上封样合格标记,以此为证。

(4)封样内容

① 核实产品型号、名称。

② 核实产品原材料是否相符。

③ 核对合约号和订货单。

④ 各部位规格测量是否达标。

⑤ 核实生产车间、班组。

⑥ 经检验发现的具体质量问题及件数。

⑦ 指出产品质量的原因及改进措施。

⑧ 是否同意投产,要有结论性意见。

⑨ 在样品上要标明已封样合格标记,并具有验收人签名。

⑩ 封样日期必须填写清楚,以明责任。

⑪ 如需改进的样品,必须写明问题所在,做再次封样的依据。

⑫ 签发同意领片单。

(5)封样的作用

① 确保工艺文件在各车间、各部门贯彻执行。

② 把封样合格产品作为标样,陈列在车间首位,以统一操作规范。

③ 封样产品要妥善保管,可作为质量检验、质量评比及商检验收的重要依据。

④ 凭封样合格单到半成品仓库领取裁片,投入批量生产。

⑤ 封样单一式三联,转交有关部门,以便取得各部门的协调和支持。

(三)裁剪方案

1. 裁剪方案的制定方法有好几种,例如:比例法(最常用)、分组法、并床法、加减法、取半法等。但工厂在生产中为了在节约面料和生产效率中求得最佳效果时,通常采用最简单的比例法。

2. 裁剪方案制定的原则

(1)提高生产效率

应尽可能减少重复劳动,高效合理地使用机械设备。铺料层数太多,床数太多,会增加裁剪工作量,浪费人力,也降低了设备利用率。

(2)节约面料、方便排料

一般来说,不同规格的服装套排可节约面料,但如果套排的规格、件数太多,会给排料、铺料工作带来不便,且套排件数多时易造成漏片、铺料太长、铺料工劳动强度增大等。

(3)符合生产条件

3.裁剪方案制定的内容

(1)生产任务需确定的床数(即总共要裁剪平铺料的次数);

(2)每床铺料的层数;

(3)每层面料裁几种规格的服装;

(4)每层面料中每个规格的服装裁几件。

(四)排料画样

排料画样就是依照裁剪方案,将成衣各裁片精密编排,以最小面积或长度将所有纸样画在排料纸或面料上。一般都画在纸上。

1.排料图的分类

排料图分为实际生产纸样排料图和缩样排料图两种。

(1)实际生产纸样排料图是根据前面制作的实际生产用工业纸样,按1∶1的比例,按照裁剪方案将所需样板合理编排并进行画样,其排料图一般都直接作为生产用。

(2)缩样排料图是将实际生产用工业纸样按1∶5、1∶10或其他比例,按照裁剪方案进行排料画样,其排料图一般作为排料预算或研究用。

2.常用排料画样的方法

(1)人工直接画在布料或专用牛皮纸上

这是传统的排料方法,将样板排列在布面或纸上,用蜡笔或铅笔画出各排纸样的轮廓。

(2)喷墨法

将所有纸样排放在牛皮纸或布料上,用一金属丝框架固定,将颜料用喷枪等喷在纸样及其四周,因此在牛皮纸或布料上留下纸样轮廓的墨迹。

(3)电脑排料

利用电脑服装CAD软件进行电脑放码并制成系列工业样板,通过电脑自动排料即可。现在,电脑排料的面料利用率一般在80%以上,如图6-3所示。

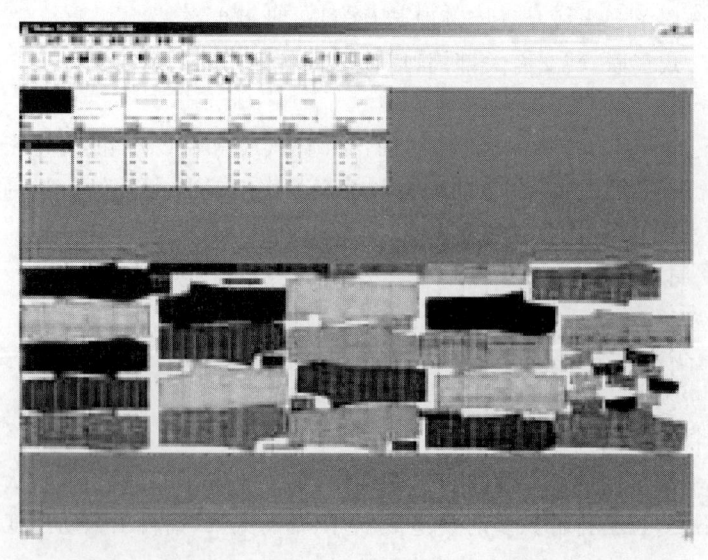

图6-3 电脑排料

几种常见排料方法的比较如表 6-22 所示。

表 6-22 排料方法的比较

排料方法	优 点	缺 点	工 具	适用范围
手工排料	·面料利用率较高 ·操作简便 ·不需专用设备,成本低	·重复操作,工作量大 ·效率低 ·人员经验要丰富	铅笔、蜡笔、橡皮	各种面料
喷墨法	·效率高 ·衣片轮廓清晰	·成本高(颜料、设备) ·不适合薄面料 ·作业环境差,面料易污染 ·面料利用率低 ·人员经验要丰富	喷枪	较厚面料,尤其是格子面料
电脑排料	·精度高 ·不易漏排 ·利用率高,排料图存储方便,简单 ·人员经验要求不高 ·不需复制排料图,减少重复劳动	·需专用设备,成本较高	CAD排料图	各种面料

3. 排料的准备工作

(1) 检查样板

正式排料前须对所领取的全套规格系列样板进行认真清查,包括号型、款式、规格尺寸、零部件配置、大小块数量等,确认无误后,才能开始排料。

(2) 检查任务单和用料

估算用料定额是否可行,核对生产任务通知单,查看所裁品种的款式、号型、原料、花样、规格搭配等与生产任务通知单是否吻合,了解面料性能(如正反面表面特征、缩水性、伸缩性等)。

4. 排料的原则

(1) 衣片的对称性

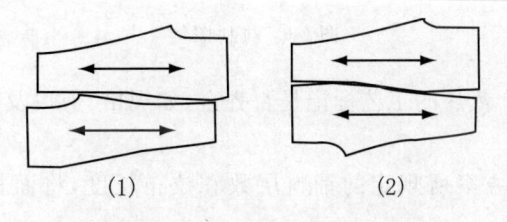

(1)　　　　　(2)

图 6-4 样板衣片的对称排列

因为衣服大多是左右对称的,故样板一般只用半身。这就要求在排料时要特别注意将样板正反各排一次,防止样板排成"一顺"。如图6-4所示。

(2)防止漏排错排,尤其是对称性的衣片。

(3)注意面料方向性,将样板按设计要求的经纬向排料,一般根据样板标注进行。

(4)注意面料纹理、条格、图案方向的对准。这些衣料在排料时一定要注意左右、上下对准。

(5)节约用料,排料一般根据"先大后小、紧密套排、缺口合并、大小搭配"的原则进行,即先将较大的衣片排好,再排较小的衣片,以充分利用大衣片间的缝隙,将小衣片排入。其次,排料时最好将衣片的直边对直边、斜边对斜边、凸边对凹口,以减少衣片间的缝隙。然后,对不可避免的缝隙,可将两样板缺口合并,增大缝隙后看能否排入其他小片。最后,将大小规格的衣片进行套排,以提高面料利用率。如图6-5所示。

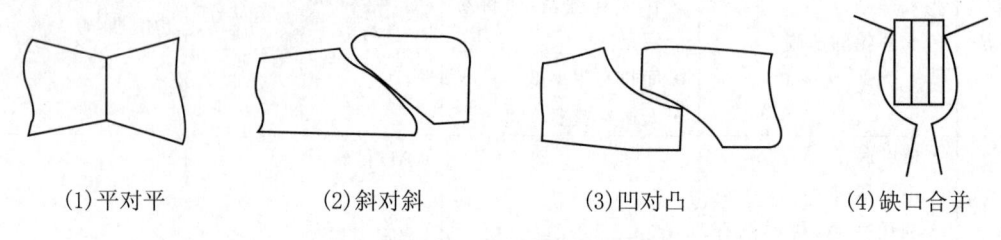

(1)平对平　　　(2)斜对斜　　　(3)凹对凸　　　(4)缺口合并

图6-5　提高面料利用率的排料形式

(6)排料图总宽的下边比布幅边少1cm,上边比布幅边少1.5~2cm,防止排料图比面料宽,也防止布边太厚导致衣片裁剪不准。如图6-6所示。

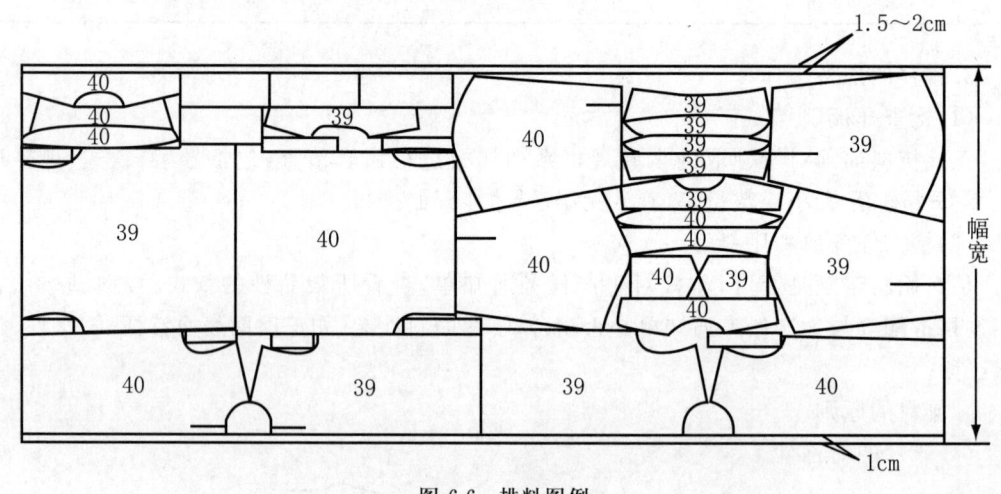

图6-6　排料图例

(7)排料后复查每个裁片的工艺标记是否齐全(如规格、剪口及钉眼等)。

(五)铺料

铺料就是根据裁剪方案所规定的铺料层数和拉布长度,将面料一层层地铺放在裁床上,为剪裁工序做好准备。

1. 铺料的准备工作

根据生产任务通知单的规定和要求,向仓库领取必需的原辅料,弄清领来的面料门幅的宽窄及匹长。从排料画样者处领取本批产品所对应画样的数量、规格、色号、搭配明细表单,并进行检查,根据排料图以便确定铺料方案(即裁剪方案)。

2. 铺料的方式

铺料的方式要根据面料特点(如花型图案、条格状况、倒顺毛等)选择适宜的铺料方式。常见铺料方式的优缺点及适用范围如表6-23所示。

表6-23 铺料方式的优缺点

铺料方式	优点	缺点	图例	适用范围
单向铺料	• 增加套排可能性 • 保证倒顺毛和左右不对称条格料	• 左右衣片对称部位易产生误差		• 左右不对称,条子衣料和鸳鸯格衣料 • 有倒顺毛衣料 • 衣片左右不对称
双向铺料	• 有利于节约衣料 • 效率高	• 不易避免色差影响 • 有倒顺毛、倒顺图案的会出现上层顺下层倒的现象		• 无花素色衣料 • 无倒顺毛、倒顺图案衣料 • 裁片零部件对称衣料
翻身对合铺料	• 易对准条格、花型 • 倒顺毛、倒顺图案顺向一致 • 裁片对称性好,刀眼、钻眼精度高 • 对称的两片对合在一起,打号、捆扎时不易错片	• 铺料操作麻烦,效率低		• 对条格、对图案产品 • 倒顺毛、倒顺图案衣料 • 上下不对称的鸳鸯格衣料
双幅对折铺料	• 对条格较准确	• 不易套排 • 面料利用率较低 • 效率低		• 宽幅小批量裁剪男女上衣

3. 铺料设备

(1)人工铺料设备

目前大多数服装生产厂,特别是中小型服装企业,都依靠人工铺料。人工铺料机动灵活,适应性强,但铺料质量由工人技能和责任心决定,主观性较强,劳动强度大,人员配置较多。其铺料设备很简单,如图6-7所示。

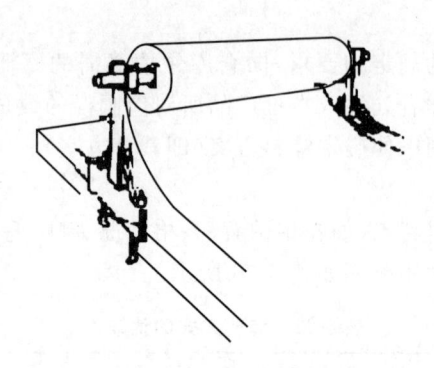

图 6-7 人工铺布设备

(2)机械式铺料

目前在一些大型服装生产厂中使用较多,一般是在裁床上设一带有剪布功能的载布车,具有载布、主动送布、裁断、翻转等功能或其中某些功能,但铺料技术仍主要由人工完成,如图 6-8 所示。

图 6-8 机械式铺料

(3)电脑控制自动铺料机

这种铺料设备具有铺料长度记忆、布卷自动装置、布边对齐控制、布面平整调控、衣料裁断、布头夹固等功能,能实现全自动铺料(如图 6-9 所示)。

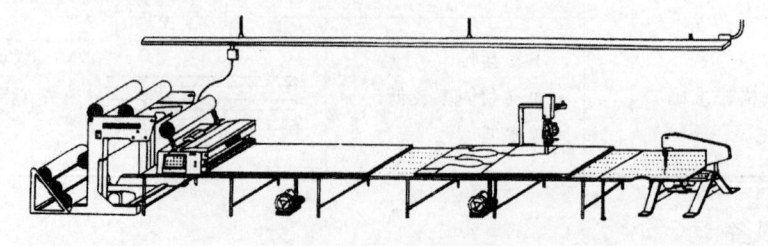

图 6-9 电脑自动铺料

几种铺料设备的特点如表 6-24 所示。

表 6-24 常见铺料设备的特点

铺料设备	特点
人工铺料设备	机动灵活,适应性强;劳动人员多,劳动强度大;质量受主观影响较大。
机械铺料	机动灵活,适应性强;适当降低工人劳动强度;布面平整。
电脑自动铺料	生产效率高;人员配置少;成本昂贵;布面平整。

4. 铺料层数的确定

一般来说,铺料的层数与生产效率成正比。铺料层数越多,一次裁剪的裁片数量就越多,工作效率也就越高,但铺料层数不能因此无限增加。层数的多少受多种条件、因素的制约,否则随意增加铺料层数而影响到裁剪精度,这样不但达不到高效质优的效果,甚至会导致衣料浪费而增加成本。

铺料层数的确定一般在裁剪方案制定时就确定了,但铺料人员也应有清楚的了解,这样才能使成衣生产过程的质量得到有效控制。一般,铺料层数的选择有以下几个方面的因素和条件要考虑。

(1)裁剪工具。手工裁剪一般都采用直刀式电剪刀。这种电剪刀有两种规格,大型电刀的刀片长约 220mm,可裁剪的铺料厚度最厚可达 180mm;而小型电刀的刀片长约 170mm,最大裁剪厚度为 130mm。但实际生产中一般都要比其最大裁剪厚度少 20~40mm 左右。采用自动裁床,其最大裁剪厚度根据其制造目的而不同,有裁剪单层面料和多层面料两种自动裁床,目前的最大裁剪厚度一般不超过 20mm(指铺好的面料经过抽真空压缩后的厚度)。

(2)面料性能。在满足裁剪质量标准的要求下,一般质地薄软、结构较松、容易推刀的衣料,其可铺料层数可适当多一些;质地紧密、厚实、硬挺及不易铺齐、不易滑动、推刀阻力大的衣料,其铺料层数应适当减少。

若衣料两端有色差,为减少色差影响,可减少套排件数,而铺料层数适当增加,以补齐套排数量的不足。同样在铺放对条格、对图案产品时,有格子、花型不匀时,也通过减少套排件数、适当增加铺料层数补齐的办法解决。

(3)规格搭配。不同规格服装的数量和搭配比例是制定铺料层数多少的主要依据,在选择铺料层数时,必须考虑数量搭配的比例。

(4)推刀人员技能。对于手工裁剪,熟练的推刀工人在裁剪时能减少裁片的误差,故铺料层数的选择还应根据推刀工人的熟练程度、技能水平来选定。例如,技术熟练的推刀工在剪 300~400 层绸料时,能够保证裁片上下层的误差很小;反之,技能水平较低的推刀工,裁剪 200 层左右,也会发生裁片歪斜不齐的质量问题,增加修片难度,提高换片率。

(六)剪裁

裁剪是服装生产厂"三大工艺(裁剪、缝制、熨烫)中的第一道工序,其质量的好坏直接决定了服装成品的效果,并对后道工序产生影响。

1. 裁剪前的准备工作

裁剪前的准备工作主要是对排料图和铺料进行检查核对,一般由专职人员完成。

(1)检查排料图

①检查主、附部件及零部件的排料数量是否齐全。

②检查排料图中线条是否清晰准确。

③检查排料图中的标记是否和款式样板规定一致。

④对倒顺纹理、倒顺图案和条横面料,检查衣片顺向和零部件顺向是否正确。

⑤检查套排规格和件数是否与生产通知单一致。

(2)检查铺料

① 检查所铺衣料的货号、色号及颜色是否与生产通知单一致。

② 检查铺料的幅宽、长度、层数是否与生产通知单中规定的相符。

③ 检查铺料两端是否对齐,齐口和外口是否分清,齐口是否对齐。

2. 裁剪工艺要求

由于裁剪决定着后道工序和成品质量,故在裁剪中应做到"五核对"、"八不裁"、"八规定"。"五核对"是指核对合同编号、款式、规格、号型、批号、数量及工艺单;核对原辅料等级、花型、倒顺、正反、数量、幅宽;核对样板数量、规格及标准是否齐全;核对原辅料定额及排料图是否齐全;核对铺料是否符合工艺要求(如铺料层数、所铺衣料颜色、铺料长度等)。"八不裁"是指原辅料缩率数据不清的不裁;原辅料等级及规格不符合工艺要求的不裁;原辅料纬斜超过规定的不裁;样板不齐全、规格不准的不裁;色差、疵点、沾污超过等级要求的不裁;样板组合部位不合理的不裁;定额不全、不准确、幅宽不符的不裁;工艺技术要求不清的不裁。"八规定"是指严格执行正反面规定;严格执行衔接长度设计规定;严格执行互借范围规定;严格执行布料等级规定;严格执行对条格、倒顺毛向、倒顺图穿规定;严格执行排料、铺料、裁剪、定位等工艺技术规定;严格执行电刀、电剪等工具设备的安全操作规定;严格执行安全生产操作规程规定。

3. 裁剪时的裁刀轨迹

裁刀轨迹也叫推刀线路,是裁剪衣料时电剪刀进刀、出刀的线路。排刀线路的选择既要考虑生产效率和质量,还要兼顾进刀、出刀方便。推刀线路一般可归纳为"三先三后",即:先横裁后直裁,有利于推刀;先外口后里口,即先裁外口衣片,后裁里口衣片,以保证裁剪质量;先裁小片衣片,后裁较大衣片。

4. 裁剪技术要领

采用不同的裁刀时,裁剪的操作要领有所不同,但大同小异,这里主要针对直刀式电剪刀进行描述。

(1)裁剪时要保持裁刀垂直,以免各层衣片产生误差。

(2)裁刀要始终保持锋利,以保证裁剪的衣片边缘光洁顺直。

(3)裁剪时注意裁刀温度不可过高,尤其裁合成纤维织物时,高温易使衣片边缘产生变黄、焦黄、粘连等现象发生,同时沾污裁刀。

(4)裁剪时要看清刀路(衣片轮廓线),左手按布,右手推刀,速度适当。按布压力应适中,压力过轻会导致上下层衣料相对移动,造成裁片不准;压力过大,会使电刀底盘难以推进,对质地松软的衣料还会使布面向手按处涌来,造成裁片不准。

(5)裁剪时应沿剖线而行,若需借线,应借大不借小。因小部件本身的尺寸就小,故借小部件易造成小部件规格发生变化。

(6)弧线转弯时转手要快,转变时刀口不能移动,转弯准确后才能进刀,但推刀不能有停顿,避免出现锯口。

(7)拐角处应从角的两边分别进刀,以保证裁片精度。

(8)剪口的定位标记要准,以不超过3mm为宜,且清晰持久。

5.裁剪设备

几种常用裁剪设备的特点及适用范围如表6-25所示。

表6-25 常用裁剪设备的特点

裁剪设备	优点	缺点	图例	适用范围
直刀式电剪刀	·效率高,裁剪厚度较大 ·适应性强 ·操作简单宜携带	·面料固定不理想,精度不高 ·裁弧线时,曲率大的有困难		·适于各种面料 ·适合各种服装生产厂
圆刀式电剪刀	·轻便灵活 ·裁直线时精度高 ·噪声低	·面料固定不理想 ·裁弯位角不理想		·适于直线裁料和单层或少层面料的裁剪 ·应用较少 ·适合大、中型服装样衣间
带刀式电剪刀	·便于衣片推移 ·精度高 ·噪声低	·成本较高 ·体积较大且笨重		·适于二次精裁 ·适合大、中型服装厂
电脑裁剪机(CAM)	·精度高 ·工人劳动量小	·成本高 ·体积庞大		·适于各种面料 ·适合大型服装厂

(七)验片

验片是对裁剪质量进行检查,目的是将不符合质量要求的裁片抽出来,以防进入下道工序,影响成品质量,验片内容有:

(1)检查主、附零部件裁片是否为样板一致。

(2)检查上、下层裁片大小、误差是否符合技术要求。

(3)检查标记符号是否完整、准确、清晰。

(4)检查衣片对条格、对图案和倒顺毛是否符合工艺要求。
(5)检查裁片边缘是否顺直。
(6)检查主辅料是否准确。
(7)检查中若发现有误裁片,需修剪处理后再用,无法再用的则立即进行补片。

(八)打号

打号又叫编号,是将检验好的衣片按照要求逐片打号。打号可以人工进行,也可用专门的打号机进行。打号工具如图6-10所示。

1. 打号目的

打号目的是避免色差,保证同一编号的衣片最终缝成一件服装;防止衣片在生产过程中发生混乱,便于复位。

2. 打号内容

编号内容包括:(1)床数号或工号;(2)铺料层数;(3)衣片规格。

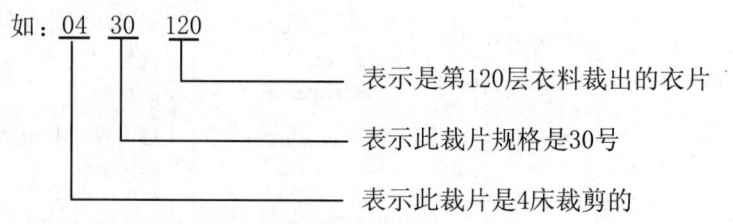

图 6-10 打号工具

如:04 30 120
         │   │   └── 表示是第120层衣料裁出的衣片
         │   └────── 表示此裁片规格是30号
         └─────────── 表示此裁片是4床裁剪的

3. 打号原则

(1)打号颜色要清晰而不浓艳,以防沾污衣料。
(2)打号位置应统一在衣片反面边缘显眼处。
(3)打号应准确,防止漏打、重打和错号等。
(4)打号完毕应进行复检。

(九)捆扎

成衣批量生产中,衣片数量不计其数,为方便生产,依据各生产线的具体进度,将衣片分配到各生产线,对衣片进行分组、分批捆扎。

捆扎原则:遵循方便生产、提高效率的原则,裁片分组适中;要符合缝制工艺程序;每扎主辅料及零部件规格要匹配,附件数量要准确;同扎裁片必须是同尺码;包扎要整齐、牢固,并吊好标签。

(十)成衣缝制

缝制即缝纫制造,是将通过裁剪及粘合工艺加工出来的衣片,在缝制设备上以一定的缝制方式连接成完整服装(即成衣)的加工过程,其中还含有一些手工及熨烫加工。服装生产中常说的"四大功夫",除了裁剪中的"刀功"、"烫功"、"手功"和"车功",主要体现在缝制过程中。

缝制过程在成衣生产加工中占用的时间最长,加工工序多,使用设备多,人员配置多,占地面积大。在实际生产中,要求各工序配合紧密、协调合作,以保证生产流水线的正常。

1. 缝制工艺设计

(1)工序分析

工序是构成作业系统分工的最小单位,工序划分的细小程度与加工设备有直接关系。

①工序分析的目的
- 说明加工顺序,制成工序流程图;
- 说明加工方法和设备;
- 作为工序改进的基础资料,能进行员工加工水平的比较;
- 作为工序的基础资料;
- 作为生产计划及生产作业计划编制的基础资料,以便进行工序编制、人员安排、设备配置及布局设计,并进行合理的工序管理;
- 作为生产加工的指导性技术设计,说明加工方法及技术质量标准要求,指导作业人员正确操作。

② 工序分析的表示方法

工序分析的表示符号见表6-26。

表 6-26 工序分析的表示符号

序 号	符 号	代表意义
1	Y	投料准备(一个工序表中可有多个)
2	○	平缝作业
3	●	特种设备作业(一般指除平缝机作业以外的作业)
4	◎	手工作业
5	◇	品质和数量检验
6	△	加工结束(一个工序表示只有一个)

③ 工序的图示方法和配置方式如图 6-11 和 6-12 所示。

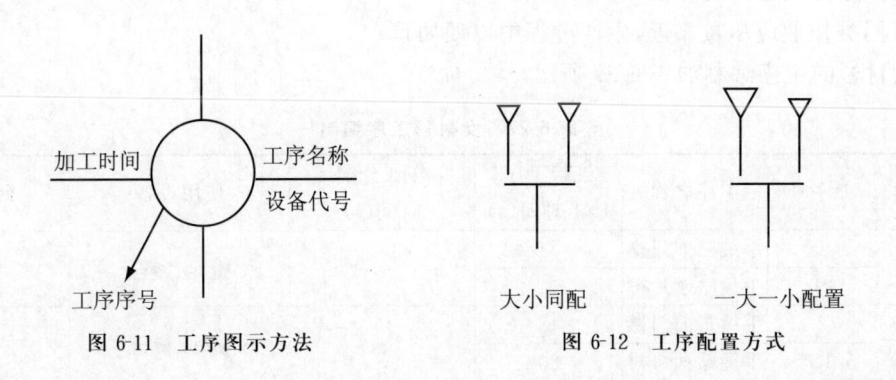

图 6-11 工序图示方法　　图 6-12 工序配置方式

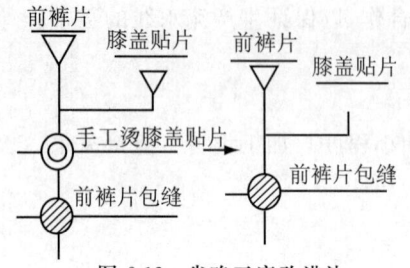

图 6-13 省略工序改进法

④ 工序改进

省略工序(减少工序):一般是对一些手工辅助作业进行省略,如贴裁片绷线、画印、做记号等,如图 6-13 所示。

变更顺序:对某些工序,根据工厂人员和设备实际情况,可适当调整其加工顺序,以提高生产效率,如图 6-14 所示。

合并工序:如图 6-15 所示。

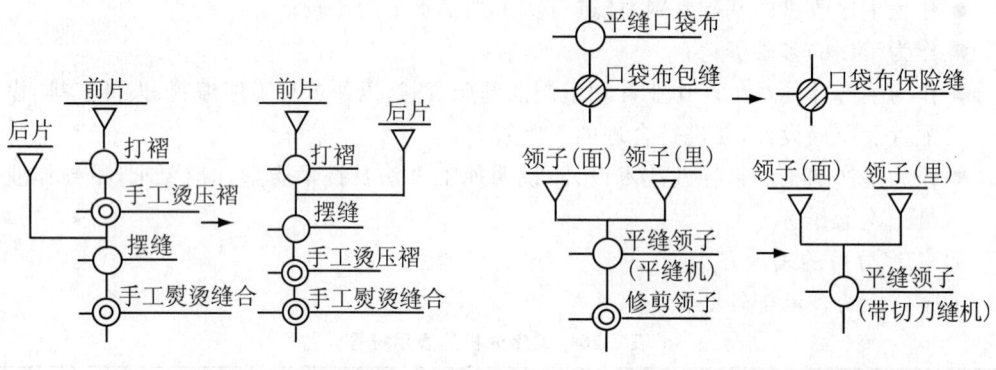

图 6-14 变更工序改进法

图 6-15 合并工序改进法

(2)工序编制

① 工序编制目标

一般要求生产线的工序编制效率在 85% 以上。

$$编制效率 = \frac{B \cdot P \cdot T}{最长工序加工时间} \times 100\%$$

其中,$B \cdot P \cdot T$ 为节拍,是一条生产线完成一件成衣所需的平均时间:

$$B \cdot P \cdot T = \frac{一件成衣的总加工时间}{作业人数}$$

② 工序编制原则

- 尽量按工序顺序编制,以避免半成品出现逆流或交叉移动;
- 同一性质的工序(使用同类设备或工具)应尽量由同一人完成;
- 工序分配应考虑作业人员的技能水平;
- 同类作业应尽量靠近,生产过程中以便协调。

女衬衫的工序编制如表 6-27 所示。

表 6-27 女衬衫工序编制

作业员	工序号	工序名称	纯粹工序加工时间(s)	作业分配时间(s)	使用设备	台数
1	1	手烫贴前门襟	24	38	熨斗、烫台	1
	21	手烫贴领片衬	14			
2	2	手烫折前门襟	18	38	熨斗、烫台	1
	12	手烫贴袖口衬	20			

续表

作业员	工序号	工序名称	纯粹工序加工时间(s)	作业分配时间(s)	使用设备	台数
3	7	缝肩省	15	45	高速平整机 GC6-1-D3	1
	10	缝袖衩贴片	30			
4	3	前门襟拷边	18	88/2=44	包缝机 GN3-1	2
	8	合肩拷边	17			
5	9	合肋边拷边	21			
	11	袖下保险缝	32			
6	4	缝胸褶	16	44	高速平缝机 GC63-1-D3	1
	13	缝袖口布	28			
7	5	里襟角及下摆平缝	30	51	高速平缝机 GC6-1-D3	1
	22	平缝领片	21			
8	6	翻里门襟角翻下摆加烫	30	50	熨斗 烫台	1
	14	修剪袖口布	10			
	15	翻袖口	10			
9	16	手烫袖口	42	42		

2. 缝制工艺要求

成衣不同部件的缝制工艺要求如表 6-28 所示。

表 6-28 成衣不同部件的缝制工艺要求

序号	成衣部件	缝制工艺要求
1	领子	平服,不卡脖、离脖,前领经纬左右对称,牢固,缝线顺直均匀。
2	驳头、驳口	丝绺正直,串口、驳口顺直,左右对称,驳头平服。
3	止口	顺直平挺,不搅不豁,左右对称。
4	前身	前胸丰满,衬服贴,风省顺直,省尖不起泡,省缝口袋位置左右对称。
5	袋	大袋平服,袋子圆顺,大小与袋口适应,封口清晰牢固,左右一致。
6	后背	背缝挺直起翘。
7	袖	圆袖窿圆顺饱满,两袖对称。
8	裤腰	面、里衬平服顺直,松紧适宜,宽窄一致。
9	门、里襟	面、里衬平服顺直,松紧适宜,左右一致,里襟不得长于门襟,拉链进出高低适宜,裤钩定位准确。
10	前、后裆	圆顺平服。
11	裤袋	袋位高低一致,袋口大小一致,缝迹顺直平服。
12	裤口	平直不吊档,左右大小一致。
13	打结	结实、美观。
14	钉扣	收线打结牢固。
15	锁眼	不偏斜,扣眼与扣位对位准确。
16	商标	位置端正,号型标志正确清晰。

续表

序号	成衣部件	缝制工艺要求
17	线迹	线路顺直、整齐(起止回针牢固、搭头线长度适宜,无漏针、脱线、跳针),底面线松紧适宜(与面料厚薄适应)、平服美观。
18	对条格图案	左右对称,对位、色差符合要求。

3. 缝制设备及配置

(1)缝制设备分类

缝纫机通常可分为家用、工业用及服务行业用三类。服装生产厂主要使用工业缝纫机,工业用缝纫机分类如下:

① 按线迹结构,可分为链式、锁式、包缝及绷缝线迹的缝纫机。

② 按线迹用途,可分为平缝机、锁眼机、开袋机、包缝机等。

③ 按使用数量和功能,可分为通用缝纫机、专用缝纫机、装饰用及特种缝纫机。

(2)缝纫机编号

我国缝纫机编号通常用两个字母与两个数字(或三个数字,最后一个数字用横线与前两个数字隔开)组成。

第一个字母表示用途类别,"J"代表家用,"G"代表工业用,"F"代表服务行业用。

第二个字母表示缝纫机挑线机构形式和线迹类型。

缝纫机设备第二个字母代表的含义如表6-29所示。

表6-29 缝纫设备第二个字母的含义

分类代号	挑线机构	钩线机构	线迹类型
A	凸轮	摆梭	梭缝
B	连杆	摆梭	梭缝
C	连杆	旋转梭	梭缝
D	滑杆	旋转梭	梭缝
E	旋转	摆梭	梭缝
F	旋转	旋转梭	梭缝
G	凸轮	摆梭、摆动针杆	梭缝
H	连杆	摆梭、摆动针杆	梭缝
I	连杆	旋转梭	梭缝
J	针杆	旋转钩针	单线链缝
K	针杆	单弯针	绷缝
L	针杆	带线弯针、不带线弯针	单线包缝
M	针杆	带线弯针、不带线弯针	双线包缝
N	针杆	摆动双弯针	三线包缝
O	针杆	单弯针	单线或双线编织
P	针杆	单弯针	单线或双线拼缝
Q	凸轮	旋转钩针	梭缝
R	滑杆	旋转钩针、摆动针杆	梭缝
S	滑杆	摆梭	梭缝
T	针杆	四弯针	四针八线链缝

续表

分类代号	挑线机构	钩线机构	线迹类型
U	使用弯针的缝纫机		
V	高频无线塑料缝合机		
W	无针线的制皮机器,包括皮件成型、切割冲压抛光		
X	电动刀片裁布机		
Y	凡不属 A~X 的其他机构和线迹的缝纫机		

例如,JA1-1 表示为:家用凸轮挑线、摆梭钩线的平缝线迹缝纫机;GC6-1 表示为:工业用连杆挑线、旋转梭勾线的平缝线迹缝纫机。

(3)缝制设备配置

① 设备配置形式

按工序配置:这是一种基本的配置形态,是按成衣加工工序,再按工序分配下所需机器的排列配置形式,适于少品种、少变化、大批量的生产方式。

按部件配置:按成衣加工部件的不同划分区域,分别在各区域配置相应设备,适于中品种、中批量的生产方式。

按机种配置:按成衣工序性质划分区域,每一区域配置同种设备,适于多品种、小批量的生产方式。

② 设备配置原则

- 半成品移动距离最短;
- 分清主支流;
- 通道出口顺畅,利于半成品移动。

4.生产线设计

(1)流水线布置形式

流水线布置指安排各工作地和运输半成品装置的相互位置,布置时应使运输路线最短,工人操作方便又节省占地面积。

常见流水线布置形式有以下几种,如图 6-16 所示。

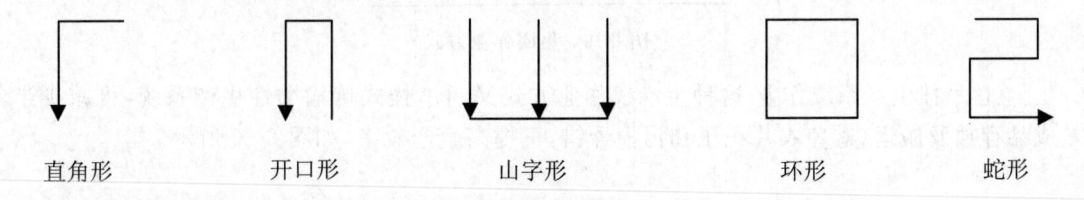

直角形　　开口形　　山字形　　环形　　蛇形

图 6-16 常见流水线布置形式

(2)流水线布置图示符号如图 6-17 所示。

□　　平缝机作业　　　　　　▨　　平缝机作业

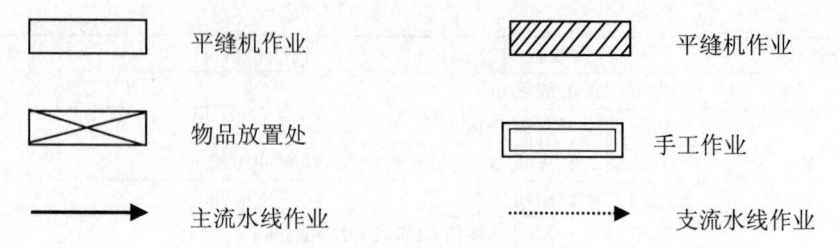

⊠　　物品放置处　　　　　　▭　　手工作业

──▶　主流水线作业　　　　　┄┄▶　支流水线作业

图 6-17　流水线布置图示符号

(3) 常见生产线作业形式

① 流水作业方式　这种生产线作业方式灵活,适合各种生产方式,如图 6-18 所示。

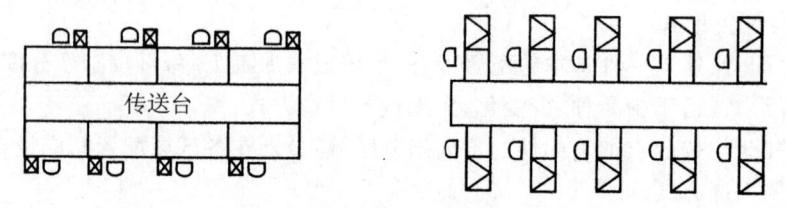

图 6-18　流水作业方式

② 集团作业方式　也叫分组作业方式。这种生产线作业方式按产品部件或设备种类分成若干组,分别加工,最后组合成品,如图 6-19 所示。

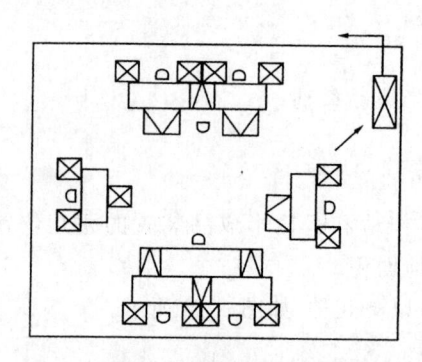

图 6-19　集团作业方式

③ 吊挂生产系统作业　这种生产线作业方式又叫吊挂式传输柔性生产系统,可减少半成品存放及搬运,避免衣片积压和污损弄错,可提高生产效率,如图 6-20 所示。

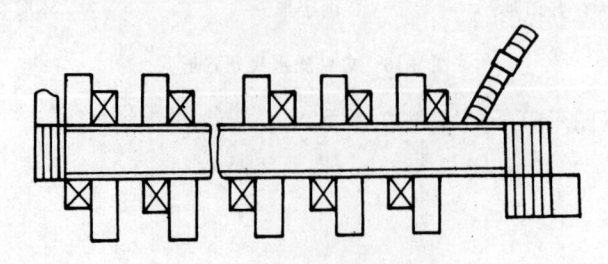

图 6-20　直线型传送带捆扎系统

(十一)整烫

整烫分为整理和熨烫,即通过对服装进行热湿定型熨烫,使服装更加符合人体特征及服装造型需要,对服装的外观和内在质量起着决定性作用。"三分做七分烫"的俗语很好地说明了整烫工艺在服装缝制中的重要地位。服装制作"四大功夫"中,刀功(裁剪)是保证成衣质量的先决条件,手功最难,车功是关键,而烫功的效果最明显。

1. 熨烫的目的

(1)整理面料。使面料得到预缩,去掉皱痕,保持面料平整;

(2)塑造服装的立体造型。利用纺织纤维的可塑性,改变其缩度及织物经纬密度和方向,使服装的造型更适合人体的体型与活动的要求,达到外形美观、穿着舒适的目的。

(3)整理服装。使服装的外观平挺,缝口褶裥等处平整、无皱褶、线条顺直。

熨烫的种类和目的如表6-30所示。

表6-30 熨烫的种类和目的

分类方法	熨烫种类	目的	设备	适用范围
按加工顺序	产前熨烫	裁剪前对服装面、里料的熨烫处理,使服装面、里料热缩或平整,保证裁片质量。		少量服装制作
	中间熨烫	对衣片和半成品的熨烫。		部件、分缝及归烫、拔烫
	成品熨烫	对成品做最后的定形、保型及外观处理,使服装线条流畅、外形丰满、平服合体、不易变形。		成品服装
按定形维持时间	暂时性定形熨烫	保持服装造型,一般熨烫效果实际都包含三种定形成分。		成品服装半成品
	半永久性定形熨烫			
	永久性定形熨烫			

续表

分类方法	熨烫种类	目的	设备	适用范围
按熨烫作业方式	熨制作业	修整服装外观效果和部件、分缝、归拔熨烫。		面料 半成品
	压制作业	使服装获得平整外观。		成品
按熨烫作业方式	蒸制作业	使服装平挺、外观丰满。		成品

2. 熨烫的方法与要求

服装缝制中，熨烫工艺即是运用归、拔、烫、推、压、闷等方法，使服装具有"九势"的外观效果。九势指服装的胁势、胖势、窝势、戤势、凹势、翘势、剩势、圆势及弯势等，使服装符合人体和造型需要，其在服装上的具体表现和要求如表6-31所示。

表6-31 成衣熨烫的造型质量要求

序号	效果表现	质量要求
1	平	成衣的里、衬及面平坦、不倾斜，门襟、背衩不搅不豁，无起伏现象。
2	服	成衣符合人体曲面，具体指服装后背、腰胁、胸部及臀部，主要靠胁势和胖势来实现。
3	顺	缝道与人体线条吻合，主要靠剩势来实现，一般指肩、摆缝、袖缝等处。
4	直	各种直线挺直，无偏歪、扭曲现象，如"袋盖、袋口、驳头，"等部位。
5	圆	成衣各部位的连接线迹平滑圆顺，如袖窿、领孔。
6	登	成衣在人体横线处水平重心与人体重心吻合，如胸围、腰转及底摆等。
7	挺	成衣各部位挺括，体现材料质感。
8	满	体现人体丰满部位，如胸部，靠胖势与胁势来实现。
9	薄	使成衣有飘逸、舒适之感，如服装较厚的袋口部位。
10	松	无松紧、呆板之感，如领、驳头、肩头，靠凹势和翘势来实现。
11	匀	成衣各部位面、衬及里统一均匀、符合习惯，如肩部、胸部。
12	软	服装衬垫部位挺而不硬，富有弹性，回复性好，如胸部、肩部。
13	活	成衣各线条、曲面灵巧、活络。

续表

序号	效果表现	质量要求
14	轻	服装穿着承受力均匀,靠凹势和翘势来实现。
15	窝	成衣边缘部位自然向人体内靠,使服装外形光滑、匀称,如驳头、肩领、止口、袋盖、背衩、门襟等处。
16	戤	服装主要部位有一定宽松度,便于穿脱,如手臂、胸围、腰围、臀围等处。

第五节　服装的保养

一、服装的洗涤

洗涤是服装保养的主要内容,其基本作用有两个方面。第一是去污,衣物经过一定时间的穿用之后,必然会受到多种污物的沾染,如果不及时清除,这些污垢会逐渐深入到纤维的间隙之中,影响纤维固有的性质,使织物失去原有的光泽和手感,并导致织物透气性、保温性、吸湿性和弹性下降;此外,服装上的污垢会不同程度地对人体的卫生和健康构成一定的危害。第二是使服装的疲劳得到回复,服装在使用中不可避免地受到各种外力的反复作用,织物中的纤维和纱线因此发生变形和失去弹性,长此以往,使织物处于疲劳状态,从而降低服装的使用寿命和服装的外观,并因此产生一系列的变化,如起拱、压痕、起毛、起球、极光等。通过水的浸洗,纤维因水分子的渗透而产生溶胀。此时,纤维和纱线便会释放逐渐累积的应变,使产生的变形得以回复,疲劳得以缓解。对于亲水性纤维材料,这一作用尤为明显。

(一)污染的类型和性质

从服装污染的形式和内容上看,污物主要有以下几个来源:

(1)空气中的尘埃。即悬浮于空气中的固体颗粒,包括尘土、机动车尾气、工业废气等。静电现象是造成此类污染的重要原因。

(2)人体分泌物。人体分泌物主要是汗液和油脂。造成主要污染且很难去除的是呈碎屑形态的皮脂,是造成内衣和领口等部位污染的主要根源。此类污染还包括血液、乳汁等。

(3)生活用品。生活用品污染涉及的范围很大,类型和成分也十分复杂,如食品、饮料、化妆品、墨水、油漆、机油、颜料等。此类污染多属于意外沾污,但往往后果严重,难以去除。

(4)洗涤液中的污物。洗涤液中含有污物较多时,会因静电和沉积作用沾染洗涤中的衣物。在洗涤中,染料和病菌也是主要的污染源。

上述各类污染物从洗涤的角度来看,又可分为水溶性污垢、油溶性污垢和不溶性污垢。事实上,服装的污染常常是多种污垢以混合形态出现。其中,油溶性和色素污染的清洗难度最大。

(二)洗涤方法

(1)水洗。水洗是家庭中常用的去污方法。它是将衣物浸泡于溶有洗涤剂的水中,再通过机械作用,使污物脱离服装的一种方法。其优点是简便、经济,可使用洗衣机,对水溶性和不溶性污物的清除效果较好;同时可缓解服装的疲劳,使织物得到必要的回复。缺点是可能会造成缩水、脱色以及消除服装整烫后的定形效果。

(2)干洗。干洗一般在专业洗衣店进行,也就是无水的的洗涤。它所采用的是不燃、无毒、不腐蚀衣服的有机溶剂,主要对油溶性污物进行局部或整体处理,使之脱离衣物以达到去污的目的。

干洗的优点是不损伤衣料,避免了水的膨润作用所造成的服装变形,对油溶性污物的去除效果好,不会影响织物的颜色与光泽,洗后手感较好。缺点是对水溶性和色素污染难以去除,无法进行柔软、增白等处理。另外,干洗一般是将衣物在干洗机中集中处理,容易造成病菌传播;洗后的衣物在一段时间里会残存干洗剂,如不经充分晾晒而立即穿用,会对人体造成不良影响。

干洗主要适用于羊毛、蚕丝等高档服装或西装、大衣等。要求保持定形效果又不易整理的服装,最好采用干洗的方法。

(三)水洗的条件与注意事项

(1)洗涤用水。最好使用硬度较低的水,否则洗涤时不起泡沫,影响去污、增白效果,破坏织物光泽和手感,严重时会在织物上留下斑点。

(2)洗涤液浓度。一般情况下,洗涤液浓度应在0.2%左右,通常可参照洗涤剂使用说明。

(3)水温。提高水温有利于洗涤液对织物的润湿和渗透,但温度过高会造成羊毛织物缩绒、蛋白质类污物凝固,使之无法去除。一般以30～40℃为宜。

(4)其他注意事项。一要注意严格分类,避免衣料损伤、褪色沾染和清洗不充分等问题;二要注意及时洗涤,防止污物在空气中氧化而不易去除;三要注意用力适当,防止衣料过度变形;四要注意洗涤液不可反复使用,以保证洗涤液浓度,防止再污染。

(四)服装的洗涤、熨烫标志

服装材料具有较为复杂的性质,如果保养不当,会造成意外的损失。因此,为了向消费者提供服装保养方面的指导,在服装内需要有一个永久固定的注明洗涤熨烫注意事项的标志,通常称为洗涤熨烫标志,简称洗水唛。

目前通用的洗涤熨烫标志一般包括两项内容:符号和文字说明。五种基本符号及其含义如表6-32所示,三种附加符号如表6-33所示,国际常用洗涤标志如表6-34所示,我国规定使用的洗涤标志与国际常规相同。

表6-32 基本洗涤及熨烫符号

序号	符号	含义	序号	符号	含义
①	⌷30	洗涤符号	④	○干洗	干洗符号
②	△	漂白符号	⑤	⊙	滚筒干燥符号
③	🜂…	熨烫符号			

表 6-33　附加洗涤及熨烫符号

序号	符号	含义
①	✕	表示禁止符号，表 6-32 中所表述的任一种符号上加此符号，则表示该符号所代表的处理方式禁用。
②	—	表示轻度处理符号，表 6-32 中所表述的任一符号下加一横线，则表示所采取的处理方式比无横线的相同符号要轻。
③	— —	表示极轻度处理符号，表 6-32 中所表述的任一符号下加一断开的横线，则表示在 40℃ 温度下非常轻柔的处理。

表 6-34　国际常用洗涤标志图形及其含义说明

序号	符号	含义	序号	符号	含义
①	熨斗✕	切勿用熨斗烫。	⑨	三角✕	不可使用含氯成分的漂白剂。
②	洗衣机✕	切勿使用洗衣机，只能用手搓。	⑩	熨斗·	应使用低温熨斗熨烫（约 100℃）。
③	水波纹	波纹线以上的数字表示洗衣机速度要求，以下的数字表示水温。	⑪	方框✕	不可使用干洗机。
④	⊗	不可干洗。	⑫	○	可以干洗。
⑤	Ⓐ	"A"表示所有类型的干洗剂均可使用。	⑬	水盆✕	不可用水洗涤。
⑥	熨斗···	熨斗内三点表示熨斗可以十分热（可至 200℃）。	⑭	△Cl	可以使用含氯成分的洗涤剂，但需加倍小心。
⑦	熨斗··	衣服可以熨烫，两点表示熨斗温度可加热至 150℃。	⑮	Ⓕ	可以洗涤，"F"表示可用白色酒精和 11 号洗衣粉洗涤。
⑧	▢○	可以放入滚筒式干洗机内处理。	⑯	Ⓟ	干洗时需加倍小心（如不宜在普通的洗衣店中干洗）；下面加一横线，表示对干洗过的衣服，后整理时要特别小心。

当保养注意事项超出规定的符号时，就需要使用文字说明。文字说明的优点是不会产生误解，所以在一些国家的标准中要求与符号对照使用。在国际贸易中，文字说明可以避

免产生责任纠纷。通常,内销服装采用本国文字,而出口服装应使用英文或进口国文字。以下为常见的文字说明举例:

(1)WARM WATER WASH(温水洗涤)。

(2)MACHINE WASH WARM(洗衣机温水洗涤)。

(3)HAND WASH(手洗织物)。

(4)TUMBLE DRY(可用滚筒甩干)。

(5)HANG DRY(垂挂晾干)。

(6)DO NOT BLEACH(不可漂白)。

(7)ALWAYS WASH SEPARATELY(与其他衣物分开洗涤)。

(8)IRONING AT MODERATE(中温熨烫)。

(9)DO NOT DRY CLEAN(不可干洗)。

(10)FULL GARMENT TO ORIGINAL LENGTH AFTER WASHING(服装洗后不缩水)。

(11)DRY CLEAN ONLY(只可以干洗)。

(12)MACHINE WASH WARM DELICATE CYCLE TUMBLE DRY LOW(轻柔洗涤、甩干)。

(13)DRY CLEAN PILE FABRIC METHOD ONLY(毛绒织物只可干洗)。

二、常用服装的熨烫

1. 毛织物

毛织物整烫的基本方法是:先给湿并以较高的温度烫正面,温度、给湿量与织物厚度成正比;接近于烫干时,用正常工艺温度熨烫反面,直到充分熨干为止。对于华达呢等较紧密且要求布面纹路清晰的织物,最后还要在正面垫干布充分熨平。

对于毛织物因摩擦而产生的极光,也可通过熨烫消除,方法是将湿水后的垫布(加入少量醋酸)盖住产生极光的部位,用熨斗反复熨烫直至极光消失。

2. 丝绸类织物

一般采用微量给湿,用正常温度在反面直接熨烫,直至衣料烫干熨平。

3. 棉型织物

一般应少量给湿,以正常温度在反面直接熨烫。对于厚型织物应适当升温、增湿。白色织物不会出现极光现象,用较低温度直接烫正面即可。

4. 麻织物

少量给湿,以正常温度直接熨烫,浅色织物烫正面,深色织物烫反面。

5. 合成纤维织物

(1)涤纶。加大给湿量(略小于毛织物)或直接喷水,用较高温度烫正面,然后用正常温度在反面烫干。

(2)锦纶。薄型织物参考丝绸类,厚重织物参见毛织物。仅限低温熨烫。

(3)腈纶。基本同涤纶,但其熨烫色牢度较差,时间应尽量缩短。

(4)丙纶。同丝绸类。

(5)维纶、氯纶。正常温度下在正面进行干烫。氯纶应严格控制温度。

6. 特殊织物

(1)针织物。针织物原则上不应压烫,如需熨烫时应采用蒸汽冲烫的方法,也可以在织物快干时轻烫反面,但切勿推拉和重压。对于厚度大的织物,可在织物上、下两面垫上毛巾,轻轻压烫即可。

(2)绒面织物。绒面织物应保护毛绒直立的外观,但穿用时常造成毛绒倒伏,因此需经常整理。此类织物绝对不可直接压烫,只能用蒸汽冲烫。可用软毛刷将绒毛轻轻刷起,整形工作完成后,为尽快除掉水分,可将服装提起,在反面将衣料烫干。

三、服装及其材料的保管

服装在穿着时,由于人的活动而受到多种力的作用,甚至由于经受反复张弛而产生疲劳。因此,一件服装不宜长期穿用,以使服装材料的疲劳得以回复。这样,就可保持服装良好状态,延长服装寿命。此外,对服装的保管还应注意下列事项。

(一)影响服装变质的因素

1. 服装发脆

服装发脆大体有下列几方面的原因:

(1)虫害和发霉;

(2)整理剂和染料因日光及水分的作用,发生水解和氧化等现象,例如从硫化染料染色物所释放出的硫酸,会使纤维发脆;

(3)残留物对纤维的影响,例如残留氯发生氧化作用;

(4)在保管环境下,光或热也会使纤维发脆。

2. 服装变色

服装变色的原因大体上有下列几方面:

(1)由于空气的氧化作用而使织物发黄,例如丝绸织物和锦纶织物的变黄;

(2)由于整理剂如荧光增白剂的变质而使织物发黄;

(3)在保管环境下由于光或热的作用而使织物发黄;

(4)由于染料的升华而导致染色织物褪色;

(5)由于油剂的氧化或残留溶剂的蒸发而导致织物变色。

(二)防湿和防霉

服装在保管期间由于吸湿易使天然纤维织物或再生纤维织物发霉。霉菌会导致纤维素降解或水解成葡萄糖,使纤维变脆。此外,霉味令人不快,而且霉菌的集中地即霉斑会使织物着色,从而使服装的使用价值大大降低。

在高温多湿条件下,染色织物的变色或染料的移位等现象也时有发生。

服装保管在干燥的地方或装入聚乙烯袋中,就可避免因湿度高而使织物发霉的现象。对织物进行防霉整理也是防霉途径之一。

(三)各类服装保管注意事项

1. 棉、麻服装

该类服装在存放入衣柜或聚乙烯袋之前应晒干,且深浅颜色分开存放。衣柜和聚乙烯袋应干燥,里面可放樟脑丸(用纸包上,不要与衣料直接接触),以防止衣服受虫蛀。

2. 呢绒服装

这种服装应放在干燥处。毛绒或毛绒衣裤混杂存放时,应该用干净的布或纸包好,以免绒毛沾污其他服装。最好每月透风1~2次,以防虫蛀。

各种呢绒服装以悬挂存放在衣柜内为好。放入箱里时要把衣服的反面朝外,以防褪色风化,出现风印。

3. 化纤服装

人造纤维的服装(人造棉、人造丝等)以平放为好,不宜长期吊挂在柜内,以免因悬垂而伸长。若是与天然纤维混纺的织物,则可放入少量樟脑丸。对涤纶、锦纶等合成纤维的服装,则不需放樟脑丸,更不能放卫生球,以免其中的二萘酚对服装及织物造成损害。

【本章小结】

1. 将服装按照上衣、下装、全身装和礼服进行分类,讲解了各类服装的名称及其含义。

2. 分析了各类服装的细部结构及其名称,介绍了各种领子、袖子、口袋和线迹的造型及表达方法。

3. 介绍了由国家技术监督局颁布的国家技术标准《服装号型》,并对其他国家的服装号型如英国、美国的服装号型进行了简要介绍。

4. 讲解了成衣服装轮廓造型及其与服装结构设计的关系,分析了成衣服装款式设计的步骤,阐述了服装款式设计的要点。

5. 讲解了针织成衣的分类和特点,介绍了各类成衣的面料选用原则。

6. 讲解了服装生产的工艺流程,介绍了服装生产的技术文件及其编制方法。

7. 介绍了服装洗涤、整烫及保养方法。

【思考题】

1. 试述各类服装的名称。
2. 我国的服装号型标准是怎样制定的?日本、美国和英国的服装号型是怎样表示的?
3. 试述服装生产的工艺流程。

【练习题】

1. 填充女性 160/84 A 系列控制部位数值。

总体高	颈椎点高	坐姿颈椎点高	全臂长	腰围高	胸围	颈围	总肩宽	腰围	臀围

2. 服装号型有哪几种表示方法？
3. 服装的造型轮廓主要可归纳为几种？每一种造型轮廓服装的结构特征是怎样的？
4. 服装款式设计的要点及步骤是怎样的？
5. 成衣的面料选用应遵循怎样的原则？
6. 服装产品的技术标准包括哪些内容？

第七章 国际纺织品服装贸易

【教学目标】
1. 掌握国际纺织品贸易业务流程；
2. 了解纺织品贸易磋商过程；
3. 掌握纺织品贸易合同的格式；
4. 掌握纺织原料的品质、数量要求及合同条款,掌握纺织面料的品质、数量要求及合同条款,掌握服装进出口的品质、数量要求及合同条款；
5. 了解纺织品贸易发展趋势。

第一节 国际纺织品服装贸易基本业务流程

虽然在不同的贸易方式、贸易条件、付款方式等条件下,纺织品服装贸易的具体业务程序并不完全相同,但基本业务流程都可以划分为贸易准备、贸易磋商与签订合同、履行合同等阶段。

一、出口贸易业务流程

(一)出口前的准备

1. 市场调研

国际市场调研包括经济环境、政治法律环境和社会文化环境等方面,即了解贸易伙伴国的经济、政治、地理、人文、宗教、收入水平与贸易金融制度,并了解拟销售商品在该市场的供需竞争状况、分销渠道及市场潜力,以确定产品输入该市场的可行性。

2. 发展客户

在经过市场调研之后,出口商即可依据调查的结果选定具有潜力的市场作为目标市场,再从这个市场中寻找交易对象,以便进行推销。寻找交易对象可以由出口商自己直接选择,也可以委托第三方间接挑选,或依据已有的客户资料,与国外厂商取得联系。

3. 寄送招商函

在市场中寻找到可能的客户之后,即可寄送招商函,表示与其建立交易关系的意愿,提出交易的一般条件,有时还附上商品目录及价格单,并提供咨询人,以便对方联系和调查出口方信用。

4. 资信调查

在可能的买主回函表示愿意交易之后,要调查对方的资信状况,以达到"知彼"的目的。调查内容主要包括对方的公司性质、资金状况、营运状况、经营权限以及付款记录等。这样一方面有利于把贸易风险降至最低,使进出口贸易合同建立在可靠的基础上,减少或避免损失;另一方面,可以更好地选择优良客户,调动积极因素,而且可以促进成交,扩大贸易往来。

(二)出口贸易磋商与签订合同

1. 磋商

出口商经过可靠的资信调查之后,便可选定一些资信情况良好、值得往来的进口商,积极进行贸易磋商。国际贸易的交易磋商,通常以函电磋商为主,通过寄发价格单、商品目录、样品或市场报告等表达交易意愿。若对方有意购买,即会发出询价,出口商在接到询价函电之后,即可准备报价。报价经对方同意即表示接受。但大多数情况下,对方会还价,经过多次磋商之后,才会达成一致意见。

2. 签订贸易合同

双方达成买卖意向后,为日后履约及便于解决合同纠纷,一般均需签订贸易合同。贸易合同书的名称、格式及签订方式,并无固定要求,常见有以下两种:

(1)双方共同签订

由买卖双方会同制作、当场签字的,称为购销合同或进出口合同;由进口商制作、签字后寄两份给出口商,再由出口商签字后将其中一份寄回进口商的,称为进口合同或购货合同;由出口商制作、签字后寄两份给进口商,再由进口商签字后将一份寄回出口商的,称为出口合同或销售合同。

(2)单方确认

由当事人一方将交易内容制成书面确认书,并寄交对方。这种确认书由进口商制作的,称为购货确认书或订单;由出口商制作的,称为销售确认书或售货单。

(三)出口合同的履行

1. 开立信用证

国际结算的方式主要是信用证方式。在这种方式下,合同签订之后,进口商必须在规定的期限内向银行申请开立信用证。信用证由开证银行开给出口地的通知银行,再由通知银行通知出口商(即信用证受益人),出口商在收到信用证之后,应核对信用证的内容是否与买卖合同相符,并审查信用证条款是否有不合理或欠周详之处,如有,应退回信用证请其修改,等修改之后再行接受。

2. 准备货物

接受信用证之后,出口商即可开始准备货物。若出口商本身即为制造商,应按照交货期限的远近,排定货物生产计划;若出口商为专业贸易商,则对国内生产厂商发出订货单,待货物生产出来或购进之后,即可进行检验、包装、刷唛,准备装运出口。

3. 办理出口许可证

按照我国目前的规定,凡出口"限制出口货物表"中所列货物者,应向商务部或其委托机构申请核发出口许可证,凭以办理货物出口报关。

4. 安排运输

在 CIF 条件下,出口商须负责安排运输事宜,所以出口商除积极备货外,必须按照信用证或买卖合同的规定向船舶公司租船订舱,订妥舱位之后,由船舶公司发给装货单,凭以办理出口报关及装运手续。

5. 办理投保手续

国际贸易货物的运送路程遥远,期间可能会有预料不到的危险发生,所以国际贸易的货物通常必须投保货物运输保险,万一货物受损或灭失,可以获得补偿。在 CIF 条件下,应由出口商负责投保,所以出口商必须按照信用证或买卖合同的规定,向财产保险公司办理投保,领取保险单。

6. 出口检验、检疫及公证

若出口货物属于按照商检法应检验或检疫的商品项目,出口商应该在出口之前,向检验机构申请检验(疫),检验(疫)合格后,凭检验(疫)合格证办理出口报关手续。若买卖合同或信用证规定,货物应于出口前办理公证,出口商应按照规定请公证公司进行公证,并取得公证报告。

在纺织面料和服装出口中,对色彩、花型、款式等的认可,都要以生产小样为准,所以出口商要跟随出口产品生产企业的进度,及时督促企业提供合格的、符合客户要求的产品,特别是在色差、外形等方面,要掌握一定的专业知识和丰富的鉴别经验。及早发现问题能使有关各方(包括出口商自己)有时间采取相应的补救办法。例如,面料在预定的日期进入服装厂后,发现存在大量的色差、门幅偏差和织疵等问题,出口商就无法要求服装厂按时按质按量提供合同规定的成衣产品,也就不能按时装运出口。

出口纺织商品的质量保证除了质量监控外,最主要的是商品检验。一般来说,商品检验应在报关前办理。但有时为了方便对外贸易,商检机构对某些经常出口的、商品品质较稳定的、不易腐烂变质、非易燃易爆的商品予以预先检验,防止不合格商品运抵口岸。纺织品与服装就属于该类产品,可以申请预检。检验时应特别注意以下两点:

(1)纺织品服装的品质指标包括外观疵点(破洞、蛛网、跳纱、断经、花纬、色差、纬斜等)、物理指标(色牢度、重量、长度、缩水率、强度等)与化学指标(树脂整理、浆料分析、纤维含量、甲醛释放量等)。

(2)制作唛头时应注意防止错唛、漏唛、外文字母倒置等,定唛、下唛、刷唛要层层把关,防止"白板货"(即无唛头货)运出。

7. 报关与装运

报关是指出口货物装运前向海关申报通关所要办的手续。根据我国《海关法》规定,货物进出口必须向海关申报,经过海关查验放行后,货物方可提取或装运出口。

装运是指出口企业向承运单位或其代理办理货物的运输业务。国际贸易一般以海运为主,如果出口货物数量较大,需要整船装运的,则要对外办理租船手续;出口数量不大,不需要整船装运的,则洽订班轮舱位。

报关与装船工作,也可以由出口商委托报关代理公司办理。

8. 发出装船通知

在 CIF 条件下,出口商应该在货物装运出口之后,向进口商发出装船通知,并附上或另行寄上货运单据副本,以方便进口商事先明了装货内容并准备各项提货事宜。

9. 备制单证

货物装运之后,出口商即应该按照信用证的规定,准备各项议付所需单证,常见的议付单证有:

(1) 汇票。

(2) 商业发票。

(3) 装箱单。

(4) 提单。在 CIF 条件下,出口商应该在支付运费之后向船舶公司领取提单。

(5) 保险单。在 CIF 条件下,出口商应负责投保,并提供保险单或保险凭证。

(6) 原产地证明书。若信用证规定应提供原产地证明书,则出口商应向签发机构申请。目前国内核发原产地证明书的单位是中国国际贸易促进委员会。

(7) 领事发票。若进口国规定货物输入必须附有领事发票,则出口商应向进口国驻出口国领事馆申请特定格式的领事发票,或要求在有关货运单据上签证。

(8) 海关发票。若进口国规定货物输入必须附有该国特定格式的海关发票,则出口商应购买空白格式的该国海关发票,自行填制。

上述(1)~(3)项由受益人即出口商自行制作。

除以上各项单证外,信用证也可能要求提供重量尺码证明、公证报告或检验证明等其他单据。

10. 议付

出口商在备妥信用证所规定的各项单据之后,即可填具出口议付申请书,连同信用证正本,向银行申请办理议付。议付银行经审核单据无误之后办理货款议付手续。

11. 出口收汇核销和出口退税

根据国务院、国家外汇管理局、国家税务总局的有关规定,我国出口企业在办理货物装运出口以及议付结汇之后,应及时办理出口收汇核销和出口退税手续。

二、进口贸易业务流程

进口与出口是同一事物的两个方面,不论交易是由进口商或出口商主动发起,在交易前的准备手续方面,进口与出口都大致相同,也就是都必须经过市场调查、寻找客户、资信调查等步骤。不过就履约流程而言,进口流程与出口流程有很大的不同。

(一) 进口前的准备

1. 市场调研

进口商拟从国外进口货物,也必须先做市场调研,以了解哪一国可供应拟进口的商品? 哪一国供应的商品品质较佳? 价格较低廉?

2. 寻找出口商

进口商根据市场调研所获得的资料分析比较,选定较理想的市场,再从这个市场中寻找合适的交易对象。

  3.资信调查

  与出口贸易一样,选择资信良好的交易对象,是进口贸易的关键之一。在尚未进行交易磋商之前,应该调查对方的资信状况,有些出口商资信不佳,往往交付劣质商品,甚至伪造单据骗取货款,进口商容易遭受损失。

  (二)进口贸易磋商与签订合同

  1.询价

  根据资信良好的出口商所提供的价格单、商品目录及样品等进行分析比较,如有适合需要的,即发出询价,请出口商就品名、品质、数量、价格、交货及付款等条件提出报价。

  2.接受

  在得到出口商的报价之后,如认为满意,即可予以接受;若认为某些条件不能接受,但尚有意交易时,可提出还价。在双方满意之后,达成交易。

  3.签订贸易合同

  这项手续与出口流程相同。

  (三)进口合同的履行

  1.申请进口许可证

  按照我国目前的规定,凡输入进口许可证管理的货品,应向商务部或其委托机构申请核发进口许可证,凭以办理货物进口通关手续。

  2.申请开立信用证

  进口商在申领进口许可证之后,应在规定期限内,填具信用证开立申请书,向往来银行申请开立信用证。若银行接受申请,即在进口商缴纳开证押金及各项费用之后,由银行按照申请书开立信用证。

  3.付款赎单

  出口商在接受信用证之后,即将货物装运出口,并准备信用证所规定的各项单证向银行申请办理议付。出口地议付银行在承办议付之后,便将议付单据寄到进口地的开证银行请求付款,开证银行审核单据无误之后即予以付款,并通知进口商前来付款赎单。在进口商付清垫款及利息之后,将单据交进口商,凭以办理提货进口。

  4.申请进口检验与检疫

  若进口货物属于法定检验的商品项目,进口商应在货物抵港卸入仓库之后,向港口检验单位申请检验,取得检验合格证书,凭以办理进口报关。

  5.进口报关、提货

  货物经检验(或检疫)合格之后,进口商或其委托的报关代理应在规定的报关期限内向海关递交报关资料,办理进口报关手续。货物经海关查验(若属应查验者)、征税放行之后,进口商或报关代理即可办理提货手续。

  6.索赔

  进口商在提货之后,若发现货物有短缺或毁损,应会同承运单位及公证行开箱点查检验,并取得公证报告,凭以向承运单位或出口商索赔。若货物的损失是可向保险人索赔的,应请保险公司会同检验。

进出口业务流程如图 7-1 所示。

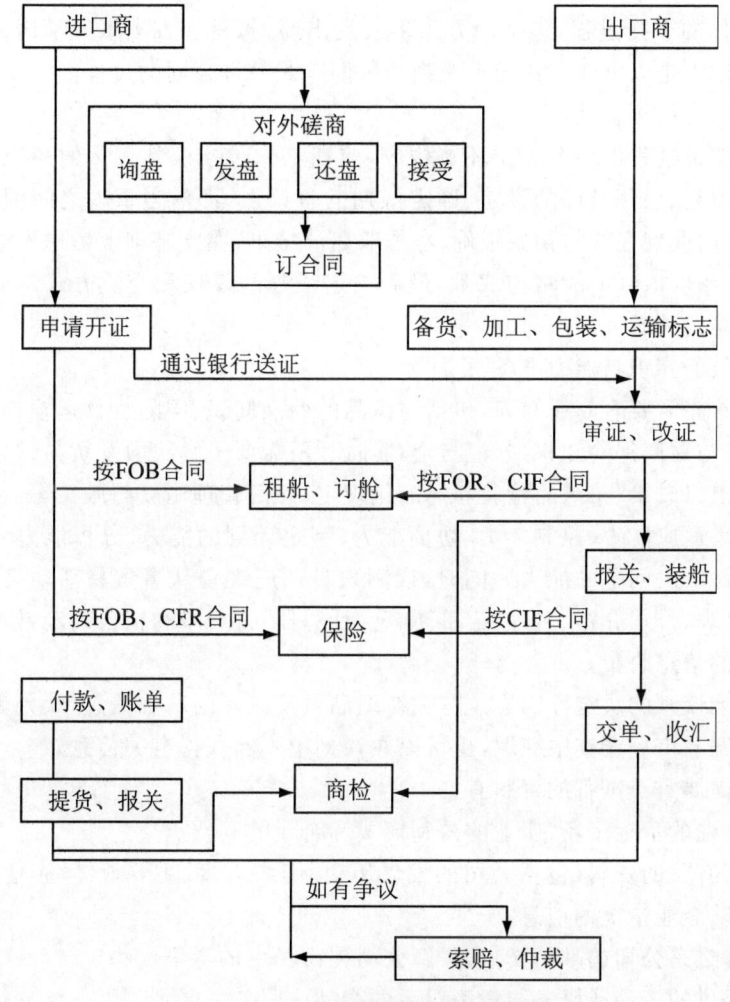

图 7-1　纺织品服装贸易业务流程图

第二节　纺织品服装贸易磋商与订立合同

在纺织品服装贸易中,达成交易要通过谈判磋商来实现,而达成交易的法律形式则是合同。交易磋商是过程,订立合同是结果。谈判磋商和订立合同是贸易的重要内容。

一、纺织品服装贸易谈判磋商

贸易磋商是指进出口双方就商品的各项交易条件进行谈判,以期达成交易的过程。在实际业务中,又被称作贸易谈判。交易磋商在贸易中占有十分重要的地位,是贸易业务活动中最重要的环节。

纺织品服装贸易谈判磋商过程包括：谈判磋商准备、实际谈判磋商及谈判签约三个阶段。准备阶段是谈判人员搜集谈判信息、分析谈判项目、制定谈判计划的过程。实际谈判阶段是贸易条件的交换过程，包括一方当事人发出要约，另一方当事人承诺或反要约的过程。谈判签约过程是以书面方式确定谈判结果即正式签订合同的过程。

(一)谈判磋商的准备过程

谈判磋商准备过程由多个工作环节构成，前期工作包括谈判人员的知识与能力准备、谈判前的信息收集、谈判目标的设定、确定谈判的争议点、评估当事人之间的优劣势、分析市场、预测对方的谈判底线与初始报价、考虑双赢的结果，在此基础上考虑本企业的谈判底线与初始报价、明确谈判的战略与战术，最后决定谈判的议程和交流方式。谈判准备过程是赢得谈判成功的关键。

1.谈判人员的知识与能力准备

谈判人员首先需要有商业知识，包括纺织品的商品知识、国际货物运输知识、国际商务业务知识、运输与财产保险知识、外汇与金融知识等；需要了解我国及贸易伙伴国纺织品的产品政策和进出口政策、纺织品检验和标准化规定、外汇管理制度与政策等。其次，谈判人员需要培养心理适应能力、控制能力、协商能力、制定计划的能力、分析能力、沟通能力、表达能力和创造性解决问题的能力。同时，谈判人员还应准备从事贸易活动必要的工具，如商品名录、价格表、公司介绍、名片、记事簿、笔、计算器、订货单和销售确定书等。

2.谈判前的信息收集

信息是影响谈判的决定性因素。有关纺织品贸易谈判的基础信息，谈判者可以从企业的出口营销方案及市场调查中获取，也可以在谈判中不断获得有关信息。

信息收集需要重点准备的资料有：

(1)明确企业的目标市场、企业的盈利模式和企业的利益点。

(2)与公司有关的资料，包括公司的发展历史、组织人事、主要业绩、企业的经营哲学、企业文化等反映企业情况的信息。

(3)明确什么是公司的唯一卖点，了解公司在市场中的竞争优势。

(4)企业提供的产品或服务与竞争对手的产品或服务的区别。

(5)回顾企业的销售记录与文献，了解企业出口商品在客户所在地市场上的历史销售量、客户历史上的采购量。

(6)竞争对手的出口情况

(7)详细列出每个参加谈判的客户或合作伙伴的企业性质、经营范围、经营能力、技术支持能力、商业信用以及与众不同的特点等情况。

(8)本企业的国外竞争者将类似产品销售到客户所在的市场情况。

(9)国外竞争者的产品在国内市场销售情况。

(10)本企业的国内客户向目标市场出口本企业产品情况。

(11)确定国外市场信息收集渠道。

3.设定谈判目标

谈判目标可分为基本目标与期望目标两种。基本目标是指谈判必须达到的有形或无形的目标，是评价谈判是否成功的关键。没有达到基本目标的谈判，只能是一个失败的谈判。期望目标是在谈判中尽力追求的目标,是企业通过谈判而获得的额外利益,也是评估谈判满意感的指标。期望目标达到越多,对谈判成功的满意感就越大。

谈判人员在设计谈判目标时需要考虑的问题是:
(1)本次谈判是以竞争性为主,还是以合作性为主?
(2)本次谈判是短期合作,还是长期合作?
(3)谈判有几个目标?目标之间是否存在相互冲突?
(4)谈判目标是否具体明确?是否可以量化表示?
(5)谈判目标是否有可行性、操作性?能否表现在具体的合同条款之中?

4.确定谈判的争议点

争议点是指当事方之间可能存在利益冲突的地方。谈判人员应该确定每项谈判的争议点在什么范围,对方会如何定义这些争议点。确定争议点的目的是为把握谈判的主动权,确定可以讨价还价的空间,明确双方对争议点的界定,以便通过交换与让步解决争议。

5.评估优劣势

评估优劣势的作用是了解对方参与此交易的目的,了解对方在谈判中的优势,减少或消除本方的劣势。

评估优劣势需要重点考虑的问题包括:
(1)本企业的主要盈利模式。
(2)本企业产品的市场接受程度。
(3)企业在处理有关产品、交易等方面的效率。
(4)企业处理与操作订单的程序与效率。
(5)企业产品的技术支持、售后服务支持状况。
(6)企业形象、产品促销宣传状况。
(7)对方的主要盈利模式。
(8)对方对此谈判的诚意。
(9)对方的真正需要或意图。

如果回答了上述问题,企业就很容易明确自己的位置。优劣势的分析可使出口企业在谈判中为自己创造更多的优势,消除或弥补自己的不足。

6.分析市场

分析市场是在营销调查的基础上,对具体谈判对手的市场特征作进一步分析。分析市场要考虑市场特点、商业惯例和谈判习惯,了解对方对有关产品或服务的市场价值的估计,同时评估这些因素对产品出口的潜在影响。

分析市场需要解决的主要问题是:
(1)本企业产品当前出口情况以及现存的和潜在的顾客情况。
(2)本企业产品的市场发展情况及其发展趋势。
(3)主要竞争对手及竞争对手的优势和劣势。
(4)本企业出口产品在当地的市场价值。
(5)谈判对手和当地市场对本企业产品和服务的价值评价。
(6)本企业进入目标市场的主要障碍和问题。市场客户与消费者、技术及条件,各种政策与法律、地区消费习惯和文化、商业做法与惯例等对本次谈判的影响程度。

(7)在该市场中最佳的销售方式。

(8)在该市场中最佳的谈判方式。

7.预测对方谈判底线与初始报价

谈判底线是指谈判的基本目的及最低的交易条件,初始报价是指谈判开始时提出的最初交易条件。预测对方谈判底线与初始报价,就是综合判断对手的谈判策略与战术。对进口商而言,价格的谈判底线是购买产品最高可接受的价格,其初始报价则是指向出口商第一次开出的价格,是可能成交的最高价格。多数企业在评估对方的成交条件时总是考虑底线在什么地方,忽略了对方的初始报价,这就不能从总体上评估对方的成交条件。谈判底线和初始报价构成了一个谈判的区间,判断与评估这个区间对取得谈判成功至关重要。

8.考虑双赢结局

现代商务是强调竞争与合作的活动。出口企业在制定谈判计划时应该首先争取双赢的结果,即双方都能获利。传统的商务谈判使用的是竞争模式,一方获得利益,必然是另一方有所损失。但是这种谈判模式会影响企业形象,失去多数客户,最终反过来损害企业利益,阻碍企业长期、持续发展。以双赢思维方式谈判可以促进企业与其商务伙伴的互相信任、相互获益,以实现共同发展。

实现双赢应考虑的因素主要有:

(1)什么可以导致本企业获利同时又不损害对方利益?

(2)什么可以导致双方都获益?

9.确定本企业初始报价与谈判底线

确定本企业在磋商谈判中的初始报价和谈判底线,就是明确谈判的基准和原则。出口企业在设计初始报价与底线之间要有一定的差距,要设定在对方的谈判底线之上,但又不能太高。这样本企业有让步的余地,又可避免初始报价过高导致对方认为缺乏诚意。谈判底线是谈判者判断本次谈判是否满意的指标,任何低于谈判底线的报价或交易条件,本企业都应给予拒绝。如果谈判中涉及多项争议点,如产品质量、交货日期、成交价格、售后服务等,则需要对每个争议点设定初始报价与谈判底线。

10.明确谈判的战略与战术

谈判战略是指导谈判的综合方法,谈判战术是指实施谈判战略的具体手段。

谈判战略包括不让步、让步和问题解决战略等。不让步战略是指将初始报价定为谈判底线,一旦报出价格后就不让步,这是最强硬的谈判战略。让步战略是指初始报价高于谈判底线,在谈判过程中给予对方让步,让步可以在对方要求时做出,也可以首先让步,选择让步战略时需要考虑让步与交换的条件。问题解决战略是将一项谈判作为解决问题的方式,通过对谈判问题的定义,分清双方的单独利益和共同利益,最终解决谈判中的实际问题。

11.决定谈判的议程和交流方式

指确定进出口谈判的具体活动,一般涉及的问题包括:

(1)本次谈判的主要内容。

(2)磋商谈判的先决条件。

(3)谈判时间、谈判日程、谈判的最后期限。

(4)谈判人员。

(5)谈判地点。在本企业所在地,还是在对方企业所在地,或是在其他地方。

(6)谈判方式。书面谈判、电话谈判、网上谈判,还是面对面谈判。

(二)谈判磋商过程

国际纺织品服装贸易与其他商品贸易一样,交易磋商可以分为五个环节:询盘、发盘、还盘、确认和签订合同。其中所用"盘"字是我国对外贸易实务中的一个术语,它的含义是指一系列交易条件。谈判磋商过程的一般程序如图7-2所示。

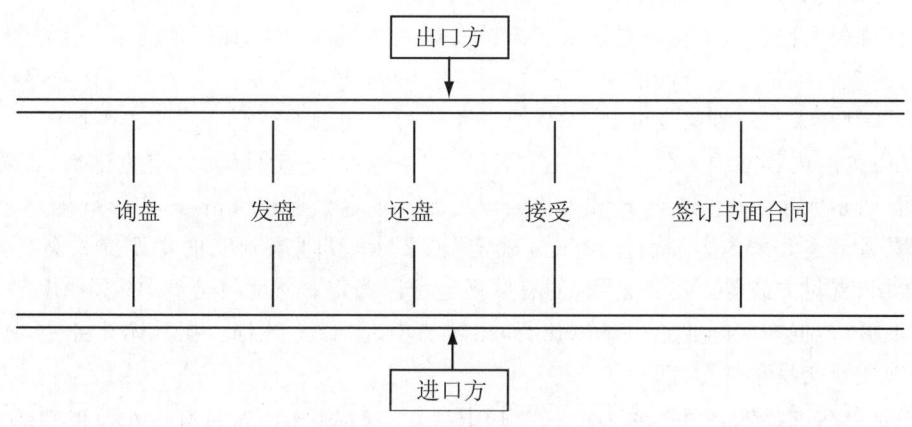

```
              出口方
                ↓
  ═══╤═══╤═══╤═══╤═══╤═══
     │   │   │   │   │
     │   │   │   │   │
    询盘 发盘 还盘 接受 签订书面合同
     │   │   │   │   │
     │   │   │   │   │
  ═══╧═══╧═══╧═══╧═══╧═══
                ↑
              进口方
```

图 7-2 交易磋商的一般程序

1.询盘

询盘是指纺织进出口一方向另一方发出的询求购买或销售某产品交易条件的表示。在国际商务法律中,询盘是邀请另一方提出要约,无法律约束力,而且不是交易磋商的必经步骤。进口商询盘后无购买货物的义务,出口商询盘后也无出售货物的责任。但它往往是一笔交易的起点,在交易习惯上,应该避免出现只询盘不购买或不售货的现象。作为被询盘的一方,对接到的询盘应予以重视,并作及时和适当的处理。

询盘可由买方发出,称为"邀请发盘",也可由卖方发出,称为"邀请递盘"。

询盘应注意的问题:

(1)询盘对象不宜过多。询盘虽然可同时向多个交易对象发出,但不应同时集中对外询盘,以防止暴露购买或出售心切的意图,引起价格非正常波动。

(2)重视询盘环节。询盘虽然对双方没有法律上的约束力,但是,双方往往在询盘的基础上经过多次协商,最后达成交易。如果履约时双方发生争议,那么原询盘的内容也作为处理争议的依据。

(3)被询盘人应及时回应对方。虽然被询盘人可以过一段时间回应询盘,也可以拒绝回应。但从尊重对方的角度,应及时回应对方。

2.发盘

发盘又称报盘、报价或发价。发盘既是商业行为,又是法律行为,在合同法中称之为要约,它是指交易的一方向另一方提出购买或出售某种商品的各项交易条件,并愿意按照这些条件达成交易、签订合同的一种表示。

发盘可以是应对方询盘的要求提出，也可以是在没有询盘的情况下直接向对方提出。发盘多由卖方提出，称为"卖方发盘"；也可由买方提出，称为"买方发盘"或"递盘"。

《联合国国际货物买卖合同公约》(亦称"联合国国际货物销售合同公约")对发盘做了定义："向一个或一个以上特定的人提出的订立合同建议。如果十分确定，并且表明发盘人在得到接受时，承受约束的意旨，即构成发盘。"发盘是对一项订立合同的建议，必须符合两个条件：第一，应十分明确地表示合同一经承诺即告成立；第二，表明发盘人在得到承诺时愿意受其约束。具体而言，发盘应满足如下条件：

(1)发盘人必须向特定的人发出。发盘必须指定受盘人。受盘人可以是一个，也可以是多个；可以是自然人，也可以是法人。但被发盘人必须特定化，而不能泛指广大公众。

(2)发盘必须是订立合同的建议。这是指发盘人应该有与受盘人达成交易并签订合同的意思，即发盘人在得到接受时，将按发盘条件承担与受盘人订立合同的法律责任。

(3)发盘的内容必须十分确定。《公约》第14条规定："一项订立合同的建议，如果写明货物并且明示或暗示地规定数量和价格或规定如何确定数量和价格，即十分确定。"即发盘只要具备上述几项内容，就符合"十分确定"的要求，其他未列明的主要交易条件，如包装、交货期、支付方式等，可按《公约》的有关规定予以确定。然而，《公约》的这种规定，虽然在法律上可行，但在实际业务中难以执行，很容易引起纠纷。因此，在具体业务中，还是以列明各项主要交易条件为宜。

(4)发盘对发盘人具有约束力。《公约》中规定，发盘应该"表明发盘人在得到接受时，承受约束的意旨"。作为一项发盘，发盘人必须明确地表明，他所提出的订立合同的建议，一旦被受盘人接受，交易即告达成，合同即为成立。

(5)发盘必须送达受盘人，发盘于送达受盘人时生效。发盘在未被送达受盘人之前，即使是受盘人已从某一途径获悉该发盘，他也不能接受这一发盘。

发盘应注意的问题：

(1)发盘可以撤回和修改

《公约》第15条规定"发盘在送达受盘人时生效"。可见，发盘在未送达受盘人之前，如果发盘人改变主意或者情况发生变化，就必然会产生发盘的撤回和修改的问题。

发盘的撤回和修改，是指在发盘尚未生效之前，发盘人采取行动，阻止它的生效。《公约》第15条规定："一项发盘，即使是不可撤销的，也可以撤回，如果撤回的通知在发盘送达受盘人之前或同时送达受盘人。"发盘撤回和修改的一般规定是："发盘人在受盘人接到该项发盘之前，可用更为迅速的传递方式撤回和修改发盘内容。"

(2)发盘可以撤销

发盘的撤销是指发盘人在其发盘已经到达受盘人之后，即在发盘已经生效之后，发盘人以一定的方式解除它的效力。《公约》第16条规定："在尚未订立合同之前，发盘得予撤销，如果撤销的通知在受盘人发出接受通知之前送达受盘人。"

但是，在下列情况下，发盘不可以撤销：①发盘注明了有效期限或以其他方式表明发盘是不可撤销的；②受盘人有理由信赖该发盘是不可撤销的，而且已经本着对该发盘的信赖行事。

（3）发盘要慎重

发盘是订立合同的意思表示，对发盘人有法律约束力。一项发盘通常只有在失效情况下才可解除发盘人的约束力，因此在发盘时要了解对方的情况。为避免受发盘的约束，企业可以利用报价单、价格表、形式发票等工具等对外报价，这些工具在商业上被视为询价，对报价企业无法律约束力。

3. 还盘

还盘又称还价，指受盘人在接到发盘后，不同意或不完全同意发盘的内容，为了进一步协商交易，对原发盘提出修改或变更意见的表示。还盘是对原发盘的拒绝，还盘提出后原发盘即失效，还盘是有约束力的新的发盘。

还盘可以针对价格，即人们常说的讨价还价，也可以针对品质、数量、交货期、支付方式等其他交易条件提出修改或变更意见，如把"3～4月份交货期"改为"1～2月份交货"，把"信用证支付方式"改为"托收支付方式"。一方在接到另一方的还盘后，可以表示接受、拒绝，也可以进行再还盘，即针对对方的还盘，再提出修改意见。有时一笔交易往往要经过多次还盘的反复协商，才能达成。

还盘不是协商的必经步骤和阶段。有时交易双方无须还盘即可成交；有时虽经多次反复还盘，但终因双方分歧过大而不能成交。

还盘应注意的问题：

（1）还盘是对发盘的拒绝或否定。还盘一经做出，原发盘即失去效力，发盘人不再受其约束。

（2）还盘是受盘人向原发盘人提出的一项新的发盘。还盘后，还盘的一方与原发盘的一方在地位上发生了变化，还盘人由原来的受盘人变成了新发盘的发盘人，而原发盘的发盘人则变成了新发盘的受盘人。新受盘人有权就还盘内容重新考虑，决定接受、拒绝或是再次还盘。

4. 接受

接受在法律上又称承诺，是指交易的一方在接到另一方的发盘或还盘后，以口头或书面的形式或行为向对方表示无条件地完全同意发盘或还盘的内容，并愿与之签订合同。同发盘一样，既属于商业行为，也属于法律行为。接受产生的重要法律后果是交易达成、合同成立。

《公约》第18条给"接受"下的定义是："受盘人声明或做出其他行为表示同意一项发盘，即为接受。"发盘一经受盘人有效接受，交易即告达成，合同即为成立。接受可以由卖方做出，也可以由买方做出。

根据《公约》的解释和规定，构成有效的接受要具备以下四个条件：

（1）接受必须由受盘人做出。这一条件与构成发盘的第一个条件是相呼应的。

（2）接受必须表示出来。受盘人做出接受，要采用声明或做出其他行为的方式表示。

（3）接受必须无条件同意发盘的全部内容，就是说，接受的内容应与发盘的内容一致，才表明交易双方就有关的交易条件达成了一致意见。如果受盘人在答复时虽然使用了"接受"这个词，但又对发盘内容做了增加、限制或修改，这在法律上称为有条件的接受，不是有效的接受。

(4)接受必须在发盘的有效期内做出,如发盘中未明确规定有效期,按照国际贸易习惯,应在合理时间内做出接受才有效。

接受应注意的问题:

(1)接受必须明示。接受不能以沉默方式表示,必须以某种方式明确表示接受。

(2)接受可以撤回。对于这个问题的规定,与对发盘撤回的规定基本相同。《公约》第22条规定:"接受得予撤回,如果撤回通知于接受生效之前或同时送达发盘人。"在接受撤回的问题上,《公约》的规定同大陆法系国家的规定相一致;但英美法系国家认为接受在发出时即为生效,因此接受不能撤回。

(3)接受不可撤销。接受的通知一经到达发盘人即不能撤销,因为接受一经生效,合同即告成立。如果撤销接受,在实质上已属于毁约行为。

5. 签约与落实谈判结果

在完成谈判后,企业应及时与对方签订合同,并且具体落实谈判结果,履行与完成合同规定的义务。

二、纺织品与服装贸易合同的格式

纺织品进出口合同依交易方式不同可分为纺织品买卖合同、纺织品代理协议。对于服装贸易,还有服装品牌许可经营合同。

(一)纺织品买卖合同

纺织品买卖合同包括销售合同与销售确认书两种形式。

1. 销售合同

销售合同是内容全面详细的正式合同,合同对双方的权利和义务以及发生争议的处理均有明确规定。它除了包括合同的主要条款:货物名称、品质、规格、数量、包装、单价、总值、装运港和目的港、交货期、支付方式之外,还包括合同的一般条款:保险、商品检验、争议索赔、仲裁和不可抗力等。这种形式的合同,适用于大宗商品或成交金额较大的交易。

销售合同包括三个部分,即合同的首部、合同的正文和合同的尾部。

合同的首部包括合同的名称、序言、编号、签约日期、签约地点、双方当事人的名称、国籍、地址、电话、邮编、电子邮箱等。在合同的序言部分常常写明双方订立合同的意愿和执行合同的保证。序言是合同不可分割的一部分,对双方均具有约束力。

合同正文部分规定当事人之间的权利与义务,包括双方通过协商达成一致意见的各项交易条件以及合同适用的法律等。这一部分是体现双方权利和义务的主要内容,也是合同的主体。纺织品与服装贸易合同正文部分的主要内容有:商品名称、品质与规格条款、包装条款、数量规定、价格条款(付款币种与付款汇率)、支付条款、相关费用(税费、保险、运输费)、发货日期与地点、物权转移、仓储与运输条款、保险条款、进出口文件、开具发票和交货规定、禁止再出口、商品检验与检验权条款、赔偿条款、知识产权条款、担保条款、执行和补救措施、仲裁或诉讼规定、合同修改与取消合同规定、损失赔偿规定、不可抗力等。

合同的结尾部分包括合同的生效和转让规定、合同的文字与效力、合同的适用法律、签约授权、独立的法律顾问、合同份数、当事人签字与生效日期等。

2.销售确认书

销售确认书是销售合同的简化形式。一般只包括交易的主要条件,如商品名称、品质、规格、数量、包装、单价、总值、装运港和目的港、交货期、支付方式、运输标志、商品检验等。对于争议索赔、仲裁、不可抗力等一般条款都不列入。这种形式的合同可适用于成交金额不大、批次较多的纺织品服装、轻工日用品、土特产品,或者已订有包销、代理等长期协议的交易。

(二)代理协议

1.代理协议及代理的种类

代理协议是委托人给予代理商在特定区域和一定期限内代理经营产品和服务的契约。国际贸易中的代理有总代理、独家代理与佣金代理三种形式。

总代理是委托人在指定地区的全权代表。他除了有权代表委托人从事任何商务活动外,也可以进行一些非商务活动。他有权指派分代理,并可分享分代理的佣金。

独家代理是指在特定地区和期限内,代理商享有代理指定商品的专营权,委托人不再委托其他任何人充当代理人。

佣金代理是指委托人在指定地区和期限内选定若干个代理商为自己从事商务活动,根据完成任务情况付给佣金,不给予代理商指定商品的专营权。

2.代理协议的主要内容

代理协议主要包括以下内容:

(1)代理协议的名称、当事人的名称、协议签订的时间和地点

(2)代理商品

指代理人有权代理的商品名称或范围。契约中要列明代理商品的具体名称、品种、规格等。代理商品要明确,规定不能笼统,如果企业出口不同的产品,在合同中要写明代理的是什么产品,不要轻易地写代理"某品牌商品"。

(3)代理权限

如果是独家代理,通常要规定代理商在一定地区和一定期限内享有代理指定产品的专营权。只要在这个地区和时间内达成的该产品的交易,无论是否由代理商直接完成,代理商都可按成交金额提取佣金。另外,为避免越权行为的发生,应该明确规定代理商是否有权代表本方与第三方签订合同或为本方招揽订单。

(4)代理范围

代理人享有代理权的地域范围。

(5)代理期限

代理人享有代理权的时间范围,一般规定为一至三年。在协议里也可规定期满后续约或终止的办法。

(6)代理商标

指定代理商品及用到的商标、委托人拥有和使用的商标全称、代理商对代理商标的宣传与保护。

(7)代理人与本人之间的关系

如规定代理人不是委托人的代表、雇员或合伙人,对代理人在经营中遭受的损失,委托

人不负任何责任等。

(8)代理数量与金额

既是代理商在代理期间必须完成的最低数量与金额,也是卖方应供应的数量或金额,对双方都有同等的约束力。协议中一般还规定超额代销奖励条款和不能履约的罚金条款。

(9)代理佣金

委托人给予代理商推销产品的报酬。此条款规定代理商的佣金率、佣金的计算方法、佣金的支付时间和支付方式等。

3.代理应注意的问题

(1)对代理方式的选用。独家代理和一般代理相比,独家代理更能调动代理商的积极性,促使代理商专心代销约定的商品。

(2)对代理商的选用。要注意代理商的资信情况、经营能力及其在代理地区的商业地位。

(3)对代理商品的种类、代理地区和代销数量或金额的确定。商品种类的多少、地区的大小,要同客户的资信能力和自己的经营意图相适应。在一般情况下,独家代理的商品种类不宜过多,地区大小要看代理商的活动范围及经营能力,代理数量或金额的大小则要参照自己的货源可能和市场的容量及自己的经营意图。

(4)对中止或索赔条款的规定。为了防止独家代理商垄断市场或经营不力等现象的出现,最好在协议中有中止或索赔条款的规定。

(三)特许经营合同

特许经营是指特许人与受许人之间签订合同,特许人向受许人提供拥有产权的商标、商业技术、专利和经营诀窍,并为受许人提供培训,受许人则缴纳一定的费用取得使用权。国际服装经营中,一些持有品牌的公司经常使用特许经营方式开拓国外市场。在服装进出口贸易中,特许经营合同是一种主要的合同。

根据国际商会的规定,特许经营合同主要包括以下内容:

(1)序言,规定合同的宗旨、受许人的法律地位、授予的各项权利、行使权利的区域、许可权的专属性、权利的期间。

(2)总则,规定善意履行合同、遵守国家法律、特许人的质量标准(包括受许人应该遵守的特许人提出的经营质量要求,如授予的各项权利、客户形象、商业方法、接受监督的程序)、保护特许人的各项权利、不允许竞争、保密条款。

(3)特许使用费与价格的规定,包括对初始费用、分期支付的规定。

(4)品牌、商标、专利的规定,有独家(非独家)使用权的说明、特许人对此的义务、受许人对此的义务、相互协作的规定。

(5)专有技术的规定,包括非独家使用权描述、特许人对此的义务、受许人对此的义务。

(6)协助,包括协助的说明、特许人对此的义务。

(7)供应产品规定,有供应的义务说明、特许人对此的义务、受许人对此的义务。

(8)合同的转让分包规定,包括特许人转让和分包公司、受许人转让和分包公司条款。

(9)合同的终止,包括不可抗力、提前终止、股权变化、效力四个条款。

(10)杂项规定,包括对部分条文无效后果的规定、合同的范围、放弃、适用法律、争议解决条款。

三、合同有效成立的法律条件

（一）《联合国国际货物买卖合同公约》

鉴于世界各国在货物买卖法律方面存在着不少的分歧，在国际贸易交易中不可避免地会引起法律冲突，给国际贸易造成障碍。人们期待有一部法律能得到不同社会、经济制度和法律制度的国家的广泛接受，经联合国国际贸易法委员会十年的酝酿和准备，于1975年完成了《国际货物买卖合同公约》(Convention on Contracts for the International Sale of Goods)。该公约共分为四个部分：(1)适用范围；(2)合同的成立；(3)货物买卖；(4)最后条款。全文共107条。该公约于1980年3月在维也纳召开的外交会议上获得通过，并于1988年1月1日起生效。

（二）合同生效的条件

根据《联合国国际货物买卖合同公约》和各国有关法律规定，合同在发盘被接受而生效时成立。但是，通过发盘与接受的方式，双方当事人达成一项可执行的协议（意思表示一致），只是具备了合同生效的最基本的条件，一般还应该具备其他法律条件。

1. 合同当事人必须有订立合同的能力

各国法律一般都规定，订立合同的当事人应当有订约能力。例如，我国《合同法》规定："当事人订立合同，应当具有相应的民事权利能力和民事行为能力。"当事人可以是自然人，也可以是法人。

2. 合同订立的形式与内容必须合法

(1)合同订立的形式必须合法。关于合同订立的形式，各国国内相关法律规定差异甚大。过去许多国家都要求以书面形式订立或由书面文件证明，但近些年来不少国家为了适应市场发展和无纸化交易发展的需要，普遍采用形式自由原则订立合同。《联合国国际货物销售合同公约》和《国际商事合同通则》也是如此，合同的订立不拘形式。

(2)合同内容必须合法，主要指两方面的情况：第一种情况是，合同内容不得违反有关国家法律、法规禁止性的规定；第二种情况是，合同内容的确定，即权利义务的确定应当遵循公平原则。法律不允许或限制合同中只对一方有利或者"显失公平"的条款。

3. 当事人的意思表示真实

各国法律一般都要求订立合同的当事人的意思表示必须真实而无瑕疵。如果意思表示不真实，一方当事人可以依法申请撤销合同或主张合同无效。法律上所指的意思表示不真实、有瑕疵，主要指以下几种情况：

(1)欺诈。指一方为了从另一方谋取利益，故意捏造事实或隐瞒真相，诱使另一方产生错误，并做出不真实的意思表示的行为。

(2)错误。指当事人的认识与客观存在的事实不一致，订约的意思表示有错误。

(3)胁迫。指一方使用威胁或恐吓手段并由于这种故意行为使缔约另一方产生恐惧而为之。

第三节 纺织品服装贸易合同条款

一、价格条款

纺织品服装贸易合同中的价格条款一般包括两项内容:单价和总值。如果交货品质、交货数量有机动幅度,如品质机动、数量溢短装,则应明确规定机动部分货价的作价办法。如果包装费用另行计算,也应订明计价方法。

国际贸易合同中单价的确定由四个基本部分组成,包括价格、计价货币、支付货币与贸易术语。其中以贸易术语的选用最为重要。

国际贸易合同中的价格有净价、含佣价、基价、推算价,价格中还可以减除数量折扣、季节折扣和特别折扣等。对一些规格较多的原材料商品(如棉花),往往以一个级别为基价。出口商报价,只报基价,其他级别按基价推算。

国际贸易合同中的计价货币与支付货币通常为一种货币,这些货币可以是出口国货币或进口国货币,也可以是第三国货币,由买卖双方协商确定。在当前国际金融市场普遍实行浮动汇率制的情况下,可以考虑使用国际上通用的外汇保值条款。

目前,在国际贸易中使用的贸易术语很多,其中以 FOB、CFR 及 CIF 三种使用最多。在多式联运情况下,则可采用 FCA、CPT 或 CIP 等术语。贸易术语不仅表示价格的构成,还表明买卖双方权利和义务的责任划分。

关于各种贸易术语的含义,不同国家对此作了不同的解释。为了统一贸易术语的不同解释,一些国家的工商团体和某些国际组织,分别制定了有关贸易术语的统一解释或国际规则,以利于国际贸易的开展。其中影响较大的惯例主要有以下三种:

(1)《1932 年华沙—牛津规则》(Warsaw—Oxford Rules 1932)

该规则是国际法协会首先于 1928 年在华沙制定的关于 CIF 买卖合同的统一规则,共 22 条,称为《1928 年华沙规则》。其后分别于 1930 年在纽约、1931 年在巴黎、1932 年在牛津进行了修订,改为 21 条,称为《1932 年华沙—牛津规则》,一直沿用至今。这一规则主要对 CIF 贸易术语作了解释,说明 CIF 买卖合同的性质和特点,并具体规定了采用 CIF 贸易术语时有关买卖双方责任、费用、风险的划分。

(2)《1941 年美国对外贸易定义修正本》(Revised American Foreign Trade Definitions 1941)

1919 年,美国 9 个商业团体协商并制定了《美国出口报价及其缩写条例》,并于 1941 年对该条例作了修订,命名为《美国对外贸易定义 1941 年修订本》,并经由美国商会、美国进口商协会和全国对外贸易协会所组成的联合委员会通过,由全国对外贸易协会予以公布。它主要对 EX(Point of Origin)、FOB、CIF、CFR、FAS、EX Dock 等 6 种贸易术语作了详细解释,规定了采用上述贸易术语时买卖双方权利和义务的责任划分。该修订本中,FOB 这一贸易术语按运输工具不同又细分为 6 种,规定了每一种情况下卖方承担的责任所在。

(3)《2000 年国际贸易术语解释通则》(International Rules for the Interpretation of

Trade Terms 2000)

该通则由国际商会于1936年制定,先后经多次修改和补充,成为国际贸易最主要的惯例之一。《2000年国际贸易术语解释通则》简称"INCOTERMS 2000",共对四组13种贸易术语作了解释,规定了采用各种贸易术语时买卖双方在风险、费用、手续方面的责任划分。

二、品质条款

商品的品质是指商品的内在素质和外观形态的综合,前者包括商品的物理、机械性能、化学成分和生物特征等自然属性;后者包括商品的外形、色泽、款式和透明度等。

由于国际贸易的商品种类繁多,即使是同一种商品,在品质方面也可能因自然条件、技术、工艺水平和原材料等因素的影响而存在着种种差别,这就要求买卖双方在商订合同时必须就品质条件做出明确规定。

商品品质条款是商品说明的重要组成部分,是买卖双方交接货物的依据。《联合国国际货物销售合同公约》规定,卖方交付货物,必须符合约定的质量。如卖方交货不符合约定的品质条件,买方有权根据违约的程度主张损害赔偿、要求修理、交付替代货物以至拒收货物和宣告合同无效,这就进一步说明了品质的重要性。

(一)纺织原料贸易合同的品质条款

纺织原料的进出口包括的面很广,而不同的纺织原料对品质的要求各不相同。下面主要就棉花、羊毛、生丝、化学纤维等进出口的品质条款展开分析和讨论。

1.棉花的品质要求

棉花是纺织工业的重要原料,约占世界纺织原料的50%。

棉花(cotton)的常规质量指标主要有:长度、线密度、强度、成熟度、含水、含杂、色泽、轧工质量等。在世界上二十多个主要产棉国中,大多数国家都根据以上质量指标制定本国的棉花分级标准。棉花交易中的品质条款主要采用各类标准等级作为品质依据。

美国是世界产棉大国中制定标准最先进的国家,被世界棉花标准会议所接受。美国的棉花标准历史最久,从1909年即开始制定,标准门类齐全,分级方法先进,并以色泽分类定级,为各国所承认,在世界上处于主导地位。美国的陆地棉标准(Universal Standard of Grade of American Upland Cotton)已成为世界公认的棉花分级标准。

美国陆地棉分级标准有7大类44个品级符号,包括38个正级和6个等外级。为便于外贸人员认识和了解美国陆地棉分级标准,表7-1列出了美国陆地棉品级标准简称和全称对照。

表7-1 美国陆地棉品级标准简称、全称对照

序号	中文全称	英文简称	英文全称
1	白棉上级	GM	Good Middling
2	次上	SM	Strict Middling
3	中级	M	Middling
4	次中	SLM	Strict Low Middling
5	下级	LM	Low Middling
6	次下	SGO	Strict Good Ordinary

续表

序号	中文全称	英文简称	英文全称
7	平级	GO	Good Ordinary
8	级外	BGO	Below Good Ordinary
9	淡灰棉	LtG	Light Gray
10	灰棉	G	Gray
11	淡点污棉	LtSp	Light Spotted
12	点污棉	Sp	Spotted
13	淡黄染棉	Tg	Tinged
14	黄染棉	YS	Yellow Stained

在国际棉花贸易市场上,棉花实行自由贸易,价格由买卖双方议定,故品质指标显得更为重要。通常以美国棉花 SLM(次中级)、长度 11/16″、线密度值 3.5～4.9 马克隆(MIC)、净重 1 磅(1b)的棉花作为行情的基本价格,其他类型、品级、长度的棉花均参考基本价格议定。我国的棉花贸易是以品级 3 级、长度 27mm 为标准基价,施行品级高、长度长的棉花加价,反之则减价的统一差价率。

表 7-2 列出了世界各国棉花品级标准分级符号,供棉花进出口贸易参考。

表 7-2 世界各国棉花分级标准表

序号	国别	棉花类别	分级标准符号 1	2	3	4	5	6	7	8	9	10	11	标准组或计价基础级
1	中国	陆地棉	一	二	三	四	五	六	七					三级
2	巴基斯坦	陆地棉	S,F	F/S,F	F	F,G/F	F,G	G/F,G	G					F
3	印度	陆地棉	E/S,F	S,F	F/S,F	F	F,G/F	F,G	G/F,G	G				F
4	缅甸	粗绒棉	BCFB	BCFM	BCFS	BCFP	BCF/1	BCF/2	BCF/3	BCF/4				—
5	土耳其	陆地棉	EXTRA	1	2	3	4	5	6					No.1
6	叙利亚	陆地棉	EXTRA	ZERO	ONE	TWO	THREE							ZERO
7	南也门	长绒棉	1	2	3	4	5	6	6A	6B	6C			—
8	埃及	长绒棉	EXTRAFG/EX	FG	G/FG	G	P6F/G	FGF	GF/FGF	GF	FF/GF	FF		FG
9	摩洛哥	长绒棉	EXTRA	ONE	TWO									—
10	苏丹	长绒棉	G1	XG2	G2	XG3	G3	XG4	G4	XG5	G5	XG6	G6	G5
		陆地棉	1	2	3	4								—
11	乌干达		BPA SATU	UGAB UGAX	UGAP UGAT	UGAA UGAD	UGAS UGAS	利物浦符号	BPA SATU	UNWE ANWE	UNUG ENUG	SS SS	UNFA UNFA	SS SS
12	坦桑尼亚		UK64	LAGO	TANG	GANY	YIKA	类别	IL62	ILMOE	BORD	DARS	ELAM	GANY
13	尼日利亚	陆地棉	NA1	NA2	NA3									
14	西非三国	陆地棉	1	2	3	4	5							
15	美国	陆地棉	GM	SM	M	SLM	LM	SGO	GO					M(SLM)
		比马棉	1	2	3	4	5	6	7	8	9	10		
16	尼加拉瓜	陆地棉	A	BP	B	CP	C	DP	D					B
17	危地马拉	陆地棉	1	2	3	4	5	6	7					2
18	萨尔瓦多	陆地棉	A	B	C1	C2	D1	D2	D3	E	F	G		—
19	巴西	陆地棉	T.1	T.2	T.3	3/4	T.4	T/5	T.5	5/6	T.6	6/7	T.7.8.9	T5
20	秘鲁	中长绒棉	2	21/2	3	31/2	4	5	6	7				3
		长绒棉	0	1	11/4	11/2	13/4	2						1

210

续表

序号	国别	棉花类别	分级标准符号											标准组或计价基础级
			1	2	3	4	5	6	7	8	9	10	11	
21	阿根廷	陆地棉	A	B	C	D	E	F	G					C
22	巴拉圭	陆地棉	1	2	3	4	5	6	7	8				3
23	俄罗斯	陆地棉	EXTRA	1	2	3	4	5	6	7	8			—
24	希腊	陆地棉	3	31/2	4	41/2	5	51/2	6	61/2	7			4

2. 羊毛纤维的品质要求

羊毛纤维的品质指标有：品质支数、线密度（MIC 值）、长度、卷曲度、净毛率、色泽等。羊毛纤维在我国主要以进口为主，主要的进口来源国家有：澳大利亚、新西兰、乌拉圭等。在进口贸易中，羊毛的品质质量是以型号来表示的。不同国家的羊毛型号是不一样的，但各个型号都表示一定的品质。进口时一定要分清各国的型号含义，以明确其品质质量。新西兰、澳大利亚的部分羊毛型号如表 7-3 和 7-4 所示。

表 7-3　常用新西兰羊毛型号的品质指标

型号	线密度 MIC	长度 LAC(mm)	草杂 VM(%)	颜色 Y~Z	疵点毛含量(%)
T107 3/5	33.7	100	0.4	4.0	3.5
T128 3/5	36.7	100	0.4	4.0	3.5
T100 3/5	32.2	100	0.4	4.0	3.5
T107/8 3/5	33.7	100	0.7	5.5	7.0
T100 4/6	32.2	115	0.4	4.0	3.5
T107 4/6	33.7	115	0.4	4.0	3.5
T128 4/6	36.7	115	0.4	4.0	3.5
T128 3/4	36.7	85	0.4	4.0	3.5
T135 3/4	38.2	85	0.4	4.0	3.5
T128/9 3/5	36.7	100	0.7	5.5	7.0
T128/9 4/6	36.7	115	0.7	5.5	7.0

资料来源：上海出入境检验检疫局工业品与原材料检测技术中心。

表 7-4　部分澳大利亚羊毛公司羊毛型号及规格

MIC 等级直径(μm)	品质支数(s)	梳条用最优级			梳条用良好		
		A	B	C	A	B	C
19	70	T54*	T60*	T65	T70*	T76	T82
20	66	T55*	T61*	T66	T71*	T77	T83
21	64	T56*	T62*	T67	T72*	T78	T84
22	62	T57*	T63*	T68	T73*	T79	T85
23	60	T58*	T64*	T69	T74*	T80	T86
24	58/60	T59	T65^A	T69^A	T75	T81	T86^A

注：* 为常用符号。

资料来源：上海出入境检验检疫局工业品与原材料检测技术中心。

3. 生丝的品质要求

生丝（silk）是由几根至数十根茧丝借丝胶粘合而制成的长丝。生丝是优良的纺织原料,又是我国主要的传统出口商品之一,其产量和出口量均占世界首位,因而对国际生丝贸易有着极其重要的影响。

生丝的品质包括外观质量和内在质量。外观质量主要根据颜色、光泽、手感评级,分为良、普通、稍劣三级。内在质量包括切断、线密度(平均公量线密度、线密度偏差、线密度最大偏差)、清洁、洁净、均匀(均匀一度、二度、三度变化)、抱合、强伸力、茸毛等。

生丝分级是根据一批生丝的内在质量的主要检验项目、辅助检验项目及外观质量的各项检验结果,按照国家规定的分级标准,综合评定生丝的等级。根据外观检验和器械检验的综合成绩,生丝分为 6A、5A、4A、3A、2A、A、B、C、D、E、F 十一个等级和级外品(G 级为级外品),生丝的等级是生丝的综合质量指标。

4. 化学纤维的品质要求

化学纤维的进出口包括化纤粒子和短纤维等。我国目前化学纤维的进口量较大,主要有涤纶短纤维、涤纶丝、锦纶丝、网络丝、醋酯/尼龙复合丝(tricelon)、铜氨丝、Tencel 等,特别是一些高质量的超细纤维、异型纤维、复合纤维等特种纤维的进口,弥补了我国化纤品种上的不足。

不同化纤产品的品质要求各不相同,主要的品质指标有:纤维的线密度、长度、等级、强度、伸长率、捻度、卷曲、沸水收缩量、含油率等。

(二)纺织面料贸易合同的品质条款

1. 机织面料的规格表示

机织面料(woven fabric)在服装上的应用较普遍,因而在纺织商品中占首要地位。机织面料规格包含的内容较多,比较完整的表述用"面料名称+原料比例+所用经纬纱线的线密度+织物经纬密度+幅宽+匹长要求+染整要求+理化指标+包装要求等"。因此,对于一些比较复杂的织物,单靠文字描述已不足以全面反映织物的品质质量要求,这时就必须借助于实物样品(sample)来说明面料的规格要求。如印花织物(printing fabric)的花型图案往往是无法用文字来表示的,文字描述的仅仅是织物底布(ground fabric)的规格,只有以洽谈时来往的样布(swatch)确认,再结合文字对颜色等细节进行描述。

(1)面料的名称

一般情况下,机织面料的名称用"材料+名称"表示。机织面料有许多传统的名称,如全棉府绸(cotton poplin)、真丝缎(silk twill)、全毛华达呢(pure wool gabardine)、电力纺(silk habotai)、真丝绉(silk crepe)、牛津布(oxford)、平绒(velveteen)、凡立丁(valitine)、灯芯绒(corduroy)、驼丝锦(doeskin)、泡泡纱(seersucker)、啥味呢(twill coating)等。在进出口交易中,尤其在进口服装面料时,尽可能地引用生产商的货号,如:Cotton Poplin Art. No.1234。如果贸易双方对某货号的含义具有共识,那么引用该货号就表明了面料的某些规格指标。

(2)原料比例

这主要是针对混纺面料而言的,如:T/C 65/35 表示织物用纱为 65%涤纶和 35%棉的混纺纱;L/R 20/80 表示 20%亚麻与 80%粘胶的混纺纱。主要纤维原料的缩写如表 7-5 所示。

表 7-5 主要纤维原料缩写表

纤维名	英文名	缩写
涤纶纱	Terylene	T
腈纶纱	Acrilan	A
锦纶纱	Nylon	N
粘胶纱	Rayon	R
维纶纱	Vinylon	V
亚麻纱	Linen	L
(羊)毛纱	Wool	W
(纯)棉纱	Cotton	C

(3)纱线线密度

表示棉型纱线的线密度,国际化标准单位是 tex(特克斯),如:28tex,表示纱的线密度为 28 特。但在纺织品国际贸易中,人们仍喜欢采用英制支数(cotton count),如 60^s,表示线密度为 60 英支;毛纱的线密度用公制支数(metric count)表示;长丝(包括化纤长丝)的线密度则用旦数(旦尼尔,denier,D)表示。

经纱(warps)和纬纱(picks)的表示顺序为:经纱线密度×纬纱线密度。如:$45^s \times 45^s$,表示经纱和纬纱均为 45 英支单纱;$(60^s/2) \times 45^s$ 则表示经纱为 60 英支双股,纬纱为 45 英支单纱。

(4)织物密度

机织物密度用英制表示,形式为:经纱密度×纬纱密度。具体含义是"每英寸经纱根数×每英寸纬纱根数"。如:108×76,表示经纱密度为每英寸 108 根,纬纱密度为每英寸 76 根。

2. 针织面料的规格表示

针织面料的规格基本可按机织面料规格来表示。不过,由于针织物是由线圈相互穿套构成的,它的密度一般以单位长度内(1 英寸或 5cm)的线圈纵行数(横密)和横列数(纵密)来表示。横密主要和编织时所用的针织机的机号(machine gauge,一般定义为每英寸织针数)有关。因此,与机织物的某些表示方法相似,商业上常用"32^s 棉纱,$190g/m^2$,18 针的棉毛布"表示,很少再限定纵向密度。

针织面料的结构表示,一般都采用文字描述,较为常用的有:纬平针织物(weft-knitted fabric)、双罗纹针织物(interlock fabric)、毛圈针织物(terry knitted fabric)、经编针织物(warp-knitted fabric)、双面针织物(double knit)、双反面针织物(purl fabric)、长毛绒针织物(high pile knitted fabric)、提花针织物(jacquard knitted fabric)、多梳栉经编针织物(multi-bar fabric)等。

3. 纺织面料的品质表示

(1)织物的整理要求

对织物面料的整理要求是在织物规格的基础上对织物品质的进一步描述。白坯布(gray cloth)的进出口贸易中往往不包含这一点。

在贸易合同中,织物整理的要求一般以 finishing 的形式给出。比较常见的有:仿桃皮绒整理(peach finishing)、拒水整理(water repellency finishing,缩写为 W/R)、柔软整理(soft finishing)、预缩整理(pre-shrinking finishing)、砂洗整理(sand-washed finishing)等。

(2)织物的理化指标

织物的理化指标是对成品织物内在质量的进一步要求。服用织物面料的常见理化指标主要有:缩水率(shrinkage)、色牢度(color fastness)、某些有害物质的含量(如:甲醛、偶氮染料等)。确定织物的理化指标时应注意:贸易双方必须对指标的检验有统一的标准,达到共识并加以确定,一般常以出口国有关标准为准。

(三)服装贸易合同的品质条款

1.服装辅料的品质要求

服装辅料(accessory)的涉及面很广。辅料对服装的质量影响很大,因而在服装贸易中,辅料占了一定的比例。

(1)衬料

服装衬料(interlining)是服装的骨骼,对服装起造型、保型、支撑、平挺和加固的作用。常见的衬料有领衬、胸衬、腰衬、大身衬等。衬料按原料可分为棉布衬、麻衬、动物毛衬、粘合衬等。衬料的底布有机织布(woven)、针织布(knitted fabric)和非织造布(non-woven)。现在非织造衬料应用广泛,因为它有一定的弹性、折皱回复性,无所谓丝缕方向,因此裁剪时损耗小。粘合衬的种类繁多,它可以按照底布种类、热熔胶种类、热熔胶涂布方式以及粘合衬的用途来区分。不同类别的粘合衬其粘合性能不同,质量也不同,将直接影响服装的质量和使用价值。粘合衬的内在质量包括剥离强度、水洗和熨烫后的尺寸变化、水洗和干洗后的外观变化、吸氯泛黄和耐洗色牢度等。

(2)填料

服装填料是在服装面、里料之间填充的絮填材料(wadding,padding 或 filling),其目的是赋予服装保暖、降温和其他特殊功能(如防辐射、卫生保健等)。填料的种类可分为五类:一是纤维材料,包括棉、动物绒(羊毛、骆驼绒)、化纤絮填料(腈纶棉、太空棉);二是天然毛皮和羽绒;三是泡沫塑料,但由于透气性差,目前尚未被广泛使用;四是混合填料,如50%的羽绒加上50%的细线密度(0.33~0.56 dtex)涤纶,70%的驼绒和30%的腈纶等,主要是为了降低成本,发挥不同的纤维特性,提高保暖性能;五是特殊功能的填料,如金属镀膜的"太空棉"等。

(3)其他辅料

① 钮扣(button)

钮扣从结构上可分为:有眼钮扣、有脚钮扣、揿钮、编结盘花扣等;从材料上分为:金属扣、塑料扣、胶木扣、树脂扣以及高档服装使用的贝壳扣、同质材料包缠扣、人造宝石扣等。在工艺单上,条形钮扣一般注明其长度;圆形钮扣一般注明其号数(Ligne),它约等于用英寸表示的 40 颗该号钮扣的直径和,如 15 号(15Ligne 或 15L)圆扣的直径为:15×25.4÷40 ≈9.5(mm)。

② 拉链(zip 或 zipper)

拉链从结构形态上可分为:闭尾拉链、开尾拉链和无形拉链。闭尾拉链为一端或两端闭合,用于裤子、裙子、领口、袋口等。开尾拉链用于前襟全开的滑雪衫、夹克衫等。无形拉链(也称隐形拉链)用于薄型裙装及优雅女式服装。拉链从材料上可分为：金属拉链(metal zip)、树脂拉链(plastic zip)和尼龙拉链(nylon zip)。拉链的选择可依服装的使用部位和面料的纤维材料而定。

③ 绳带(cord 或 string)、尼龙搭扣(velcro)和缝纫线(sewing thread)

服装上的绳带既是用于紧固，也有较好的装饰作用，应根据服装的用途、厚薄、款式和色彩来确定绳带的材料、颜色和粗细。尼龙搭扣多用于需要方便而迅速扣紧或开启的部位，一组搭扣由二条带子组成。其中一条表面带圈(loop)，一条表面带钩(hook)，两条带子相向接触并压紧时，圈和钩互相扣紧而使服装或附件扣紧。缝纫线在服装加工中是必不可少的，对其品质的要求主要有：一定的强度、缩水率与面料相适应、外露的缝纫线必须与缝纫部位的颜色相配等。

2. 服装的品质要求

服装进出口贸易中的品质要求包括文字叙述和实物标样。文字叙述中，除了一般较为熟悉的服装统称外，还常常会根据穿着部位(上装、下装、内衣等)、穿着功能(如夜礼服、睡衣、运动装等)的分类进行描述，有时也将面料的材料、结构、颜色等作为定语，点出服装的总体特征。如：a black cashmere overcoat(一件黑色开士米大衣，即羊绒大衣)；a twill jacket of polyester/wool(一件毛涤斜纹布夹克)；an acrylic jacquard cardigan(一件提花腈纶开衫)等。常见服装的中、英文名称对照如表7-6所示。

表 7-6 常见服装名称的中英文对照表

中文	英文	中文	英文
一般服装			
服饰	apparel and ornaments	婴儿服装	infant's wear
定制服装	custom clothes	毛呢服装	woollen garment
内衣	underwear	羽绒服装	down garment
下装	bottom	人造毛皮服装	artificial fur and leather garment
西装	suit, western-style clothes	外衣	outerwear
民俗服装	folk costume	上装	top
春秋装	between season wear	丝绸服装	silk garment
女装	women's wear	裘皮服装	fur or leather garment
上衣、套装		针织服装	
风雨衣	all-weather coat	针织外衣	knitted outerwear
斗篷	mantle	羊毛衫	woollen sweater
牛仔夹克	cowboy's jacket	羊仔毛衫	lambs wool sweater

续表

中文	英文	中文	英文
	上衣、套装		针织服装
毛呢夹克	woollen jacket	驼毛衫	camel wool sweater
猎装	hunter coat	雪兰毛衫	Shetland wool sweater
青年布衬衫	chambray shirt	绣花毛衫	embroidered sweater
棉袄	cotton wadded	开襟毛衫	cardigan jacket
西服背心	waist vest	尖领毛衫	v-neck sweater
运动背心	sport vest	棒针毛衫	woollen hand knitted sweater
两件套装	Two-piece suit	针织三角裤	briefs
裙三件套	three-piece skirt set	羊绒衫	cashmere sweater
军便装	undress uniform	兔毛衫	angora sweater
风衣	trench coat	马海毛衫	mohair sweater
大衣	overcoat	提花毛衫	jacquard sweater
夹克衫	jacket	补花毛衫	sweater with patches
皮夹克	leather jacket	圆领毛衫	round-neck sweater
衬衫	shirt(男)、blouse(女)	高翻领毛衫	turtle-neck sweater
灯芯绒衬衫	corduroy shirt	针织裤	knitted trousers
羽绒衫	down wear	绒衫	fleecy sweater
背心	vest	针织短裤	short pants
救生背心	life vest	针织圆筒裤	barrel skirt
	裤子		裙、连衣裙
西裤	trousers	西服裙	skirt
卷脚口裤	pleat trousers	披肩连衣裙	dress with cape
灯笼裤	knickerbockers	无袖连衣裙	chemise frock
石磨水洗牛仔裤	stone-washed jeans	斜裙	bias skirt
漂白牛仔裤	bleached jeans	超短裙	mini-skirt
沙滩短裤	beach shorts	带裙	tiered skirt
连衣裤	jump suit	旗袍裙	qipao style skirt
羽绒裤	down wadded trousers	套裙	overskirt
平脚口裤	pleatless trousers	背心连衣裙	jumper dress
背带裤	overalls	喇叭裙	flare skirt
马裤	riding breeches	褶裙	pleated skirt
牛仔裤	jeans	筒裙	straight skirt
西装短裤	short pants	片裙	gored skirt
喇叭裤	bell-bottom trousers	围裙	apron skirt
童裤	children pants	裙裤	culottes

三、数量条款

根据《联合国国际货物买卖合同公约》第35条、37条、52条的规定，按约定的数量交付货物是卖方的一项基本义务。如卖方交货数量少于约定的数量，卖方应在规定的交货期届满前补交，但不得使买方遭受不合理的不便或承担不合理的开支，即使如此，买方也有保留要求损害赔偿的权利。如卖方交货数量大于约定的数量,买方可以拒收多交的部分,也可以收取多交部分中的一部分或全部,但应该按照合同价格付款。因此,商品的数量是国际货物买卖合同中不可缺少的主要交易条件之一。

纺织品服装贸易合同中的数量条款,主要包括成交商品的数额和计量单位,如表7-7所示。按重量成交的商品,还需注明重量的计算方法(毛重、净重、公量)。

表7-7 常用纺织品服装计量单位

计量方法	计量单位
按重量计算	公吨(metric ton)、长吨(long ton)、短吨(short ton)、公斤(kilogram)、磅(pound)、盎司(ounce)、克(gram)、克拉(carat)
按数量计算	件(piece)、双(pair)、套(set)、打(dozen)、卷(roll)、令(ream)、罗(gross)、袋(bag)、包(bale)、部(unit)、箱(case)、张(plate)
按长度计算	米(meter)、英尺(foot)、码(yard)、英寸(inch)
按面积计算	平方米(square meter)、平方尺(square foot)、平方码(square yard)
按体积计算	立方米(cubic meter)、立方尺(cubic foot)、立方码(cubic yard)
按容积计算	蒲式耳(bushel)、公升(liter)、加仑(gallon)

(一)纺织原料贸易合同的数量条款

1. 棉花的数量表示

(1)数量要求

在一般的棉花进出口交易中,数量按公吨或按包计算总重量,并允许多交或少交1%。据初步统计,世界各国的棉包重量在200~240kg范围的占68%,196kg以下的占32%。世界上产棉国家中以埃及棉包最重,每包重量为300~340kg。俄罗斯、美国、巴西、墨西哥、尼加拉瓜、危地马拉等国的棉包重量为201~240kg,苏丹、叙利亚、伊朗、伊拉克、印度、巴基斯坦等国的棉包重量为170~200kg。

(2)重量条款

① 装船重量

也称发货重量或离岸重量,即卖方凭买卖双方约定的公证鉴定机构鉴定并签发的装船(车)重量证明为依据,向买方进行结算的重量。应用此条款的买方没有重量索赔权。运输中发生的数量短少,卖方也不承担责任。

② 卸岸重量

也称到岸重量,即货物运至目的港后,由到货口岸的公证鉴定机构或买卖双方约定的公证鉴定机构,在口岸或约定的到货目的地进行鉴订并签发的重量证明。买卖双方凭此证明进行最终结算。应用此条款,买方有重量索赔权。我国在进口棉花时多采用此条款。

(3)重量的计价方法

国际贸易中商品重量的计价方法在合同中均有明确规定。根据商品的特性,计价方法有五种:净重计价、以毛重作净重计价、公量计价、限制回潮重量计价、干态重量计价。进出口棉花主要采用净重计价、公量计价和限制回潮重量计价三种形式。

① 净重计价

用称取的毛重减去皮重后所得的净重,作为买卖双方结算的重量。

② 公量计价

用称取的毛重减去皮重后所得的净重,再结合国际公定(或标准规定或合同规定)回潮率(或含水率)、含杂率与化验求得的实际回潮率(或含水率)、含杂率之比率,计算求得的重量,作为买卖双方结算的重量。

③ 限制回潮率 8.5% 计价

把棉花的回潮率限制在 8.5%,在 8.5% 以内的以净重结算,超过 8.5% 的则按公量计价结算。

2. 羊毛的数量表示

羊毛的数量与棉花的数量单位基本一致。

3. 生丝的数量表示

生丝的数量计量以重量计,且按公量计重。生丝具有较强的吸湿和散湿性能,因而净量很不稳定,常常会随着空气中温湿度的变化而增重或减重。因此,必须将净量换算成公定回潮率时的重量。为了公平合理地进行生丝贸易,国际上将生丝的公定回潮率统一规定为 11%,以此作为计算重量的依据。

4. 化学纤维的数量要求

化学纤维的数量计量以重量计,计量单位一般用千克表示,个别欧美国家喜欢用磅表示,交易时要注意区别。

(二)纺织面料贸易合同的数量条款

1. 机织面料的数量表示

(1)幅宽

在服装面料加工时,幅宽是计算服装用料量时非常重要的参数,一般门幅越宽,排料时的织物利用率就可能越大。幅宽的大小决定了不同的生产设备、生产工艺以及销售价格。在贸易中若采用公制,则大多用厘米,如 114cm、142cm 等。现今国际贸易一般都采用英制,幅宽的单位为英寸,如 44″、59″ 等。由于生产工艺等原因,幅宽应有一定的机动幅度,如:59/60″,43/44″ 等,订购长度应按下限 59″ 或 43″ 来计算。

(2)匹长

匹长与幅宽一样,也是重要的数量指标。目前国际纺织品服装贸易中,主要采用英制,以"码"为单位。值得注意的是,在服装进料合同中,有必要对匹长进行说明,否则若购得的面料匹长太短或参差不齐,服装生产排料时就会有麻烦,零头布就会增多。

2. 针织面料的数量表示

针织面料的数量表示与机织面料的表示基本相同。

(三)服装贸易合同的数量条款

在服装贸易中,数量大多以件(piece)或打(dozen)来表示。

一般服装贸易合同中的数量条款较少使用"溢短装条款",也较少使用 about 之类的约量来说明。服装由于质量问题在检验中被剔除是难免的,除非卖方已订购了十分充足的面料、辅料,否则服装交货数量将有可能少于买方定购量,导致与合同不符而违约。如果买方用信用证支付,不允许分批装运,数量又没有机动幅度,万一卖方短装,银行将会拒付。因此,卖方提出"允许分批装运"是很有必要的。这点最好在售货确认书中及信用证中注明。

四、包装条款

商品的包装是生产过程的继续,大部分商品只有经过包装,才能进入流通和消费领域,才能实现商品的价值和使用价值,并增加商品价值;经过适当包装的商品,不仅便于运输、装卸、搬运、储存、保管、清点、陈列和携带,而且不易丢失或被盗,为各方面提供了便利;良好的包装,不仅可以保护商品,而且还能宣传和美化商品,提高商品的身价,吸引顾客,扩大销路,增加售价。

根据在流通过程中所起的作用不同,包装可分为两类:一类是运输包装,又称外包装或大包装,其主要作用在于保护商品,并使其便于运输、装卸、储存和计数等;另一类是销售包装,又称内包装、小包装、直接包装或陈列包装,它是直接接触商品并随商品进入零售网点,和消费者直接见面的包装。这类包装除具有保护商品的作用以外,还具有美化、宣传商品以及便于商品销售和使用等功能。因此,在国际贸易中,对销售包装的用料、造型结构、装潢画面和文字说明都有较高的要求。

包装条款一般包括包装材料、包装方式、包装标志和包装费用的负担等内容。

(一)包装材料的选择

在纺织品服装贸易中,根据商品、运输方式等的不同可选用不同的包装材料。主要包装材料和容器有以下几种:

1. 纸箱

主要用于包装服装和纺织制品,如被单、枕套、装饰品、床罩等。纸箱的大小有统一标准,标准纸箱的长和宽为 600mm×400mm。此外,还有标准小号纸箱和大号纸箱。标准小号纸箱的长宽是标准纸箱长宽的约数,如长宽大小为 300mm×400mm,300mm×200mm,150mm×200mm,150mm×100mm,1200mm×800mm 等等。大号纸箱的长宽是标准纸箱长宽的倍数,如 600mm×800mm 等等。这种规定是为了货物运输时可整齐堆码,便于集装箱运输。

2. 机织布

包装用的机织布包括原色布、麻布或漂布,主要用来包装纺织成品布和半成品及原料,如纱线、毛条、化纤、羊绒等。由于机织布长度可随心所欲,且方便印刷,故应用比较广泛。

3. 塑料布和塑料纸

机织布易吸潮污染,用塑料作衬垫可防水防污。包装用的塑料大多为聚氯乙烯,牢度较好且不易燃烧。塑料布和塑料纸用于包覆坯布、机织布、针织布、毛条、纱线和纺织原料,包装时经常和纸箱、机织布共用。

4. 编织袋

编织袋用聚丙烯纤维制成,其承压承拉强度高,主要用于包装大件商品。

(二)主要包装方式及包装条款

1.包装方式

(1)压缩包装

纺织原料、半成品的运输包装一般都采用压缩包装。传统的压缩包装采用机械加压包装。机械加压包装对纺织原料非常合适,但不适合成品,因为机械压缩包装会产生折痕。成品包装需压缩时常采用真空包装,真空包装的压缩程度较高,包装后无明显折痕,但需要的材料价格比较高。

(2)防水、防霉、防老化包装

① 防水包装

使用塑料和塑料纸或密封纸箱,可以部分防水。防水包装可以减少纺织品和服装生霉、虫蛀的发生和蔓延。

② 防霉包装

在包装物中放入防霉化学品可以防止货物霉变,有利于纺织品和服装的保存。

③ 防老化包装

由人造合成材料制成的纺织原料、服装及纺织制品易老化,在包装后要注意防曝晒。因此,其包装物应采用避光材料,以保持货物内部的质量。

(3)服装的吊装集装箱装运

服装贸易中,大多采用吊装集装箱装运。服装套上塑料袋后,用衣架吊挂在吊装集装箱的横杆上,衣架用绳索缠紧。用这种方式装运,服装抵达目的地后可以直接投放市场,而用纸箱等其他包装形式装运,服装在到达目的地后必须经过再次整烫方可投放市场。

2.包装标志

为了在运输过程中便于识别货物,防止错发错运、损坏货物以及发生其他事故,在商品外包装上要刷制相关包装标志。按其用途划分,包装标志主要有运输标志、指示性标志和警告性标志三类。

(1)运输标志

运输标志又称为唛头,是一种识别标志。它通常有下列三个主要内容:① 收货人/发货人名称的英文缩写或简称;② 目的港或目的地名称;③ 件号,包括该批货物的总件数和本件的顺序号,一般用 m/n 表示,其中 n 为总件数,m 为整批货物中每件的顺序号。

运输标志在国际贸易中还有其特殊的作用。按《公约》规定,在商品特定化以前,风险不转移到买方承担。而商品特定化最常见的方式,就是在商品外包装上标明运输标志。

商品以集装箱方式运输时,运输标志可用集装箱号码和封口号码取代。

(2)指示性标志

指示性标志又称注意标志,是提示人们在装卸、运输和保管过程中需要注意的事项,一般都是以简单醒目的图形和文字在包装上标出。

在纺织服装产品的外包装上,常常刷上"小心轻放"、"请勿用钩"、"保持干燥"等文字。此外,还常常用简单、醒目、易懂的图形补充文字标志的不足。

(3)警告性标志

警告性标志又称危险货物包装标志。凡在运输包装内装有爆炸品、易燃物品、有毒物品、腐蚀物品、氧化剂和放射性物资等危险货物时,都必须在运输包装上标注用于各种危险品的标志,以示警告,从而保护物资和人身的安全。同指示性标志一样,警告性标志也常常用简单、醒目、易懂的图形补充文字标志的不足。

3. 包装条款

包装成本将计入纺织品和服装的成本中,因此,包装条款是重要的交易条件之一。合同中包装条款的内容一般包括包装材料、包装方式和每件包装中所含物品的数量或重量。按国际贸易习惯,唛头一般由卖方决定,并无必要在合同中作具体规定,但如买方要求在合同中作具体规定,则必须按合同规定的要求刷唛。若买方要求在合同订立以后由其指定唛头,则应规定指定的最后期限,并订明若到时未收到有关唛头通知,卖方可自行决定。

(三)标签及吊牌

在纺织品服装贸易中,标签和吊牌的种类很多,主要有:品牌标签、产地标签、尺码标签、洗涤标签和成分标签等。

1. 品牌标签

品牌标签在纺织品服装贸易中使用较多,其在某种意义上反映了该商品的质量和知名度,尤其是在服装贸易上。服装上的品牌标签一般用提花方法织成,缝在服装的后领圈处。

在国际贸易中,也常常采用无牌包装和定牌包装。在一些尚待进一步加工的半制成品贸易中,如供印染用的棉坯布或供加工成批服装用的呢绒和绸缎等,为了避免浪费和降低成本,买方会要求在出口商品上采用免除任何商标或牌名的无牌包装。定牌是指卖方按买方的要求在其出售的商品包装上使用买方指定的商标或牌名。

我国目前在纺织品服装出口中接受无牌或定牌包装的产品很多,但无论是无牌还是定牌包装,除另有约定外,一般在商品包装上均须标明"中国制造"字样。

2. 产地标签

根据我国外经贸部、海关总署和国家出入境检验检疫局关于禁止非法转口的规定,凡在我国生产的(包括来料加工的)出口纺织品不得在标签、吊牌及/或包装上标示他国或地区为产地。

我国纺织品非法转口主要指利用第三国或地区的产地证明和标签向对我国纺织品实行配额限制的国家转口其原产地属于我国的纺织品的行为。纺织品非法转口活动,是一种既违反我国与设限国达成的纺织品贸易协议和有关进口国法律,也违反我国法规的行为。

纺织品服装贸易也常常采用中性包装。中性包装指在商品的包装上,不标明生产国别、地名和厂名,也不标明原有的商标和牌号。国际市场上常见的中性包装有定牌中性包装和无牌中性包装。前者指包装上有买方指定的商标和牌号,但不注明生产国别;后者则指包装上既无商标,也无生产国别和厂名。出口纺织品使用中性包装,是符合国际惯例的做法,原则上允许使用。但中性包装可能给非法转口贸易活动提供便利条件,在进出口交易过程中要注意防范和识别。在使用中性包装的纺织品服装出口时,在相关合同或加工单上须注明"该货物不得转口到与中国签订双边纺织品贸易协议的国家"。

3. 尺码标签

尺码标签主要用于服装贸易,一般都是印刷的。各个国家的服装尺码标准各不相同,表7-8列出了部分国家的常用尺码标签之间的对应关系。

表 7-8 部分国家常用尺码换算表

Country/Client（国家/客户）	Size label(尺码标签)						
Germany（德国）	34	36	38	40	42	44	46	48
France /Belgium（法国/比利时）	36	38	40	42	44	46	48	50
Canada（加拿大）	6	8	10	12	14	16	18	20
United Kingdom（英国）	8	10	12	14	16	18	20	22
Spain（西班牙）	38	40	42	44	46	48	50	52
Italy（意大利）	40	42	44	46	48	50	52	54
United States（美国）	4	6	8	10	12	14	16	18
Dressmaster	S1	S2	M1	M2	L1	L2	XL1	XL2

4. 洗涤标签

洗涤标签主要用于服装贸易，常常包括面料和里料。为了便于各种不同语言的消费者使用，国际上通用的是采用洗涤图形表示。有的生产商还会在洗涤标志上标上织物的成分及其比例，甚至用几种文字说明注意事项。国际通用的主要洗涤标志如表7-9所示。

表 7-9 国际通用主要洗涤标志

国家	洗涤	漂白	烘干	熨平	干洗
欧洲与加拿大	MACHINE WASH / HAND-WASH / DO NOT WASH	CHLORINE BLEACH / DO NOT USE CHLORINE BLEACH	TUMBLE DRY / LINE DRY / FLAT DRY / DRIP DRY	COOL WARM HOT / DO NOT IRON	DO NOT DRY CLEAN
日本	MACHINE WASH / 手洗 60 / HAND-WASH / DO NOT WASH		DRIP DRY / 平 LAY FLAT TO DRY	低 中 高	

续表

国 家	洗涤	漂白	烘干	熨平	干洗
美 国	MACHINE WASH HAND-WASH DO NOT WASH	USE ONLY NON-CHLORIME BLEACH WHEN NEEDED DO NOT BLEACH	TUMBLE DRY LINE DRY OR HANG TO DRY LAY FLAT TO DRY DRIP DRY	IRON STEAM IRON DO NOT IRON	DRY CLEAN DO NOT DRY CLEAN

＊有些标志使用"红黄绿"颜色,"绿色"表示没有必要采取特别预防措施,"黄色"表示需要谨慎,"红色"表示禁止。

五、其他条款

以上四个合同条款是纺织品服装贸易合同的主要条款。此外,贸易合同还应包括装运条款、保险条款、支付条款、商检条款、索赔与仲裁条款等。

装运条款包括装运时间、装运港或装运地、目的港或目的地以及分批装运和转运等内容,有的还规定卖方应予交付的单据和有关装运通知的条款。

保险条款与贸易采用的贸易术语有关,采用的国际贸易术语不同,办理保险的当事人就有所不同。例如 EXW、FCA、FOB、CFR、CPT 等保险都由买方自理;而以 CIF 和 CIP 条件成交的合同,则由卖方负责投保。合同中的保险条款一般应明确规定投保险别和投保的保险公司等。

支付条款主要涉及支付工具和支付方式两方面的内容。其中,支付工具主要有货币和票据(包括汇票、本票和支票),支付方式主要有汇付、托收、信用证。

商品检验简称商检,是指按照国家有关法律、法规和国际货物买卖合同的规定,对进出口商品的质量、数量(重量)、规格、包装、安全性能和卫生指标、装运技术和装运条件等项目进行检验和鉴定并出具检验证书,以作为买卖双方交接货物、收付货款和处理索赔的必要依据。商品检验条款一般包括检验或复验的时间和地点、检验机构、检验项目、检验证书、检验方法和检验标准等。

贸易合同是确定买卖双方有权利和义务的法律依据,双方为了在执行上减少争议,一般在合同中都订有索赔条款和仲裁条款。索赔条款主要包括索赔的依据、索赔的期限、索赔的金额和索赔的办法等。仲裁条款包括仲裁地点、仲裁机构、仲裁程序、仲裁裁决的效力、仲裁费用的负担等。

第四节 纺织品服装市场发展趋势

一、国际纺织品服装市场状况

(一)市场格局

从世界范围看,纺织品服装贸易已经形成三大消费市场、三大制造中心、三大贸易圈的格局。三大消费市场是:以欧盟为中心的欧洲市场,以美国、加拿大为中心的北美市场,以日本为中心的东亚市场。三大制造中心是:土耳其、中东欧和北非国家制造中心,墨西哥、中南美洲等美洲国家制造中心,中国、印度、巴基斯坦、东南亚等亚洲国家制造中心。三大贸易圈是:土耳其、地中海沿岸国家、中东欧国家和北美国家组成的欧洲贸易圈,美国、加拿大、墨西哥及中南美洲国家组成的美洲贸易圈,中国、印度、巴基斯坦及东南亚国家与日本、欧盟、美加组成的亚洲—欧盟—北美贸易圈。

(二)发展特点

1. 国际纺织品服装贸易保持较快的增长速度

近四十年来,世界纺织品服装贸易总量增长超过60倍,增长幅度快于商品贸易的总体水平。纺织品服装贸易额占世界贸易额的比重在保持基本稳定的前提下逐年增长,平均增长率为5%～6%。在纺织品和服装两大门类中,制成品即服装贸易的增长幅度明显高于纺织品贸易。

2. 国际纺织品服装贸易具有明显的地区结构

世界纺织品服装贸易集中在少数国家和地区。根据联合国国际贸易中心的数据统计,在全球纺织品服装贸易中,欧亚大陆各国的出口额占了80%以上的份额。从洲际贸易看,世界纺织品服装出口国家和地区主要位于亚洲,其次是西欧,北美也占有一定份额。亚洲是纺织品服装的净流出地区,而其他各大洲都是净流入地区。根据WTO公布的数据,全球纺织品主要进口地区是欧盟、美国、中国香港、中国大陆、德国、英国、法国、意大利、墨西哥和日本;服装主要进口地区是欧盟、美国、中国香港、德国、英国、法国、日本、意大利、比利时与荷兰。

3. 世界纺织品服装贸易中服装比重不断上升

1990年以后,世界服装贸易的增长速度明显高于纺织品贸易的增长速度。发展中国家的优势在于劳动密集的服装出口,并呈现强劲的增长趋势;而在纺织品和纺织纤维的出口中,发达国家仍然具有明显的优势,但出口增长幅度落后于服装。进入20世纪90年代后,发达国家从过去以制成品出口为主,转变成以纺织品出口为主,注重发展高科技、高附加值的纺织品,而将服装及中低档纺织品转移到发展中国家。

4. 世界纺织品服装市场形成发展中国家向发达国家出口为主的格局

随着全球产业结构的调整,世界纺织品服装生产不断向发展中国家转移,而市场仍然主要在发达国家。同时,发达国家的纺织品服装贸易主要在发达国家之间进行,发展中国家和地区的纺织品服装出口主要还是依赖发达国家的市场。其中美国、欧盟、日本是全球纺织品服装的主要市场,占全球纺织品服装总进口额的70%左右。在今后相当长的一段时间内,这三个国家和地区仍然是国际纺织品服装出口的主要市场。

5.发达国家依然占据纺织品服装高端领域

发达国家的纺织品服装出口份额虽然有所减少,但并没有影响其对纺织服装业利润的控制。跨国公司通过将产业链分解,并根据其每一生产阶段的要素密集特点在全球范围内配置资源,以谋求利润最大化。目前,发达国家占据着纺织服装业的高端领域,通过纺织新材料、新技术的开发和利用提高盈利水平。因此,实际上发达国家在纺织服装行业仍占有领先地位,发展中国家更多的是扮演了"加工厂"的角色。

(三)发展趋势

1.世界经济增长为纺织品服装贸易提供更大发展空间

根据WTO公布的相关统计资料,2000年到2005年,全球经济以年均3.9%的速度平稳增长,同期纺织品服装贸易额年均增长率为6.5%。根据国际货币基金组织(IMF)的预测,2005年到2010年,全球经济增长速度将保持在4.3%左右,预计同期全球纤维消费和纺织品服装贸易仍以6.5%左右的速度增长,国际纺织品服装市场仍然具有较大的发展空间。

2.国际纺织品服装贸易区域化日趋明显

世界纺织品服装贸易经历了本土化、国际化和区域化三个阶段。进入20世纪90年代以来,世界上经济全球化、贸易区域化、政治多极化的浪潮迅速发展。伴随着贸易区域化和纺织品服装贸易一体化的进程,世界纺织品与服装贸易具有明显的区域内贸易的特征,美、欧、日等国和地区将其进口主要来源地逐渐集中到各自的周边国家。美国在北美自由贸易区形成后,积极推动美洲自由贸易区的发展,大大增加了墨西哥以及拉美国家的纺织品服装在美国市场上的份额。在欧洲,随着欧盟东扩,东欧国家逐渐融入欧盟大家庭,欧洲内部的纺织品贸易大幅增长。日本的纺织品服装进口,从欧洲和美洲大为减少的同时,也几乎都集中到亚洲。

3.贸易保护和贸易摩擦日趋严重

2005年,全球纺织品服装贸易进入无配额时代,标志着纺织品服装贸易一体化迈开了实质性步伐。但是,配额的取消只消除了国际纺织品服装贸易的最大障碍,并没有完全消除国际纺织品服装贸易壁垒。由于各国利益冲突没有从根本上得到解决,相应地会加快其他替代限制措施的出台,新的WTO框架内的贸易保护措施将应运而生。发达国家出于保护本国不断萎缩的纺织工业和一些经济、政治团体的利益需要,千方百计设置种种障碍阻止纺织品服装的贸易自由化进程;同时,纺织工业发展较快的发展中国家也面临着国际纺织品市场更加激烈的竞争,纷纷保护本国的纺织品市场和产业发展利益。在今后相当长的时期内,来自欧美等发达国家和部分发展中国家的纺织品贸易摩擦和各种形式的贸易保护将不可避免,贸易壁垒将以新的形式浮现。

二、后配额时期国际纺织品服装贸易壁垒

(一)国际纺织品服装贸易迈入后配额时期

众所周知,1948年签署的关税与贸易总协定确立了国际贸易的法律框架,其基本原则

是非歧视性和禁止数量限制。但由于种种原因,国际纺织品贸易很快成为 GATT 的例外。20 世纪中后期,全球纺织工业经历了产业结构和地区布局的大调整,发展中国家的纺织品出口迅速增长,世界纺织品市场竞争日趋激烈,主要纺织品进口国广泛使用数量限制,纺织品贸易受到复杂的贸易制度的约束。国际纺织品贸易体制经历了四个阶段,即 1961 年的短期棉纺织品协议(STA,Short-Term Arrangement regarding Cotton Textiles),1962~1973 年的长期棉纺织品协议(LTA,Long-Term Arrangement regarding Cotton Textiles),1974~1994 年的多种纤维协定(MFA,Multi-Fiber Arrangement),1995 年实施的纺织品与服装协定(ATC,Agreement on Textiles and Clothing)。2005 年 1 月 1 日起,国际纺织品贸易管理体制结束了长达四十多年的配额管制,国际纺织品服装贸易迈入了自由化轨道。

(二)后配额时期国际纺织品服装贸易壁垒的主要特点

相对于 ATC 时期的配额管制而言,后配额时期国际纺织品服装贸易壁垒更多的是以非数量限制手段阻碍国际纺织品服装的自由流动。

1. 保护手段纳入 WTO 框架之内

ATC 时期的配额管制是游离于 WTO 基本原则之外的特殊安排,背离了 WTO 的自由贸易原则。而新纺织品贸易壁垒则更多地采用 WTO 所允许的保护手段,披上了合法的外衣。

2. 更具有不可控性和隐蔽性

ATC 时期的配额管制具有相对透明性,在制度安排上分配了市场份额并具有一定的增长。而新纺织品贸易壁垒往往以"扰乱市场"、"不公平贸易"以及保护消费者利益、劳工权益和生态环境为名,行贸易保护之实。

3. 更具复杂性

ATC 时期的配额管制简单易行。而新纺织品贸易壁垒要考虑 WTO 规则,各项措施的出台涉及政治、经济、文化等方方面面的因素,采用的手段多涉及技术法规、标准及相关法规,评定程序更加复杂。

4. 更具有争议性

新纺织品贸易壁垒大多介于合理与不合理之间,又非常隐蔽和复杂,国家和地区间达成一致的标准难度非常大,容易引起争议,并且不易进行协调,以致成为国际贸易争端的主要动因。

(三)技术性贸易壁垒成为后配额时期贸易保护的主要形式

1. 技术性贸易壁垒的含义

技术性贸易壁垒主要是指进口国家所制定的强制性和非强制性的技术法规、标准以及检验商品的合格评定程序所形成的贸易障碍,即通过颁布法律、法规、条例、规定,建立技术标准、认证制度、检验检疫制度等方式。对外国进口商品制定苛刻繁琐的技术、卫生检疫、商品包装和标签等标准,从而提高进口产品要求,增加进口难度,最终达到限制进口的目的。其主要表现形式是技术法规与标准,以及证明达到技术法规或标准要求的合格评定程序。技术法规、标准与合格评定程序三者之间既有特性区别又有密切联系,分别或共同构成产品进口技术性贸易壁垒。

2. 纺织品服装技术性贸易壁垒的特点

(1) 技术要求涵盖生产和经营全过程。由于欧、美、日等国和地区严格的环保法规和日益兴起的环保运动,不仅对纺织品中有害化学品使用严格限制,而且对纺织品生命周期中的各个阶段,包括棉花种植和处理、纤维生产、产品加工及制造、消费者使用等都有明确的环保要求和规定。如规定有机氯载体、甲醛残留量、防腐剂、可溶性重金属残留物、织物酸碱度、染色牢度和特殊气味等;禁止使用破坏臭氧层的物质;要求抑制或消灭一些有害病菌;生产过程中排放的污染物不能超标等。此外,发达国家还将技术性贸易壁垒延伸到产品外围,如欧美等国的环保法规中对纺织品包装材料的易处理性以及可回收率有较高要求和标准,包装材料必须安全无害。

(2) 检测手段日益先进。科技的迅速发展使利用高新技术、高灵敏的检测设备对纺织品进行高标准、严要求的精密检测变成可能,也提高了纺织品进入欧美等发达国家的门槛。出口到这些国家的产品不仅必须经过严格检验、测试、评估等,而且还要从产品包装、标志、标签到广告宣传,都必须符合进口国的规定,取得该国或国际通行的认证标志,如国际通行的 ISO9000 认证、ISO14000 认证、欧盟 CE 标准等。

(四)"认证"成为进入国际纺织品服装市场的门槛

1. "绿色"认证

随着世界经济的发展,世界各国都越来越重视环保问题,对纺织品的舒适性、健康性的要求更为突出,不符合环保标准和健康要求的纺织品和服装将被进口国拒之门外。"绿色"认证将成为进入国际纺织品服装市场不可回避的现实问题。国际环保纺织协会(Oeko-Tex Association)于 1992 年制定并颁布了生态纺织品认证(Oeko-Tex Standard 100),用以检测纺织成衣制品在影响人体健康方面的指标。生态纺织品标准从人类生态学角度,以不伤害使用者的健康为前提,规定了纺织品生态性能的最低要求。除了相应的纺织品需要通过必要的有害物质的测试外,生产厂商也必须按规定遵守相应的品质管理与监控措施。现在,生态纺织品认证已经成为从人类生态学角度判别纺织品生态性能的基准。除了国际环保纺织协会,一些国家也对纺织品实施环保标志认证,比如德国的"蓝色天使"标志、日本的生态标志等。目前,有 40 多个国家实行环境标志认可制度。可以预见,"绿色"认证将成为进入国际纺织品服装市场的重要门槛。

2. SA8000 认证

SA8000 是继 ISO9000、ISO14000 和 OHSAS18000 之后出现的又一崭新的、全球第一个可被用于第三方认证机构审核的有关社会责任方面的管理体系标准,要求企业在赚钱的同时必须承担对环境和相关利益方的责任。所谓"企业的社会责任",是指在市场经济体制下,企业的责任除了为股东追求利润外,也应该考虑相关利益人,即影响和受影响于企业行为的各方的利益。SA8000 标准的内容包括人权、劳工权益和环境三方面。其中,劳工权益是核心,其主要内容涉及:童工、强迫性劳动、健康与安全、结社自由及集体谈判权利、歧视、惩戒性措施、劳动时间、工资和管理体系等。它从劳动保障、人权保障和管理系统三方面对企业应该履行的社会责任提出了一系列最低要求。SA8000 标准强调的是企业的社会责任、社会效益,追求企业的平衡发展和经济与社会的协调发展。

近年来,SA8000 认证正越来越多地得到许多国家、组织和企业界的认可。同时,也正是由于其表面上的正义性与合理性,SA8000 逐渐成为一些发达国家采取贸易保护的重要手段,成为供应商必须履行的强制性标准。

三、电子商务与国际纺织品贸易

电子商务是在 20 世纪 90 年代伴随着以互联网为代表的网络通讯技术的迅猛发展而产生的,在世界经济一体化和现代信息技术发展的推动下,电子商务对纺织服装产业发展产生了巨大影响,大大推动了纺织品服装贸易的发展。

(一)电子商务的概念

对于电子商务的概念,目前学术界还没有一个完整统一的定义,中外许多学者从各种角度来定义电子商务,并从功能角度、营销角度、过程角度分别阐述了电子商务的含义。

1997 年 10 月,欧洲经济委员会在全球信息标准大会上对电子商务从技术角度概括了一个简要的定义:电子商务就是运用网络互联技术和通讯技术等现代电子信息技术,使得交易涉及的各方之间通过电子方式而不是依靠直接接触和物理交换方式进行的各类商业贸易活动。这一定义是目前最全面也是最权威的。

由于商务活动过程中采用了先进的现代信息技术,运用电子商务能增加商业机会,降低经营成本,减少库存,缩短生产周期。电子商务减少了企业规模对竞争力的影响,缩短了小企业与大企业间的差距,改变了企业的竞争基础。

电子商务可以分为企业间的电子商务(B to B)和企业对消费者的电子商务(B to C)两种基本类型。

(二)电子商务对国际贸易的机遇与挑战

电子商务代表着未来贸易方式的发展方向。联合国的一份报告预测,未来十年全球国际贸易的三分之一将以网络贸易的方式来完成。对未来世界纺织品服装贸易来说,电子商务也必将成为国际竞争的利器。传统企业实施电子商务是世界性潮流,也是经济贸易的发展方向。只有那些将传统企业方式与互联网企业方式结合的公司才能生存和发展。

电子商务对世界各国来说都是一个重要的机遇,也是一个挑战。电子商务大发展是世界性的发展和进步。全球电子商务将在各国开展,逐步融合,共同发展。各国政府纷纷制定了发展电子商务的战略,确定政府在电子商务发展中的作用、有关原则和政策,提出了需要深入研究的问题,研讨了发展电子商务所面临的竞争环境。国际著名大公司都纷纷把电子商务作为未来发展战略的重要一环,并积极付之实施。

(三)电子商务对纺织品服装贸易的促进作用

随着全球经济一体化进程加快,特别是我国加入 WTO 以后,纺织行业的国际竞争将更加激烈。纺织企业运用信息技术和现代企业资源优化配置的思维方式,从现实出发,构筑"后发优势",把加快信息化建设和企业的技术改造紧密结合起来,便显得格外重要及紧迫。

在党的"十六大"报告中,明确提出用"信息化带动工业化"的发展战略,信息化成了我国现阶段覆盖现代化全局的战略问题。电子信息是信息化的核心技术,电子商务是直接关联经济运行的信息化成果。纺织服装行业是我国对外贸易依存度最高的行业之一,面对电子商务全球化的趋势,国家已经确定纺织行业作为全国企业信息化试点行业,以加快纺织电子商务系统的建设,进一步推动产业升级和提高国际竞争力。

电子商务对纺织品服装贸易的促进作用表现在以下五个方面:一是可以实现企业资源的优化配置,实现全行业集约型增长,以最快最省的方式推进产业升级,从而以不断增强的后发优势直接参与全球化竞争;二是可以获得更多的贸易机会,为那些缺乏纺织品国际贸易经验和客户的企业,尤其是中小企业,提供平等竞争的机会;三是可以利用电子商务带来的崭新管理理念和运作模式,提高企业的素质;四是运用信息技术进行流程再造,有利于深化纺织企业改革,加快纺织企业的现代企业制度建设;五是利用现代信息技术改造传统产业,适应现代市场竞争的需要,增强快速反应能力。

(四)电子商务在纺织服装企业中的运用

1. 电子商务的基本开发方案

随着电子商务的发展,大量帮助企业实现电子商务的开发方案相继出台。通过采用相应的开发方案,企业就可以在Internet上实现不同功能的电子商务。根据开发方案的繁杂程度不同,电子商务可分为三类:

(1)网上黄页。这是成本最低的一种电子商务开发方案,但只能提供一种功能,即在网上发布广告信息,如企业地址、所在区域地图、电话、服务范围、开业时间、商号名称及标志等,客户可通过搜索工具看到这些内容。尽管这一方式的功能有限,但由于费用低廉、方便有效,比较适宜中小企业刚开始涉足电子商务时采用。

(2)基本型Web电子商务。基本型Web电子商务采用的是较简单的开发方案。企业无需专业网络工程师和软件开发人员,也无需专门的硬件和软件设备,按照开发方案提供的相应规则,只需数小时就可自行创建一个能接收网上订单的Web网站。这种网站通常建立在向国际互联网服务提供商(ISP)租用的虚拟主机上。基本型Web电子商务可以实现诸如网上广告、网上企业信息查询、网上商品信息目录检索、网上三维空间商品陈列展示、网上购物、网上订货和网上产供销协作等应用。该方案适合于大多数企业,是目前企业实现电子商务之首选方案。

(3)完善型Web电子商务。完善型的电子商务在商务活动中的应用范围是全方位和多功能的,不仅提供了商务活动前台服务,还提供了能对网上订货做出相应处理的后台服务功能,与数据库操作结合起来完成各类商务活动,如网上支付,网络市场调研和订单管理、客户管理、库存管理、配送管理等交易管理以及信息咨询,包括询价、报盘、还盘、合同签订、传输确认等商贸洽谈与交易,服务传递,网络公关等。

完善型Web电子商务的实现较为繁杂,需专门设备和专业技术人员,需与企业外部的电子商务认证中心、银行、配送中心等网络相互衔接,还需政策法规、技术标准、安全协议等环境支持,是电子商务发展的理想模式。

2. 利用B to B专业网站开展电子商务

B to B专业网站提供的服务包括国际电子商贸平台建设、国际商务推广、国际贸易撮合、贸易成交配套服务等功能。其中,贸易成交配套服务包括商检、商业信用调查、结算、运输、仓储、进口代理等。

B to B型电子商贸平台可以帮助企业通过互联网建立全球网络营销体系,实现从信息检索、贸易谈判到形成合同草案的贸易全过程。它将传统分销代理体制与纯电子网络空间市场相结合,在传统分销代理网络的基础上构筑了一个集企业网络营销平台、产品电子样本库、在线数据查询、发(还)盘系统及电子定单系统为一体的网络空间市场。

目前在国内提供电子商务服务的较著名的外贸专业平台网站有:(1)环球资源网(www.globalsources.com);(2)阿里巴巴网(www.alibaba.com);(3)中国出口商品网(www.chinaproducts.com);(4)贸易资源网(www.tradesources.com);(5)欧亚贸易桥网(www.eatb.com);(6)21世纪中国全球贸易网(www.21w.com);(7)相约中国网(www.meetchina.com);(8)贸易通网(www.mytong.com);(9)中国商品交易市场网(www.chinamarket.com.cn)等。专业纺织商务网站有:(1)中国纺织服装网(www.bcnq.com);(2)中国纺织商务网(www.chinatextile.net);(3)经纬中国网(www.wcjy.cn);(4)纺织交易网(www.tradetextile.com)等。

3.利用电子数据交换(EDI)方式拟定电子合同

国际标准化组织(ISO)为 EDI(Electronic Date Interchange)下的定义是"将商业或行政事务处理按照一个公认的标准,形成结构化的事务处理或信息数据格式,从计算机到计算机的数据传输"。具体地讲,通过 EDI 方式拟定电子合同,就是按照双边协议或多边协议,对具有一定结构特征的标准数据信息,经过电子数据通信网络,在交易伙伴的计算机应用系统之间进行数据交换和自动处理。这是目前在国际贸易和发达国家的国内贸易中被广泛应用的电子贸易形式。

EDI 系统集合了海关、商检、银行、保险、外管、外运等所有对外贸易的参与者共同参与。EDI 贸易网络依据标准格式,将交易过程中所产生的采购定单、合同、发票、运输单、交货通知书、进出口报关单、进出口报检单、结汇单等商业文件均转换成国际 EDI 标准形式,直接以电子方式通过 EDI 服务中心进行数据交换,提供高效率的计算机网络化、集成化的"一条龙"服务。

【本章小结】

1.国际纺织品服装贸易业务流程包括三个阶段:贸易前的准备阶段、贸易磋商与签订合同阶段和贸易合同的履行阶段。

2.国际纺织品服装贸易谈判过程包括:谈判准备阶段、实际谈判阶段及谈判签约阶段,其中最关键的是谈判准备阶段。谈判的准备阶段是谈判人员搜集谈判信息、分析谈判项目、制定谈判计划的过程。

3.纺织品服装进出口合同依交易方式不同可分为买卖合同、代理协议。服装贸易还包括服装品牌许可经营合同。

4.纺织品服装买卖合同包括销售合同与销售确认书两种形式。销售合同是内容比较详细的合同,合同中规定的权利与义务全面、完整,在发生履行合同争议时,很容易从合同中找到解决争议的方法,但这种合同内容太复杂,条款过多,使用不太方便。销售确认书是销售合同的简化形式,主要包括商品名称、商品质量、数量、包装、价格、交货条款、支付方式、运输标志、商品检验等规定,一般已事先印制,条款中通常没有索赔、仲裁等条款。

5.棉花的常规质量指标主要有:长度、线密度、强度、成熟度、含水、含杂、色泽、轧工质量等。进出口棉花主要采用净重计价、公量计价和限制回潮重量计价三种形式。

6.羊毛纤维的品质指标有:品质支数、线密度(MIC值)、长度、卷曲度、净毛率、色泽等。

7.生丝的品质包括外观质量和内在质量。外观质量主要根据颜色、光泽、手感评级,分良、普通、稍劣三级。内在质量包括切断、线密度(平均公量线密度、线密度偏差、线密度最大偏差)、清洁、洁净、均匀(均匀一度、二度、三度变化)、抱合、强伸性、茸毛等。生丝的重量必须按公量计重。公量是指将净量换算成公定回潮率时的重量。

8.化学纤维的进出口包括化纤粒子和短纤维等。不同的化纤产品进口时的品质要求各不相同,主要的品质指标有:纤维的线密度、长度、等级、强度、伸长率、捻度、卷曲、沸水收缩量、含油率等。

9.机织面料的规格表示有面料的名称、原料比例、纱线线密度、织物密度、织物幅宽。

10.针织面料的规格表示有面料的名称、纱线线密度、织物重量、针织机的机号。

11.织物的理化指标是对成品织物的内在质量的进一步要求。服用织物面料常见的理化指标主要有:缩水率、色牢度、某些有害物质的含量(如甲醛、偶氮染料等)。

12.服装进出口贸易中的品质要求包括文字叙述和实物标样。在服装进出口中,一般的数量以件或打来表示。在服装订单中,除了规格和数量外,还应包括服装的款号、颜色、尺码和数量的搭配等。

13.随着全球产业结构的调整,世界纺织品服装生产不断向发展中国家转移,而市场主要在发达国家。同时,发展中国家主要生产劳动密集型的服装和中低档纺织品,发达国家仍然在高端纺织品领域占优势。国际纺织品服装市场经历了本土化、全球化、区域化三个阶段。

14."绿色壁垒"是指在国际贸易中,世界各国为防止破坏生态环境和人类健康而采取的一些措施。"绿色壁垒"是影响世界纺织品服装贸易的重要因素。

15.电子商务在纺织品服装贸易中将发挥重要作用。电子商务可以分为企业间的电子商务(B to B)和企业对消费者的电子商务(B to C)两种基本类型。

【思考题】

1.国际纺织品服装贸易的基本业务流程包括哪些环节?
2.国际纺织品服装贸易的谈判过程分为哪几个阶段?
3.销售合同与销售确认书有什么不同?
4.服用织物面料常见的理化指标主要有哪些?
5.在服装订单中,除了规格和数量外,还要签订什么内容?
6.纺织服装行业在国际贸易中应怎样应对"绿色壁垒"?

【练习题】

1. 纺织品进出口合同分几种？
2. 棉花的常规质量指标有哪些？
3. 羊毛纤维的品质指标有哪些？
4. 生丝的品质质量包括哪些？
5. 化学纤维的品质指标有哪些？
6. 机织面料的规格表示中含有哪些内容？
7. 针织面料的规格表示中含有哪些内容？
8. 纺织品服装的贸易合同条款主要有哪些内容？
9. 后配额时期国际纺织品服装贸易壁垒有哪些特点？
10. 基本型 Web 电子商务和完善型 Web 电子商务有什么不同？

【参考文献】

1. 姚穆等.纺织材料学(第二版).北京:纺织工业出版社,1993年.
2. 陈运能等编.新型纺织材料.北京:中国纺织出版社,1998年.
3. 王志良主编.纺织品商品学.北京:中国人民大学出版社,1996年.
4. 袁观洛主编.纺织商品学.上海:中国纺织大学出版社,1997年.
5. 邢声远等编.纺织新材料及其识别.北京:中国纺织出版社,2002年.
6. 杨建忠等编.新型纺织材料及应用.上海:东华大学出版社,2003年.
7. 阿瑟·普莱斯等著.织物学.祝成炎等译.北京:中国纺织出版社,2003年.
8. 赵书经主编.纺织材料实验教程.北京:中国纺织出版社,2003年.
9. 薛少林.纺纱学.陕西:西北工业大学出版社,2002年.
10. 蒋耀兴.纺织概论.北京:中国纺织出版社,2005年.
11. 任家智.纺纱原理.北京:中国纺织出版社,2002年.
12. 周惠煜等.花式纱线开发与应用.北京:中国纺织出版社,2002年.
13. 朱苏康主编.机织学.北京:中国纺织出版社,2004年.
14. 浙江丝绸工学院,苏州丝绸工学院编.织物组织与纹织学(第二版).北京:中国纺织出版社,1998年.
15. 许吕崧,龙海如主编.针织工艺与设备.北京:中国纺织出版社,2000年.
16. 杨尧栋,宋广礼.针织物组织与产品设计.中国纺织出版社,1998年.
17. 柯勤飞.非织造学.上海:东华大学出版社.2005年.
18. 言宏元.非织造工艺学.北京:中国纺织出版社.2000年.
19. 郭秉臣.非织造布学.北京:中国纺织出版社.2002年.
20. 顾平主编.织物结构与设计学.上海:东华大学出版社,2004年.
21. 晏雄主编.产业用纺织品.上海:东华大学出版社,2003年.
22. 王善元,张汝光等编著.纤维增强复合材料.上海:中国纺织大学出版社,1998年.
23. 曹修平主编.印染产品质量控制.北京:中国纺织出版社,2002年.
24. 范雪荣主编.纺织品染整工艺学.北京:中国纺织出版社,2007年.
25. 朱世林主编.纤维素纤维制品的染整.北京:中国纺织出版社,2002年.
26. 郑光洪,冯西宁编.染料化学.北京:中国纺织出版社,2001年.
27. 荆妙蕾主编.纺织品色彩设计.北京:中国纺织出版社,2004年.
28. 鲍小龙,刘月蕊著.扎染与蜡染的艺术.上海:东华大学出版社,2004年.
29. 阿瑟·D·布罗德贝特著.纺织品染色.马渝茳,陈英等译.北京:中国纺织出版社,2004年.
30. 王菊生主编.染整工艺原理.北京:中国纺织出版社,1987年.
31. 刘森.纺织染概论.北京:中国纺织出版社,2004年.
32. 上海市纺织工业局编.纺织品大全.北京:纺织工业出版社,1992年.

33. 龚建培主编.现代家用纺织品的设计与开发.北京:中国纺织出版社,2004年.
34. S·阿达纳等主编.威灵顿产业用纺织品手册.徐朴等译.北京:中国纺织出版社,2000年.
35. 刘小红.服装企业督导管理.北京:中国纺织出版社,2000.
36. 陈学军.服装国际贸易概论.北京:中国纺织出版社,2002.
37. 曹文,李春田,贾风永.IE与标准化在服装工业中的应用.北京:中国纺织出版社,1994.
38. 冯翼,冯以玫.服装工业技术管理与质量控制.北京:中国纺织出版社,1997.
39. 刘国联.服装厂技术管理.北京:中国纺织出版社,1999.
40. 卓乃坚.服装出口入门.上海:中国纺织大学出版社,2003.
41. 杨以雄.服装生产管理.上海:上海科学技术出版社,1993.
42. 刘国联.服装检验.北京:中国轻工出版社,1999.
43. 杨荣贤,宋广礼,杨昆.新型针织.北京:中国纺织出版社,2000.
44. 刑宝安.中国衬衫内衣大全.北京:中国纺织出版社,1998.
45. 张神勇主编.纺织品服装外贸.北京:中国纺织出版社,2004年.
46. 《纺织品技术规则与国际贸易》编委会编著.纺织品技术规则与国际贸易.北京:中国纺织出版社,2004年.
47. 加里·P·施奈德.电子商务.成栋,韩婷婷译.北京:机械工业出版社,2005年.
48. 彭福永编著.国际贸易实务教程.上海:上海财经大学出版社,2000年.
49. 张彦欣,卓小苏,李晓慧等编著.国际纺织品贸易实务.北京:中国纺织出版社,2005年.
50. 陈同仇,薛荣久主编.国际贸易.北京:对外贸易大学出版社,2003年.

【网络资源】

1. 中国纺织网:http://www.texnet.com.cn
2. 中华纺织网:http://www.texindex.com.cn/
3. 21textile:http://www.21textile.com/
4. 纺织在线:http://www.fzzx.com.cn/
5. 中国纱线网:http://www.chinayarn.com
6. 全球纺织网:http://www.tnc.com.cn/
7. 中国棉纺织信息网:http://www.tteb.com/
8. 中国花式纱线面料网:http://www.fancyyarns.cn/
9. 中国纺机网:http://www.ttmn.com
10. 中国纺粘熔喷非织造布专业网:http://www.chinaspunbond.com
11. 中国针织网:http://www.eck.com.cn/
12. 中国产业用纺织品协会:http://www.spunlace-china.org
13. 中国纺织经济信息网:http://www.ctei.gov.cn
14. 东华大学:http://www.dhu.edu.cn
15. 全球纺织论坛:http://club.globaltexnet.com
16. 华泰丝绸:http://www.huataisilk.com
17. 国际纺织品流行趋势:http://www.view-international.com
18. Industrial Fabrics Association International:http://www.ifai.org
19. 中国服装网:http://www.e-works.net.cn/
20. 中国服装信息网:http://www.cnef.com.cn/
21. 中华服装网:http://www.51fashion.com.cn/
22. 环球资源网:http:// www.globalsources.com
22. 阿里巴巴网:http:// www.alibaba.com
24. 中国出口商品网:http:// www.chinaproducts.com
25. 贸易资源网:http:// www.tradesources.com
26. 中国纺织品进出口网:http://www.ccct.org.cn
27. 纺织交易网:http:// www.tradetextile.com
28. 相约中国网:http:// www.meetchina.com
29. 贸易通网:http:// www.mytong.com
30. 中国纺织交易网:http://www.texttradenet.com
31. 中国纺织服装网:http://www.bcnq.com
32. 中国纺织商务网:www.chinatextile.net
33. 经纬中国网:http:// www.wcjy.cn